知识就在得到

真需求

梁宁 著

NEWSTAR PRESS
新星出版社

市场中的万物现出本相
无非世人的需求

目 录
CONTENTS

序 让生命绽放，让资源流动 /1

PART ONE 价值
价值与需求

第一章 功能价值与效率需求 / 009

一、功能价值的四个模型 / 009

二、供应链模型 / 015

    1. 丝绸之路：中国初代供应链代表 / 015

    2. 果链与特链：中国二代供应链代表 / 017

    3. SHEIN 的故事：中国三代供应链代表 / 019

三、基础设施模型 / 024

四、匪兵甲：功能价值的经典死法 / 027

第二章 情绪价值与情感需求 / 031

一、情绪的二因素理论 / 032

    1. 生理唤起 / 032

    2. 认知标记 / 033

二、情绪价值的付费点 / 037

    1. 心理账户 / 037

    2. 情绪价值的三个付费要素 / 040

三、貂丁：情绪价值的经典死法 / 050

第三章　资产价值与投资需求 / 053

　　一、资产价值的定义 / 053

　　二、钻石故事：奢侈品类的成与毁 / 057

　　三、中国到该出大牌和大师的时候了 / 065

第四章　产品创新——价值组合 / 069

　　一、创新的逻辑 / 069

　　二、品类的进化 / 074

第五章　品牌价值 / 079

　　一、白牌：无须被记住的名字 / 083

　　　　1. 白牌是供应链成熟和渠道重构的结果 / 084

　　　　2. 品牌和白牌的区别 / 088

　　二、网红 VS 大牌 / 090

　　　　1. 网红的核心：新鲜感与话题度 / 091

　　　　2. 大牌的核心：辨识度与情感唤起 / 091

　　　　3. 可口可乐的故事：让海马体闪亮 / 093

　　　　4. 网红和大牌的区别 / 100

　　　　5. 品牌是生命的姿态：being（存在）/ 102

║价值故事║　中国手机 30 年 / 106

　　一、操作系统：基础设施的王者之战 / 108

　　　　1. 成也塞班，败也塞班 / 109

　　　　2. 开源的安卓 / 114

　　　　3. 封闭的 iOS / 115

　　　　4. 基础设施的更迭 / 117

　　二、山寨机：机会主义的因与果 / 119

　　　　1. 尼彩手机的故事：邪不压正 / 124

2. 基伍的故事：白牌的宿命 / 129

　　3. 传音的故事：转型正规军 / 132

　　4. 山寨时代的赢家 / 138

三、网红手机：产品主义的萌芽 / 141

　　1. 魅族：把产品当作品 / 142

　　2. 小米：网红范式 / 152

　　3. OPPO：玩具思维 / 162

四、行业头牌：大宗师的样子 / 170

　　1. 苹果气质 / 171

　　2. 有所为，有所不为 / 173

　　3. 产品经理的神 / 179

五、尾声 / 189

PART TWO　共识
从分歧到共识

第六章　感知的分歧：特性与属性 / 199

　　一、KANO 模型 / 200

　　二、用 KANO 模型看分歧 / 204

　　三、用 KANO 模型看关系 / 207

第七章　想象的分歧：用户人设 / 211

　　一、愿景的力量与撬动改变的公式 / 214

　　二、用户人设：一个人的长项，就是他的需求 / 217

　　三、人设是人的自我设置和自我投资 / 218

　　四、理解一个人的人设，才能进入他的故事 / 221

五、天猫时尚趋势中心——用户人设应用 / 222

　　六、用户画像和用户人设的不同 / 224

　　七、人设公式 / 225

第八章　场景的分歧：产品场景匹配 / 229

　　一、产品场景匹配 / 232

　　　　QQ 最初的故事

　　二、场景穷举与识别 / 235

　　　　王兴早年做校内网的故事

　　三、场景更具体，产品更有力 / 241

　　　　神奇游泳馆的故事

第九章　利益的分歧：利益驱动 / 245

　　一、利益相关人地图：把分歧摊开 / 245

　　二、内部共识：利益即态度 / 247

　　三、客户共识：阵营管理 / 248

　　四、市场共识：驱动利益链 / 252

　　五、社会共识：危机公关、ESG、商业向善 / 256

　　　　星巴克危机公关的故事

第十章　认知战：从新主张到共识 / 265

　　一、媒体认知战的五个要点 / 265

　　　　农夫山泉的认知战故事

　　二、近距离认知战——说服的 12 个步骤 / 271

第十一章　关系：共识的成果 / 281

　　一、关系的四个次第：需要、喜欢、认同和归属 / 281

　　二、网络社会新关系：饭圈 / 287

┃┃共识故事┃┃　脑白金认知战 / 301

　　一、脑黄金与巨人之败 / 302

二、第一个小闭环 / 304

三、感知设计 / 308

四、信息包设计 / 310

五、节奏 / 322

六、尾声 / 324

PART THREE 模式
自己的内在生活与成长

第十二章 能力系统 / 337

一、瑞幸的故事 / 337

  1. 四个能力系统 / 338

  2. 模式的隐患 / 344

  3. 瑞幸构建新能力 / 345

  4. 模式第一问：拿谁的钱 / 349

二、能力的顶和底 / 352

  1. 认知是因，创新是果 / 353

    马斯克做星链的故事

  2. 风险认知与安全边界 / 360

  3. 心力 / 363

第十三章 变现逻辑 / 367

一、套利空间与持续变现 / 367

    别针换别墅的故事

二、博弈工具与交易控制 / 378

    中关村商人与文人的故事

第十四章　分配机制 / 391
一、工具性与人性，强管理与强激发 / 392
二、资源总是向变现更快的地方聚集 / 397
三、对顶尖人才的奖赏 / 400

|| 模式故事 ||　网络媒体 30 年 / 405
一、Web1.0——门户网站 / 407
二、Web2.0——新浪微博 / 413
三、2012 年——今日头条 / 415

PART FOUR　求真
创造者的精神

第十五章　应然与实然 / 421
一、弱者道之用——李兴平的 hao123 / 421
二、用主观改变客观世界 / 427

第十六章　第一性原理 / 433
一、马斯克与第一性原理 / 433
二、用行动力识别一个人 / 436
三、用一个字概括一个好产品 / 439

后记　造物之心 / 442
致谢 / 446

序

让生命绽放，让资源流动

一个人为什么会开始做一件事，我听说过各种各样的理由；而人放弃一件事，原因往往只有一个——不赚钱，或者没有钱再支撑下去了。

一件事能成，是因为它本来就该成。

因为是人的需求，才让一件事成立与存在。不是你，也会是其他人做出符合人们需求的东西。

所以，一件事能成，是因为受益者驱动。

一件事能做大，是因为受益者多。

如果一件事，只符合你自己一个人的需求，而你也可以凭一己之力完成它，那它一定是件小事。

如何去设计一件事，既能满足自己的需求，又能符合别人的利益。这就是商业闭环的设计。

这本书，提供一个商业闭环的极简模型。这个模型是百年未曾改变过的商业常识，也经历了几十年的中国商业实践。它最核心的要素只有三个：

价值、共识、模式。

序　让生命绽放，让资源流动

只要掌握了这三大要素，你就能够在商业世界里生存下来，并让你喜欢的事情持续。

什么是这个模型中的价值？

价值是当今的高频词，广义来看，天地万物皆有价值，无论宝石还是尘土。而这本书讨论的价值，是非常窄化的"商业价值"——能够在市场中变现、用户愿意付费获得的，才叫商业价值。

所以，商业价值无法自己一厢情愿地说有就有，它是由交易的对手盘——买方，来决定的。

因此，进入商业世界的第一个训练，就是要摆脱自己的主观感受和主观愿望，站到买方那一侧来审视自己手上的东西。

这时你会发现，在商业世界里，价值与需求是一体两面的——你自己认为它有价值，并不代表它有商业价值。符合对方的需求，对方愿意为它付费，它才有商业价值。

所以，做出有价值的东西，和做出有商业价值的东西，是两回事。

什么是这个模型中的共识？

在商业世界里，人们用协作与成交来表达共识。

如果你的商业价值是成立的，价值主张是对的，是符合对方需求的，那对方为什么还不行动呢？为什么还没有成交呢？

原因只有一个，就是共识没达成。

在商业世界里，达成共识的成果有两个形态：一个形态是成交，另一个形态是关系。而这就是所有企业在市场中追求的成果：销售成交，以及拥有合作关系。

"关系"是我们中国人既认为极端重要，又认知模糊的一个词。

关系的本质是一系列共识，还有基于这些共识的资源共享、优先，甚至独占，以及责任担当。

很多人以为拿到某种关系的名分，比如"伙伴""恋人""家人""师徒"，就该天然获得一切相关的资源共享，或者独有待遇。

这是幼稚的想法，也是很多人在关系中感到受伤害的原因。你认为自己该拥有的资源、优先权、排他性、被支持，等等，对方没有提供，那你就应该向前追一步——大家是否就这个类目达成过真实、具体的共识呢？

共识的反面是什么？是分歧。

分歧如果扩大，是冲突；冲突如果扩大，是战争。而消弭战争、冲突、分歧，依赖的都是共识。

中国人一般习惯的方式是用沉默掩盖分歧，直到忍无可忍。最后好像是突然间，冲突就发生了。又因为不擅长面对和处理冲突，结果自然是关系尴尬、产生裂痕甚至破裂。这都是不成熟的做法。

在商业世界，领导共识的能力，是核心领导力。因为如果没有共识，团队不会跟随你，客户不会选择你。

那分歧和冲突为什么存在呢？因为感受不一致、想象不一致、利益不一致。

试想一下，这个世界上，是否存在一个人，与你的利益完全一致？

你会发现一个都没有。不论是至亲至近的父母、伴侣、子女，还是伙伴、同事，这世界上压根儿没有一个人与你的利益完全一致。

分歧和冲突本来就是恒常且无所不在的，既然它是永恒的，那就没有必要惊讶，也无须回避。

序　让生命绽放，让资源流动

坦然地接受分歧，具体地看到它，理解它，然后超越它。

什么是这个模型中的模式？

如果创造了价值，并与客户达成了共识，获得了成交与关系，不就可以生存了吗？为什么商业闭环中还有一个环节叫模式？

因为企业不是为了服务客户而生的，企业是通过服务客户从市场中获得资源，从而让自己生存和发展的。

举个生活中常见的例子。一个人喜欢另外一个人，就经常出现在对方面前，展现自己的优点，希望对方看到自己、喜欢自己，然后选择自己。

如果从一个成熟的商业人士的角度来看，这依然很幼稚。

因为这样做的人，一不懂对方，二不懂自己，三不懂关系。

懂对方，是懂对方的需求。因为自己的好，对方并不一定需要。

懂自己，是懂得自己生存与成长的诉求，清楚自己能从这段关系中获得什么，为什么愿意长期待在这段关系里。

所以，任何一段好的关系，一定是双向成就的。如果只能满足对方，不能满足自己的生存和成长的诉求；或者只顾着满足自己的期望，没有关注对方的需求，那么，一段关系即使拥有轰轰烈烈的开头，也难以为继。

回到这个问题，什么是这个模型中的模式？

就是懂自己：懂自己为什么能生存，懂自己为什么能继续在这里生存。明白自己的生存优势是什么，明白从市场中获得的资源要用来干什么——持续投入，打造自己的竞争力系统。

所有的市场最终都会走向成熟。而每一个成熟的市场里，需求是公共的，供给是类似的，只有生存模式是自己的。

总结一下，在这个极简模型（见图0-1）里：

价值源自需求，因为被需求，所以有价值。

共识来自对分歧的超越，共识的成果是成交与关系。

模式是自己如何生存与发展，每个人、每个企业都是自身模式与环境互动下的产物。

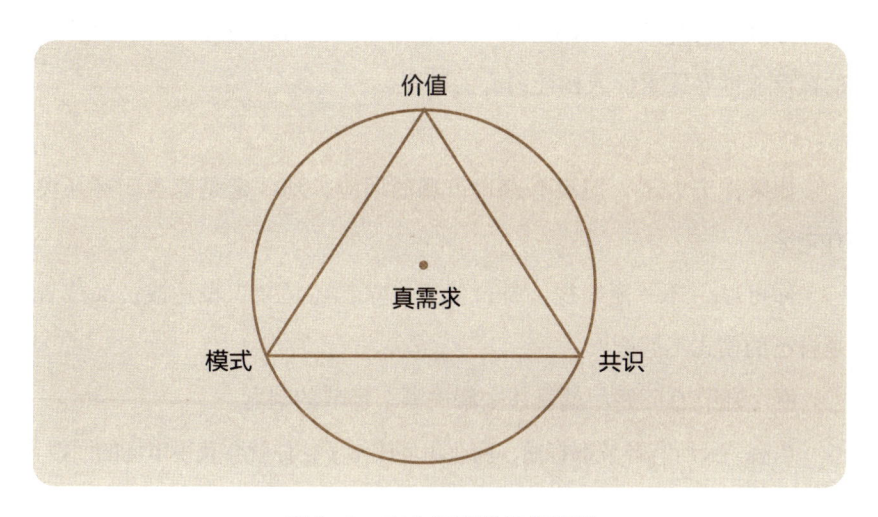

图0-1 商业闭环的极简模型

把它们连在一起，就形成了一个商业闭环：**洞察需求，提供价值；与客户/市场达成共识，获得成交和关系，因此获得钱与资源；从而发展自己，投资自己的竞争力，让自己更具生存优势。**

这就是在商业世界里生存的方法：创造价值，取得共识，获得资源，强化竞争力，构建生存的优势。

今天触目皆是的不安和焦虑，很多是出于对未来生存的恐惧。

如何获得安全感？

序　让生命绽放，让资源流动

有很多钱吗？如果你有很多钱，而别人对你的需求只是你的钱，那么其实你会处在非常危险的境地。

钱是商业的水流，它在上述的商业闭环里循环不已。

有钱是一个结果。当你的行为符合市场的规律时，钱就会流向你。这就如同湖泊的存在——低处纳百川，是江河主动流向了湖泊。

这就是我写这本书的初衷：给出一个商业闭环的链路和次第，帮助在商业世界探索的人构建内心的秩序。

如果你努力了，但没有获得市场的回应，那一定是商业闭环还没有走完。

你可以一环一环检视，是价值不成立，还是共识没达成，又或者是自己的模式不匹配？

哪个环节有问题，就具体去解决哪个环节的问题。

当有一天所有环节都打通，商业闭环成型了，你就会获得市场的回报。

这本书用了大概 27 万字来讨论如何构建一个商业闭环，如果用一个词来概括，就是"真需求"。

商业是生活的日常，商业问题其实也是一个哲学的永恒之问：人生需要什么？

市场需要的到底是什么？用户需要的到底是什么？自己需要的到底是什么？

一个能在商业世界成功的人，一定是对自己的需求诚实，并能如实地看到对方需求的人。所以他们从不内耗，行动迅速，刀刀见血，而不会对自己的需求遮遮掩掩，对别人的需求视而不见。

我们学习商业，是日复一日地去深化熟悉之物，在这个过程里去伪存真，分辨哪些是装腔作势，不疼不痒；哪些是内心真实的渴求，一碰就疼，一拉就动。

这样，你就会拥有自己的笃定和生存的安全感。

人在所有关系中的安全感，都源自他清楚自己被对方需要。

工作是一种社会参与，商业只是社会的一个局部。

在这个局部的世界里，万事万物都被粗暴地简化成钱。价格成为一种信号，代表了供需关系、资源稀缺性，以及客户的支付意愿。于是，万物在此间被调动、被驱使、被创造、被交付，被转化为钱在世间流转；以此，人和人、企业和企业，彼此对齐，彼此协同。

我们当然要永远记得，这个世界不是由生意构成的，而是由生命构成的。这个世界的一切，无论是商业的演进，还是非商业的演进，核心都是如何安放如此之多、如此丰富的生命，以及他们鲜活的生活。

学会构建商业闭环，可以让我们从市场中获得资源，让喜欢的事得以持续。

大自然在进化，人类的世界也在进化。新的基础设施、新的技术不断出现，让新的可能性也不断出现。我们可以不断做出新的尝试，去解决过往技术条件下无解的问题，不断创造出前所未有之物。

这就是创新——让生命绽放，让资源流动。

这才是最美好的东西。

梁宁

2024 年 9 月 20 日于北京

PART ONE

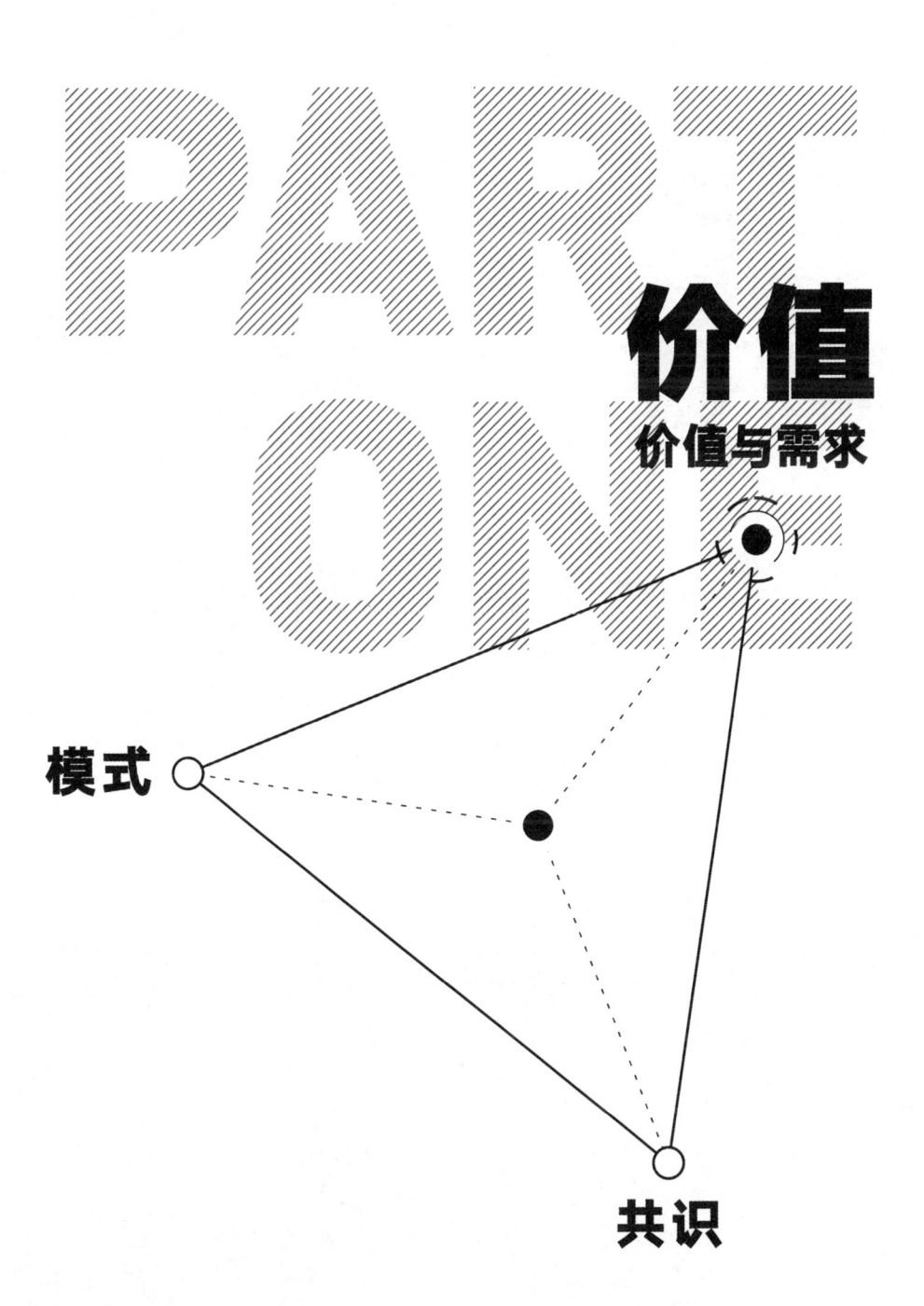

价值
价值与需求

模式

共识

在商业世界里，价值与需求是一体两面的。

你自己认为它有价值，并不代表它有商业价值。符合对方的需求，对方愿意为它付费，它才有商业价值。

进入商业世界的第一个训练，就是要摆脱自己的主观感受、主观愿望，站到交易对手那一侧来审视自己手上的一切。

产品价值 = 功能价值 + 情绪价值 + 资产价值

法国作家莫泊桑的短篇小说《项链》中，女主角玛蒂尔德为了参加晚会，向朋友借了一串钻石项链。那天她觉得自己闪闪发光，被很多大人物瞩目，度过了一个心荡神驰、想入非非的夜晚。

不料项链丢失，她不得不借钱购买新的项链归还。而为了偿还债务，她节衣缩食，劳苦了十年。青春耗尽之后，忽然朋友告诉她，那条项链其实是一串假钻石。

玛蒂尔德为什么要借那条项链呢？

因为她认为这个舞会是一个向上流社会展现自己的机会，是一个有可能被上流社会的人物欣赏，甚至让自己走向上流社会的机会。

玛蒂尔德错在哪里呢？

不甘现状，想改变处境不是错。错在她不懂商业闭环。

玛蒂尔德能想到的，是让自己的优点——自己的美丽，被人看到，她也做到了这一点。但接着还能发生什么，是否能有人给予她改变处境的机会，则取决于别人的需求到底是什么，而对此，她一无所知。

如果玛蒂尔德明白价值与需求的关系，那么，那一晚她根本无须去借那条钻石项链。她的美貌如果能加上理解需求、投其所好，当然

PART ONE 价值

胜过一件首饰。

这些年，我见过无数朋友，都在吃跟玛蒂尔德类似的苦——用极大的代价，做自己认为有价值的事。

很多人第一次创业时，都像玛蒂尔德那样去借那条项链，他们的初衷只是想改变自己的处境，到一个更闪耀的群体——创业者群体里去。先借一条项链，写一份商业计划书，融一些钱，招一些员工——啥都没有，债先欠上。然后，故事到达终点，没有人为他们买单，留下的只有债务。

所以，**进入商业世界的第一个训练，就是要摆脱自己的主观感受、主观愿望，站到交易对手那一侧来审视自己手上的一切。**

这令人不舒服，但商业的世界就是如此。

每个想做商业的人，都应该有逛超市的习惯。

从一个又一个巨大的货架前走过，每个货架上都满坑满谷地堆着待售的商品。你从它们面前走过，大多数都懒得看一眼；偶尔你会抓起某件看看，又把它放回货架。这些被你无视的产品，被你嗤之以鼻的货物，承蒙你多看一眼又最终丢弃的东西，都是某个团队呕心沥血的成果，寄托着某个团队热切的梦想。

要知道，一个标准超市约有 1 万个 SKU（单品），大卖场则有约 2 万个 SKU，京东这样的超级电商，自营产品超过 1000 万个 SKU。[1] 市场里的卖家就是如此拥挤。

所以，你应该经常去市场里感受一下，体会那些不为所动的感觉，

---

[1] 本书的相关案例、数据，均参考自互联网公开信息。

以及动心的一刻：

那让你欣喜的东西，你会一把抓住，迫不及待地走向收银台——
"这就是我要的！"

在商业世界里，价值与需求是一体两面的。
你自己认为它有价值，并不代表它有商业价值。符合对方的需求，对方愿意为它付费，它才有商业价值。

回到玛蒂尔德的认知盲区：她美丽，她在社交场引人瞩目。那她建立人脉了吗？并没有。

有句话说，**你能连接的人，不是你的人脉；你能帮到的人，才是你的人脉。**

反过来看，就是**人只能与"对自己有需求的人"建立关系。**

在工作与生活里，你与某人见过面，加了微信，甚至一起吃过几顿饭，你恭维过他，他也恭维过你，很多人以为这就是交情。

但如果对方对你毫无需求，那无论你曾为他的朋友圈点过多少赞，当你求他帮忙时，他都可以毫无负担地拒绝你。因为他的生活里，本来就可以没有你。

理解需求，才能理解所有的商业与关系。

有些产品，有些人，的确看着挺好，但是没有也可以。

而有些东西，你一直在吐槽，一直在怨念，却无法离开。最核心的原因，其实还是需求——你对它的需求依然存在。真需求，就是这么刚性。

还有些曾经的亲密无间、不可或离，却渐行渐远，直至消失。原因往往也非常简单——没有需求了。

PART ONE 价值

在商业世界里谈价值创造，直白地说，就是创造让客户付费的东西。

客户为什么付费？因为产品与品牌。

所以，这一部分前面四章讲产品价值，最后一章讲品牌价值。

我们先来看产品价值。

我的好朋友蔡钰[1]提出过一个产品的价值公式：

> FORMULAS
>
> 产品价值 = 功能价值 + 情绪价值 + 资产价值

这个公式很好地解释了，花钱买产品时，我们到底在买什么。

比如，我们需要随身携带东西，买个塑料袋就可以实现这个功能。一个塑料袋1毛钱。携带东西这个功能，1毛钱就可以实现。这就是塑料袋的**功能价值**。

可我们会看到女孩子在用各种各样的大包包、小包包，然后会为了某个颜色买一个包包，又为了某种造型再买一个包包……

为什么要买包包，而不是用塑料袋提东西呢？为什么已经有了可以装随身物品的包包，还要不停地再买新的呢？

因为这些包包是：**功能价值 + 情绪价值**。

一个包包的功能价值就是1毛钱，一个塑料袋的钱。1毛钱之外的付出，都是为了让自己喜欢而买单，是情绪价值的消费。

1　商业观察家、得到App《蔡钰·商业参考》专栏主理人，著有书籍《情绪价值》（新星出版社2024年版）。

但是，一个奢侈品包包，比如爱马仕，售价昂贵——比 1 毛钱多得多，也比一般的包包贵得多。

在社交网站上观察有关奢侈品的用户讨论，我们会发现，与普通商品相比，其措辞发生了变化。

比如，很多人会说，她收藏了一个爱马仕，而不是买一个爱马仕。

要知道，一般大家说的都是买买买，买包包、买咖啡、买书……

这种措辞的变化，暗示着购买奢侈品被视为某种投资行为。

所以，最大牌的那些奢侈品牌，价值配方是：**功能价值 + 情绪价值 + 资产价值**。

比如，百达翡丽手表的广告语是："你永远不会真正拥有一块百达翡丽，你只是在为下一代保管它。"

这句广告语讲的就是百达翡丽的资产价值。它暗示你：购买百达翡丽手表，购入的是一项可传承的资产。

手表的功能价值是什么？是看时间。手机普及的时代，如果是为了看时间这个功能，别说百达翡丽了，就连手表都根本不需要了。

所以，当准备花钱买一个东西的时候，我们想要的到底是什么？

是为了某个功能？还是为了自己的某种情绪诉求？抑或是带了投资的期许？

理解了客户想要的是什么，你就可以开始策划，你准备创造的东西，向客户交付的价值是什么：功能价值、情绪价值，还是资产价值？

如何创造功能价值、情绪价值和资产价值？如何组合它们？

下面，我们具体讨论。

功能价值的实质就是满足基础需求与效率需求。

功能价值有四种不同模型：原材料／劳动力模型、专利/IP模型、平台／供应链模型、基础设施模型。

初代供应链，简单来说就是"有啥卖啥"。
二代供应链，简单来说就是"没啥造啥"。
三代供应链，是"一链到底"——从原材料到用户，打通了一代和二代供应链的能力，完成了创造到交付的整个过程。

时代的更迭以基础设施的更迭为标志。新的基础设施，划定一个新的时代。

基础设施之争是王者之战，所以注定惨烈。而一旦成为基础设施，企业便需要被套上社会责任的枷锁。

第一章
功能价值与效率需求

一、功能价值的四个模型

卖大米、卖板蓝根颗粒、卖司美格鲁肽、卖石油、卖电,这几种生意,有什么异同呢?

差异很清晰,它们是不同的东西,解决不同的问题。

大米是主粮,解决饥饿问题;板蓝根颗粒是感冒药,处理感冒症状;司美格鲁肽是治疗糖尿病的新药,继而被发现可以用来管理体重,因此大出风头;石油是现代社会的动力;电是现代社会的另一种动力。

而它们相同或者共通的地方,是它们处理的问题都是客观问题,可以被量化描述,也有清晰的解决原理;这些产品都可以用参数来概括和描述,可以标准化生产、标准化交付。

用户看一眼数据和参数,就清楚它能实现什么功能,完成什么任务。

这一类产品卖的就是功能价值。

什么是功能价值?

商业世界里,所有的价值都要站在需求的视角来看。

当用户的需求是某物质自身的功能性,或者物理属性,或者由此

PART ONE 价值

而产生的客观效用——比如物理效应、化学效应、生化反应、效率、易用性、可靠性、坚固性、耐久性、安全性、维护性、多功能集成性等，并且为了这些而付费，那本质上就都属于购买功能价值。

如果归纳一下，用户为什么要买上述这些物质？是为了它们的效用。那所有这些效用又指向什么呢？

你就可以看到**功能价值的实质：所有的功能需求，就是基础需求与效率需求**。

比如，冬天穿棉袄是为了保暖的功能需求；羽绒服的保暖效率更高，购买羽绒服不求好看但求暖和，这依然是功能需求。

人用手打螺钉，是人手的功能，用工具是为了提升效率，用电气的机械是为了进一步提升效率，而今天用数字化管理的智能产线，依然是进一步提升效率。

所以，如果你做的产品主打功能价值，那在描述自己产品的时候，就要重点展现产品的参数、配置，用数据化结果来呈现产品确切的能力。比如展示堆料，用了哪些黑科技原材料，在测试软件上跑出个具体的分值，再晒出价格，给一个性价比。

性价比就是人对功能价值产品的诉求：更高效、更便宜。

不同的企业以不同的形式提供功能价值，满足用户的基础需求与效率需求。

前面说的卖大米、卖板蓝根颗粒、卖司美格鲁肽、卖石油、卖电这几类生意，也是功能价值的四种不同模型：**原材料/劳动力模型、专利/IP（知识产权）模型、平台/供应链模型、基础设施模型**。

原材料/劳动力模型

卖大米，也就是农产品的商业，就是这个模型。

这是最简单、最原始的商业模式。中国 3000 多年的农业社会，一直是这个模型——自然资源 + 劳动力的变现。所以农业社会才注重土地，因为所有的物质、所有的原材料，都直接或间接地来自土地；所以农业社会才要生儿子，因为男人和牛都是重要的劳动力。

今天，中国已经进入信息社会。2022 年，中国城镇常住人口超过 9 亿人。中国已经不再是那个依赖自然资源简单变现的农业国了。

但我们的大量工业企业，其实仍未能摆脱原材料 + 劳动力这个原始模型。打开电商平台，很多都是经典的中国制造：5 元钱 5 双的袜子，2 元钱一个的塑料脸盆……

甚至一台大卡车，售价也几乎只等于造这辆车的钢材钱。也就是说，看上去是卖了一台大卡车，其实只是卖了原材料。

一部手机，号称硬件只有 5% 的毛利。把这句话翻译一下，我们就会知道，其实手机也只是卖个原材料的钱。

所以，我们有时候说，看上去是卖袜子、卖脸盆、卖卡车、卖手机，本质上赚的都是搬砖的钱。

专利/IP 模型

而卖司美格鲁肽，则是专利/IP 模型。

有一类用户被称为"成分党"，看化妆品时，他们会先看配料表，因为功能是由原材料成分提供的。选化妆品，他们会略过品牌，看是否含有自己在意的成分。

那追问一句，那些化学成分是什么？它们为什么值钱？

PART ONE　价值

以及，很热门且很贵的司美格鲁肽又是什么？它为什么值钱？

类似地，把一部手机拆开，所有的配件里，最核心的就是那几枚芯片。而芯片是用硅做的，所以，你可以说芯片的成分是沙子，那么，芯片为什么值钱？

有些东西，我们是为了原材料和劳动力付费；而有些东西，我们是为了蕴含其间的专利/IP付费。

比如，同样是药，卖的都是功能价值，但我们买中药买的是原材料（即使有些中药很昂贵，也是由于原材料自身的稀缺性），而买西药，则并非如此。

电影《我不是药神》里，主人公去印度买格列卫的仿制药。

格列卫原版药和仿制药的价格差别为何如此之大？

原版药的价格，是在向格列卫的专利/IP付费。

因为能够通过专利/IP获得高额的市场定价，西药企业便可以有更充足的经费去进一步开展新专利/IP的研发。

所以，中药是原材料模型，而西药则是专利/IP模型。

平台/供应链模型

如果说原材料/劳动力模型加上专利/IP模型，生产了新物质、新商品，那么，平台/供应链模型，则是你得到的每一件商品背后的生产系统和交付系统。

这就是商业世界的分工——有人创造一个具体的零件或者成分，有人把零件和成分装配成一个产品，有人创造生产这个产品的系统，有人则负责把这个产品递送给你。

"供应链"是这几年的热词，是指从原材料供应开始，生产制造、仓储运输、分销，直至产品最终到达消费者手中的全过程。有的供应链企业偏向生产侧的供货，有的供应链企业偏向仓储运输和分销。

整条供应链的漫长协作，只为了最后交付一个产品给用户选择。

提个问题：

石油，是原材料生意，还是供应链生意？

石油当然是一种原材料。甚至，它在农业时代是没有商业价值的。

但在成为现代社会的动力来源之后，它就有了天量的需求量，成了超大宗商品、全球必备的战略物资。

所以，石油这个生意的核心是拥有原材料吗？

不，这个生意的核心是控制供应链，是从供给侧到需求侧，整个流程里全链路的控制力和风险平衡能力。

再观察一下商业世界，你会发现，所有大规模标品，都会变成平台／供应链模型的生意。因为能够大规模供给的原材料、标准化的生产都不是壁垒，对生产过程的控制、效率的优化及风险的管理才是核心。

大规模标品的竞争里，控制力度强、效率高的，继续生存；控制力弱、效率落后的，就会不断被驱逐到竞争的边缘。

过去几十年，我国从农业社会进入现代社会，商业领域很大的一个变化，是大量的原材料／劳动力模型，逐步被替换成了平台／供应链模型。

比如"散户养猪卖猪肉"这一古老的原材料／劳动力模型，就正在被大型养猪企业和精密控制的生猪供应链所取代。

基础设施模型

同为现代社会的动力，电这个生意和石油生意的不同是什么？

PART ONE　价值

石油是供应链模型，电是基础设施模型。

基础设施的功能价值是赋能，它为使用它的所有个人和组织提供能力，并且是一种开始之后就无法回退的集体能力。

新的基础设施划定新的时代。

蒸汽时代、电气时代和互联网时代的到来，都是因为新的基础设施为人类整体带来了新能力，曾经被能力边界约束的生存边界、行为边界、想象边界、观念边界，都因此而改变。

今天正在兴起的 AI（人工智能）革命，是人类企图对能力边界进行的又一次挑战。目前，AI 所有的创新都还只是涌起的浪花，与成为新的人类基础设施还有距离。

新基础设施会带来什么？万物生。

有了发动机之后，形形色色的机器诞生，纺织机、汽车走进历史；有了电之后，形形色色的电器开始萌芽和演进，电灯、电话、洗衣机出现在我们的生活里；而今天，我们不能离开的即时通信、网络视频、网络游戏，都是互联网革命带来的，仅仅 30 年前，它们都还不存在。

所以，如果懊悔自己没有买谷歌的股票、苹果的股票，甚至腾讯的股票，其实可以期待下一个时代。

新基础设施将解锁新的空间，而新的空间里，必然诞生全新的物种，当然会再次出现百倍增长的新明星。

下面，我来展开讲一下供应链模型和基础设施模型，因为这是我们今天的国家优势。

二、供应链模型

1949年新中国成立的时候，中国有89%的人都是农民；如今中国已经成了世界工厂，供应链能力成了国家优势。

1. 丝绸之路：中国初代供应链代表

初代供应链，简单来说就是"有啥卖啥"。最著名的代表就是丝绸之路。

丝绸之路这种古早的贸易网络，跨越了国度和大洲，把原产自中国的货物，转移、交付到遥远的用户手中。中国最初的商业几乎都是如此，不管是线下商超，还是早期的电子商务平台，都是不停地倒手、物流。

中国幅员辽阔，所以会有大量分销渠道企业，也就是"有啥卖啥"的初代供应链企业。它们在此期间积累了复杂的行业知识和经验。

2002年，我第一次去韩国。在和当地媒体交流时，我问韩国有什么著名的分销渠道，结果当地人并不理解这个名词。原来，当时的韩国有4500万左右人口，大约1/3集中在首尔。这样的市场，不需要复杂的分销。

中国市场曾在很长的时间里一直处于供给不足的状态。初代供应链一直在进化，逐渐拥有了更强的控制力、更高的效率和更大的规模。但本质上，它一直保持着丝绸之路的形态：原产地、工厂出货，然后进入分销渠道，层层分销，最后抵达销售终端，然后交付到最终客户手上。

发展到京东的样子，就是初代供应链的极致。

PART ONE　价值

2012年以前，一台电视，从生产线上下来，经过仓库、各级代理，到消费者最终使用，平均需要被搬运6.8次。而大家电在进入京东的供应链后，在2017年，平均搬运次数已经变成了2.1次。

京东的供应链可以做到全链路可视、充分利用货物与空间及在途时间的关系，做出精准预测，将库存周转率优化到极致。

2024年5月，京东自营商品SKU超过1000万种，库存周转天数仅为25.86天。也就是说，超过1000万种商品，每个月仓库都会卖空。

同一时期，以效率著称的全球连锁超市开市客（Costco），库存周转天数为30.76天，而它的SKU只有几千种。

而某证券机构监测的非生活必需品零售商的437家上市公司中，库存周转天数的中位数是100.69天。也就是说，在传统供应链里，3个多月清一次库存是平均水准，是健康的状态。

在初代供应链里，一件商品最好的归宿就是进入京东的供应链，然后经过26天被卖给最终消费者。这时商家就可以明确地知道市场需要自己的东西。

如果商品进入了传统供应链，那么商家则需要3个月或者更久，才能感受到来自市场的温度。

提个问题：

美团外卖也是有啥卖啥，而且也是全链路可视、充分利用货物与空间及在途时间的关系，做出精准预测，为什么我不用美团外卖做初代供应链的极致案例呢？

答：因为美团外卖已经成了今天中国餐饮行业的基础设施。

2. 果链与特链：中国二代供应链代表

二代供应链，简单来说就是"没啥造啥"。中国的果链和特链，就是二代供应链的代表。

现代工业是全球分工协作的大网络。如果你关心股市，你肯定对歌尔股份、立讯精密、蓝思科技这些果链企业，以及宁德时代、赣锋锂业、福耀玻璃、中航光电这些特链企业不陌生。

所谓的果链，就是为苹果公司提供产品材料、制造和组装服务的中间供应链企业。

而所谓的特链，就是为特斯拉公司提供产品材料、制造和组装服务的中间供应链企业。

所以，在果链和特链上，苹果和特斯拉赚专利/IP 的钱，中国企业赚供应链的钱。

而二代供应链的难度，是如何响应市场需求、处理全球不同协作方的协同，在此基础上，把自己的环节做到极致。

能够为世界顶级的企业提供 OEM 甚至 ODM[1]，标志着我国这些供应链企业的效率、质量管理、知识管理、风险管理都满足了世界顶级企业的要求。

而目前在某些高端制造领域，比如高端芯片领域，英伟达、高通、英特尔赚专利/IP 的钱，中国企业还赚不到供应链的钱。

现代供应链起源于 1928 年的福特公司胭脂河工厂。

这座工厂与之前的工厂完全不同。它不生产完整的 T 型车，而是专门

---

[1] OEM 和 ODM 是两种代工模式。OEM 指品牌方拥有技术，生产商只负责加工。ODM 指生产商从设计到生产都自行完成，品牌方直接贴牌即可。

PART ONE 价值

给其他工厂生产发动机、轮胎、车窗等部件。用现在的话说,它就是T型车的供应链企业,因此被称为"福链"。这一做法沿袭下来,才有了今天的果链、特链。

当时的福链集中在胭脂河厂区内,包括单独的焦炉厂、轧钢机厂、玻璃厂、橡胶轮胎厂等一系列原材料加工厂。

通过把原来分布在各地、各自为营的原材料与工厂整合到一起,再加上经典的传送带流水线,胭脂河厂区内产生了协同效应,达到了极致的效率。

如果把胭脂河厂区放大一万倍,就是我们的长三角、珠三角。

把汽车生产的整个供应链汇聚于同一个地方,实现极度的垂直整合,从而进一步控制材料、缩减成本、加强品控,听起来是不是跟现在特斯拉的超级工厂很像?

没错,福特的胭脂河工厂正是埃隆·马斯克(Elon Musk)建造超级工厂的灵感来源。

另外一家汽车公司丰田接棒福链,进一步优化了供应链模型,加强了对上下游的控制。

丰田实现了工业界的另一个革命性创新——及时生产制。此前,工厂生产出多少汽车,销售就要努力去卖掉多少汽车。而采取及时生产制之后,工厂变成了按单生产。需求订单到了,才去采购、生产。

同时,为了配合这种反向生产方式,丰田研究出了看板系统。简单地说,就是为了保证品质,丰田将生产中的每个环节,比如零部件、生产工具甚至生产动作都进行了标准化,然后又与零件供应商签订了长期的供货合同。

最终，在保证质量和效率的同时，丰田实现了极致的不积压原材料、不压货、零库存。

这套模型，是今天全球大协同的底层逻辑。中国的企业能够在中国加入WTO（世界贸易组织）后快速接入全球生产系统，无数企业能够成为大牌的供货商、代工厂，都要感谢及时生产制。

3.SHEIN的故事：中国三代供应链代表

三代供应链，是"一链到底"。它从原材料到用户，打通了一代和二代供应链的能力，完成了从创造到交付的整个过程。

而SHEIN（希音），则是三代供应链的代表。同时，它还展现了中国供应链某种能力的极致：小单快反、按需生产的柔性供应链模式。

SHEIN是今天中国的出海企业代表之一，专注于时尚服饰的跨境销售，已经在全球超过200个国家开展业务。

人生四件事，衣食住行，衣排在第一位。优衣库的创始人柳井正（Yanai Tadashi）曾是日本首富；另外一个快时尚服装品牌ZARA的母公司Inditex的创始人——西班牙富豪阿曼修·奥尔特加（Amancio Ortega），也曾取代微软创始人比尔·盖茨（Bill Gates）登顶全球首富。

而SHEIN、优衣库、ZARA三个快时尚企业之所以能够达到如此规模，是因为它们本质上都是供应链公司。

石油、电脑、手机和汽车都是标品，制造这种标品的企业是供应链企业，我们很容易理解。

但时尚服装与配饰，明显是情绪价值商品。我们买第一件羽绒服，是为了功能价值。在一件羽绒服满足保暖需求之后，我们还继续买入其他颜色、其他款式的羽绒服，其实是为了满足情绪需求。

PART ONE 价值

情绪消费这种个性化、随机化的商品，怎么和精密、标准、效率的供应链结合呢？

ZARA 和优衣库的核心是设计师 + 供应链，而 SHEIN 的核心则是数字化 + 供应链。

我们先看一眼 ZARA 和优衣库的优秀，再来看 SHEIN 的迭代。

ZARA、优衣库都采用了 SPA 模式，即自有品牌专业零售商模式。这是一种企业全程参与商品设计、生产、物流、销售等产业环节的一体化商业模式。（注意是"全程参与"，而不是"全程拥有"。）

也就是说，从原材料到最终用户一链到底的能力，ZARA、优衣库都具备。

SPA 模式是服装业向快消品行业偷师学艺的成果。

服装业是时尚产业，卖的是新潮。流行元素瞬息万变，但它的供应链却非常长——从养蚕、养羊、种棉花，到纺织、染料、缝制，更不用说还要添加各种拉链、纽扣类的辅料（见图 1-1）。

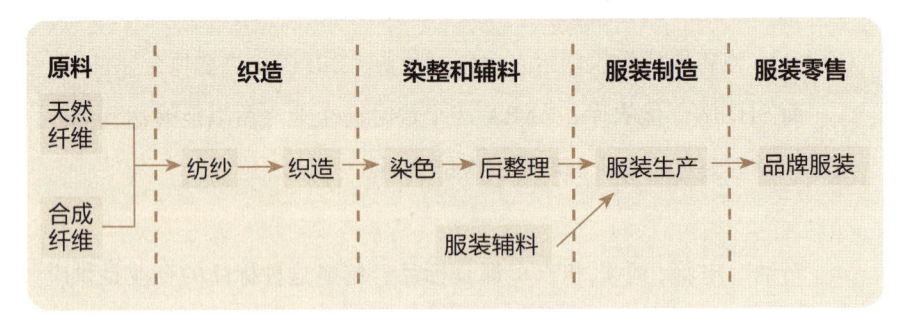

原料	织造	染整和辅料	服装制造	服装零售
天然纤维 合成纤维	纺纱 → 织造	染色 → 后整理 服装辅料	服装生产	品牌服装

图 1-1 服装业供应链

供应链长且慢，与时尚产品快速变化的要求互相矛盾，这是所有服装企业的痛点。

服装行业很残酷，而快消品行业对效率和精准供应的要求更残酷，因为过期食品会直接变成垃圾。

于是 ZARA 向快消品行业学习，培养出了快速响应和准确供应的能力，这对传统服装行业来说，是某种降维打击。

从设计、染印、裁剪到缝制，再到店铺终端和物流，ZARA 全方位整合控制，大幅缩短了服装上新周期。ZARA 的服饰，从规划设计到成品抵达店铺、开始销售，仅需两周时间，而在传统服装企业，这个周期至少要 6~9 个月。

服装企业的另一个痛点是库存。

而 ZARA 和优衣库因为直接控制零售终端门店，可以得到一手的市场反馈，通过市场分析来尽可能降低市场预判失误和库存风险。

ZARA 门店每天提供两次数据，效率远远高于其他服装企业。服装行业产品出售比例的均值是 60%~70%，而 ZARA 的这个比例则上升到了 85%。传统服装企业每年库存周转 3~4 次就已经是非常优秀的表现了，而 ZARA 能做到每年库存周转 12 次。

效率远远高于同行，而服装又是衣食住行中的第一需求、最巨大的市场，ZARA 的老板成为世界首富，也就能理解了。

如今，SHEIN 作为中国三代供应链代表，效率已经超过了 ZARA。

如果我们把服装供应链分成三段——前台的获客与需求反馈、中台的设计与测品、后台的供应链与交付，那么可以看到，SHEIN 与 ZARA 在这三段的做法都非常不同。

前台，ZARA 以线下门店为主，而 SHEIN 则以线上为主；

中台，ZARA 以设计师驱动为主，而 SHEIN 则是数据化驱动；

后台，ZARA 是西班牙供应链，而 SHEIN 则是中国供应链。

PART ONE　价值

2019年,ZARA日均上新80款,年均上新25000款;而SHEIN则达到了日均上新600款,年均上新20万款,近乎ZARA的10倍。2022年3月,SHEIN日均上新6000款,近乎ZARA的100倍。

说到这里,我要提一句,SHEIN创始人许仰天的第一份工作,是在南京某家外贸公司做SEO(搜索引擎优化)。每个做过SEO的人,都懂得互联网新内容的意义,以及每天的新内容增量对搜索引擎的价值有多大。同样的行业,创始人的能力背景不同,企业构建竞争力的方式也不同。

SHEIN之所以能够做到如此规模的上新,背后有两个支持因素:一是SHEIN的供应链建设,二是SHEIN的数字化。

大家可能都听说过SHEIN的绝活儿——小单快反:不是一次性生产1万件、2万件,而是100件、200件就可以供货。这里的反,是指快速反馈。落到具体操作上,就是快速返单——市场证明好卖的产品,就安排工厂追加生产;不好卖的产品就直接放弃。

小单快反这种模式并不是SHEIN发明的,却被SHEIN做到了极致。

但是,返单而非按订单生产的模式,却改变了整个供应链的逻辑。因为小单快反虽然对品牌商有利,但由于生产不稳定,对供应商是没那么友好的。

所以,SHEIN面临的难点在于,如何说服供应商配合自己按小单快反的模式做。

在SHEIN发展早期,它合作的供应商主要是小厂而非大厂。

在几十年的中国制造业浪潮中,成长起了一大批经验丰富、工艺成熟的中小型工厂。它们相对灵活，更加适应小单快反；但与此同时，它们也有自身的痛点，如经营不稳定、难以规模化等。

SHEIN用一种半市场、半组织的模式，构建了自己与供应商之间的合作关系。

首先，SHEIN为中小工厂提供充足的订单、较短的到账时间，以及相关扶持政策，来解决它们按件计酬、员工流动频繁、经营不稳定等问题；其次，SHEIN与中小工厂分享自己的数字化管理系统，来提升它们的管理水平和效率；最后，SHEIN甚至还会代表中小工厂和原材料厂商谈判，为它们争取更大的利润空间。

渐渐地，SHEIN在广东番禺南村镇形成了自己的产业带。该地区聚集了上千家服装工厂，产业环节之间、上下游之间，都实现了更高效的协同，甚至连人才流动、知识流动也变得更加快速。

从2015年开始，SHEIN持续在数字化这件事上发力，大量招聘来自AB测试、大数据、AI算法、计算机视觉，以及自动化供应链、云系统等领域的人才，这些传统服装行业完全不存在的岗位，组成了SHEIN的核心技术团队。几年来，SHEIN开发了一系列数字化系统，如设计师IT赋能系统、设计辅助系统、用户分析系统、生产控制系统，等等。

可以看到，作为中国三代供应链的代表，SHEIN叠加了中国的工业制造效率和数字化能力。同时，SHEIN也抓住了过去20年中国供应链崛起带来的产业工人红利，以及互联网崛起带来的产品经理红利和工程师红利。而后两种人才红利，正是中国当下的优势所在。

如今，SHEIN已经在全球超过200个国家开展业务，展现了强大的全球竞争力。

PART ONE 价值

而 SHEIN 的模式，一定会被复用到其他行业，给更多产业带来变化。

三、基础设施模型

时代的进步以基础设施的进步为标志。新的基础设施，划定一个新的时代。

蒸汽机来了，"所有生意都值得重做一遍"；
电来了，"所有生意都值得重做一遍"；
互联网来了，"所有生意都值得重做一遍"；
AI 来了，"所有生意都值得重做一遍"；
……

——新的基础设施，带着崭新的效率和可能性，解锁上一个时代曾经的无能为力。

新基础设施如同一艘巨大的航空母舰，满载着被它赋能的新物种，沿着时代的洪流前行，碾压那些低效率的老物种。

我们都经历了互联网这一基础设施的变化，以及它所带来的商业、生活、社交上的一切变化。

1999 年，我的朋友毛一丁发起了一次网络生存测试。

他在北京、上海、广州各招募了 4 位志愿者，住在酒店标准间，有基本的生活工具，包括光板床、沐浴设备，但没有饮用水，也没有电话、电视等电器。他给每人配了一台可以上网的电脑，测试他们能不能利用网络服务买到生活用品，支撑他们活 3 天。

3 天后，除了 1 人觉得自己活不下去、中途退出，其余 11 人都坚持了下来。不过，他们过得都不好。

当时中国还没有美团。北京、上海的志愿者，靠在网上查到永和大王的联系方式，在线联系获得食物，而广州的志愿者则靠吃月饼撑了 3 天。他们都没有买到被子。有人甚至连毛巾都没买到，洗完澡只能等自然风干再出来。

1999 年，中国的网民人数是 400 万，比 1998 年多一倍。

如今，中国网民已经超过了 10 亿人。如果再做类似测试，可能要反过来，没收志愿者的手机和一切联网设备，看看他们能不能在没有网络的情况下活 3 天。

你一定要相信，类似的状况，会在 15 年内再次出现。

如果去研究一下西方国家巨富的诞生过程，我们会发现，原因几乎如出一辙——基础设施私有化。钢铁大王、铁路大王、软件大王……莫不如此。

亚马逊创始人杰夫·贝索斯（Jeffrey Bezos）说过一句话："我不要利润，我要增长。"因为他要做的不是供应链，而是基础设施。

京东和亚马逊都是从电商平台开始，但京东是供应链，亚马逊成了基础设施。

基础设施之争是王者之战，所以注定惨烈。

一个卖茶叶的朋友跟我说，他觉得自己很幸运，因为他的行业可以容纳小企业生存。而在互联网行业，只有第一名活得好，第二名就非常艰难，三甲之外的企业，则几乎是必死的结局。

这是因为，大量互联网产品都有基础设施属性，这注定了互联网行业竞争的惨烈。每一场互联网行业的大战，都是一将功成万骨枯。

作为这些大战的结果，微信成了个人通信与社交的基础设施，阿

PART ONE **价值**

里巴巴、拼多多成了商贸的基础设施，美团成了餐饮的基础设施，抖音成了网红的基础设施……而当年和它们竞争的那些对手，你还记得谁？

如今正在高歌猛进的 AI 大模型创业风潮，又是新一代基础设施之争，因此注定又将是一场王与炮灰们的惨烈之战。

在全世界范围内，最终只会剩下几个大模型成为未来人类的共同基础设施。而掌握这少数几个大模型的人，则将站上未来的人类之巅。

需要在这里消一下毒。看完上述内容，我们很容易产生基础设施崇拜，觉得商业的最高目标就是成为基础设施。

确实，我们都是基础设施的用户，只有少之又少的人，才有机会做一个新的基础设施。

但是，成为基础设施，其实会对企业产生新的禁锢。

因为当一个企业提供的产品与服务成为一个产业甚至国家级的基础设施时，它其实已经超越了商业的范畴，成为社会性的存在。

基础设施的收入模型是"收税"模型。想想大家付费时的措辞，"买"包包和"交"电费：买包包是可选的，而交电费是不可选的——只是交多交少的问题。比如，美团已经事实上成为中国餐饮业的基础设施，而美团商户也习惯将美团的抽佣叫"美团税"。

"美团税"的对象，是几百万餐馆和几百万外卖骑手——几乎是中国最弱势的一群人。请问，对这样的一群人，如果长期苛以重税，以获取一家公司的极高企业利润，是可行的吗？

所以，一旦成为基础设施，企业便需要被套上社会责任的枷锁，不可能再长期享受创新企业纯商业的高利润了。

功能价值的四个模型，大概就说到这里。

小结一下，人们会为什么样的功能而付费？

人们会为效率更高而付费，无论生活场景，还是工作/生产场景。

在生活场景中，一提到功能价值，我们就会想到那些满足基础需求的刚需产品，比如米饭、棉袄、疫苗。但如果有了效率更高的替代品，比如比米饭更能提供热量和营养的饮食、比棉袄保暖性更好的衣物、免疫持久性更强的疫苗，同等价格下，人们一定会选择效率更高的替代品。

而在工作/生产场景中，就更是如此。当更高性能的芯片，更犀利的 IP 专利，更高效的机器设备、管理系统、基础设施出现时，企业会在竞争的压力下，为更高的效率而付费。

简而言之，我们之所以为功能付费，是想要更高的效率。

如果对当前的效率满意，没有更高的需求，其实不需要新功能。

四、匪兵甲：功能价值的经典死法

功能类产品的经典死法，我们叫它匪兵甲。

文无第一，武无第二，这句老话可以用来比喻情绪价值和功能价值。文化体验、情绪价值是个体感受，可以说千人千面；但武力值则是可以数字化测量的，是什么就是什么，在哪里就是哪里。

匪兵甲，顾名思义，就是武力值不高的角色、产品力不足的产品。主角未出时，他还认为自己可堪大用；主角一出，立刻被淘汰。

工具类、功能类的产品，最怕做出一个匪兵甲——自己看自己有模有样，但与主角一比，立刻被结构性碾压。

PART ONE　价值

为什么？因为买功能的本质是买效率。

如果抱着试试看的态度做出一个功能类产品，却没有明显的效率优势，就相当于往市场上添了一个匪兵甲。

所以，评估一个功能类产品的时候，需要明白，你要做**路线选择：你是要选一条可能成为主角的路，还是一条可能成为匪兵甲的路？**

选择了错误的产品路线，就是选择了一条注定无法成为主角，因而必然被淘汰的路。这就好比在无人机战争的时代，研究大刀长矛的战术。

但是，武侠小说的主角出场时，战斗力几乎都不如匪兵甲，为何后来局势发生了倒转呢？

因为主角找到了提升自己战斗力的路线：

要么基于新基础设施提供的新效率，成为解决老问题的新物种。比如有了电，就有了电灯——煤油灯就是匪兵甲。虽然在很长时间里，煤油灯也曾是小主角。

要么学会多门武艺，一个人解决很多问题。比如，iPhone 横空出世，不但能打电话、上网，还能拍照和听音乐——2007 年之前那些做数码相机、MP3 的企业，怎么能想到自己未来会被手机吃掉呢？

这种 N 合一的模式，也成为今天很多功能性产品的主动发展路线。喜欢占便宜是人的天性，付一样的钱可以获得多个功能，这当然更有吸引力。

不过，功能多就一定有用吗？

《甄嬛传》里，安陵容发现自己的嗓子被毒哑了，第一反应是，"我能得宠，全靠这副嗓子。要是被人知道了，我就是一枚弃子"。这话说得悲哀。安陵容明白，自己赖以生存的皇帝对自己只是功能需求，并没有什么情感，一旦功能不 work（工作），自己就没有了价值。

　　安陵容的生存方案，就是增加技能点。而这种争宠，只能让她与其他工具人竞争，却始终无法动摇甄嬛的位置。

　　为什么？因为甄嬛和她不在一个竞争空间里。

　　皇帝爱甄嬛。甄嬛对皇帝有情感价值。

　　这是完全不同的战场了。

与功能价值的客观性不同，情绪价值是主观的。

用户购买情绪价值，不是为有形之物付费，而是为无形之物付费，是为生理唤起、认知标记、彼此心领神会的共识，以及这些掺杂在一起后营造的氛围付费。

如果说创造功能价值要有工具思维，那么创造情绪价值，创造愉悦感体验，则要有玩具思维。

情绪价值有三个付费点：保障感、愉悦感、彰显性。
为保障感付费是为了对抗担心，为愉悦感付费是为了对抗枯燥，为彰显性付费则是为了对抗自卑。

情绪价值 = 生理唤起 + 认知标记 + 心理账户

第二章
情绪价值与情感需求

情感是神的语言。

是什么力量让一群黑斑羚像炸开一样，四散奔逃？是什么力量让一只狗狗找到回家的路？是什么力量让你想到心爱之人时，脸上就会浮现笑容？

冬夜回家的一碗热汤，提供了功能价值，它的温度和物质，让身体获得能量。但让人魂牵梦萦，甚至跋山涉水也要回到家喝下的那一碗，那给你深刻体验的，不是物质与原材料，而是涌动在心头的万般感受，是这种情感需求牵引着一个人的万里归途。

因为人有情感需求，所以情绪有价值。

工业革命是效率的革命。从工业时代开始，不断产生的新造物——新工具、新能源、新系统，不断创造新的效率。效率有价值，应该为效率付费，这是工业时代的共识。

而情感是神的语言，是来自内心的涌动与生发，是整个生命感知的共振。这当然不应该也不可能被工业化创造和标准化交付。

在商业世界，你可以创造很多商品，营造很多体验，提供很多关怀，但这些抵达用户后，用户的真实感受与情感反应，则是千人千面、各自幽微的。

PART ONE 价值

所以，**与功能价值的客观性不同，情绪价值是主观的**。

古话说，汝之蜜糖，彼之砒霜，就是在描述每个人喜好的情绪价值不一样。如果只谈功能价值，那蜜糖就是蜜糖，砒霜就是砒霜。

不过，情绪价值还是有某种共性。比如，忽然流传的一首歌，是无数人的心声；忽然被转发的金句，是大众的嘴替；而大爆的电视剧、电影，更是社会情绪的共鸣。

情绪价值有什么规律？在这里，我给你一个公式：

> FORMULAS
>
> 情绪价值 = 生理唤起 + 认知标记 + 心理账户

一、情绪的二因素理论

1. 生理唤起

有个词叫"生理性喜欢"，就是对方直接能让你生理唤起。

生理唤起谁没有体验过呢？就是忽然上头了、下头了、high（兴奋）了、丧了……总之就是忽然被自己的多巴胺、内啡肽、血清素、催产素、肾上腺素劫持了。也不知道为什么，就开始心跳加速、脸红、兴奋、发抖、低落……不能自已。

很多人都这样形容自己第一次爱上一个人的感觉：好像生命被唤

醒。是啊，情绪的流动，就是生命流动的体验……自己的生活如此平凡，那么就在别人的故事里，通过人类的共情机制，来感受那强烈的爱与恨，共情那些挣扎、勇气、快乐和遗憾。你是在为故事、为游戏着迷吗？不，你是为了那些故事在你身上激发的情绪着迷。你是被唤起的，是因为你自己的多巴胺、内啡肽成瘾。

所以电影是假的，故事是假的，但是人被感动的那一刻，内心的感受、流下的热泪，这些生理的唤起都是真实的。

如果没有羞耻心这个闸门的控制，每个人都会盯着漂亮的人看，这是直接的生理唤起，就像小孩子的目光会锁定糖果一样。

所以，为什么选秀节目层出不穷？因为它是输出年轻帅哥、美女的流水线。通过选秀，一批又一批被许可注视的漂亮人类不断进入观众的视野。他们不需要有故事，他们就是多巴胺、催产素的制造机。而且，观众还组成粉丝团体，一起分享自己被生理唤起、上头和痴迷的体验，不需要再为喜欢一个人而羞耻。

而为什么上了年纪的女演员演少女会有尴尬感？因为，即使保养得当、有高科技加持、没有皱纹且身材得宜，但所有生物到了某个年龄之后，生理唤起的能力都必然衰退。说起来似乎有些残酷，但这是一种生物性的真实。

2. 认知标记

有个有趣的问题：

巧克力味的屎和屎味的巧克力，如果必吃其中之一，你会选哪个？

你会发现，这个问题对小婴儿来说并不存在。如果二者都摆在他

PART ONE 价值

们面前，他们会愿意都尝一尝。

为什么对小婴儿来说不是问题的事，却让一个成年人委决不下？

因为成年人有了认知标记。

某次和一个女孩吃下午茶。女孩吃掉一勺蛋糕后说："啊，我感觉好罪恶。"

不管是蛋糕美丽的外观、一口下去唇齿间甜蜜的感觉，还是落胃后血糖升高带给人的微微眩晕的满足感，明明都是美好的生理唤起，为什么这个女孩的表达却是罪恶感呢？

因为认知标记。

今天很多女孩，以瘦为美，以瘦成纸片人为荣，所有妨碍她们成为纸片人的事物都会让她们有罪恶感。

所以，如果一块蛋糕对小孩子的情绪价值是 5 分，那同样是这块蛋糕，对这个女孩的情绪价值可能是 -5 分到 5 分之间的某一个分值。造成波动的原因，在于她对吃蛋糕这件事的认知标记。

一个衣衫褴褛的流浪汉看着你，并给你一个微笑，和一个看上去很成功的权威人士看着你并给你一个微笑，你的感受会不同；而如果是某位明星的狂热粉丝偶遇自己的偶像，还获得了偶像的注视和一个微笑，那这个粉丝当时的情绪体验有可能会被拉到 1000 分，然后，这个微笑可能会被转发观看和点赞无数次。这种超级生理唤起的感受，对于粉丝来说非常真实，而对于非粉丝的路人来说，则完全不能理解，更无法共情。

所以我们说，**功能价值是客观的，而情绪价值是主观的**。

虽然蛋糕是客观的，蛋糕的成分和其他装饰都是客观的，这位明星的存在是客观的，他的微笑也是客观的，但是对于接收方来说，因为每个人内心的认知标记不同，所以哪怕接收到的是同样的客观信息，被唤起的部分也必然大不相同，生理唤起的体验也判若云泥。

生理唤起加认知标记，使人形成了情绪波动。这是沙赫特（Stanley Schachter）和辛格（Jerome Singer）提出的情绪归因论（Attribution Theory of Emotion），又被称为"情绪的二因素理论"（Two-Factor Theory of Emotion）。

孔子主张"推己及人"，产品思维主张"同理心"。人可以通过自己的感受来判断别人的感受吗？

这时我们需要了解情绪的二因素理论——是生理唤起，叠加认知标记，使一个人形成了感受与情绪。

比如，在西班牙的太阳海岸，有裸休晒太阳的女郎。这样原始的美，引发的生理唤起应该是一样的。但看上去，沙滩上不同的人，反应却不一样：有人平和微笑，有人手足无措，有人觉得这是伤风败俗——这是因为不同人群的认知标记不同。

今天，我们的业务要全球化，需要面对全球的多元文化，需要尊重每个地区的不同文化都有自己的认知标记——自己觉得好的，别人不一定觉得好。

我们能感受到的情绪，都是被自己的认知标记调节之后的生理唤起。

生理唤起有多个维度，如果用生理唤起程度做纵轴、愉悦度做横轴，我们可以得到一个象限图（见图2-1）。

PART ONE 价值

TOOLS

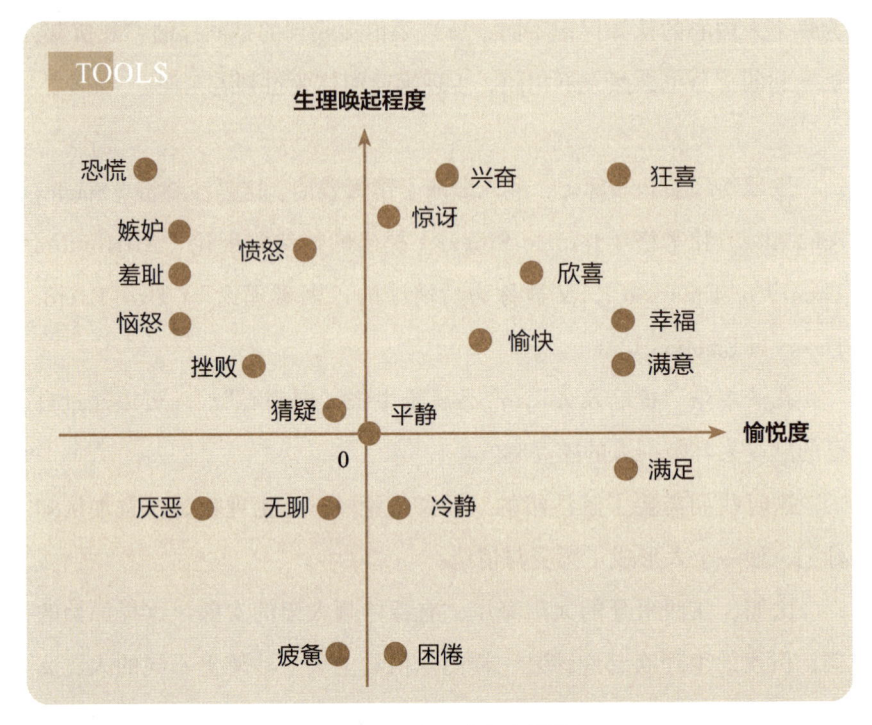

图 2-1 生理唤起象限图

我们的很多基础情绪都能在这张图中找到自己的位置。比如：兴奋是愉悦度正向的高唤起，冷静是愉悦度正向的低唤起，愤怒是愉悦度负向的高唤起，厌恶是愉悦度负向的低唤起。

愉悦度负向且唤起程度比疲惫更低的状态，就指向了抑郁。生理唤起的感受是生命流动的感觉，而抑郁则是生命感低微的黑处。

我们所谓的心情不好，多半是指沉浸在那些愉悦度负向的生理唤起里。

当我们明白很多情绪其实来自认知标记，那么随着认知的不断提升与打开，我们会发现，一些曾经让我们愤怒、挫败、沮丧的事情，我们开始可以理解和消化，可以平静和冷静地处理。

所以管理情绪，其实可以从管理认知开始。

二、情绪价值的付费点

1. 心理账户

心理账户，是构成情绪价值的第三个要素。如果说生理唤起和认知标记决定了情绪的产生，那么心理账户则决定了用户是否会付费，以及愿意付多少。

心理账户这一概念来自诺贝尔经济学奖得主、行为经济学家理查德·泰勒（Richard Thaler）。

有关心理账户的文章和书籍都非常多，你可以自行搜索，扩展阅读。

淘宝每年都会公布一个年度十大商品榜单，2023年度的上榜商品见图2-2。

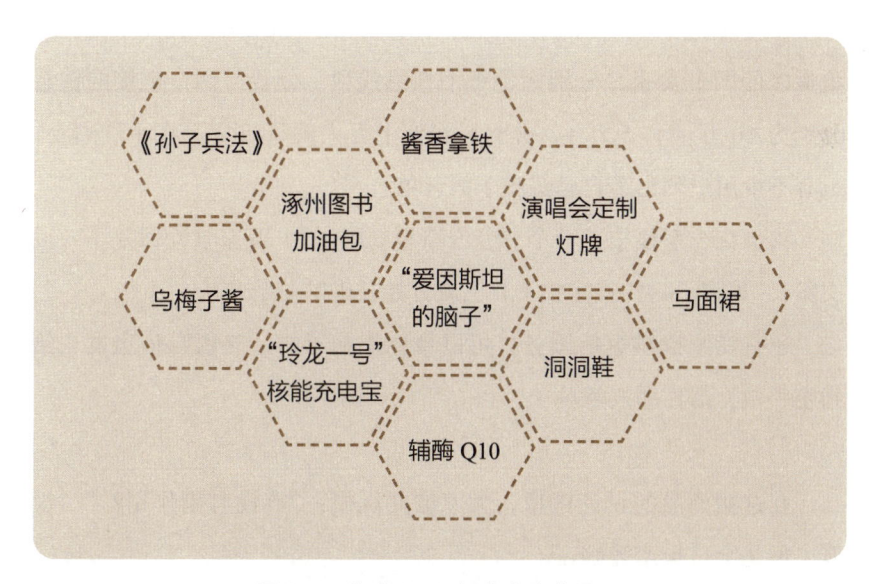

图2-2 淘宝2023年度十大商品

PART ONE　价值

　　这十大商品，几乎都是情绪性消费品，没有一个是生活的刚需品。

　　我们可以看到，当某种社会情绪在社交网络上弥漫开来时，一些嗅觉敏锐的人会及时识别出来，做出承接这种情绪的商品。而人们会选择用钱购买，来释放和安置自己的情绪。

　　购买涿州图书加油包，是对2023年涿州洪灾受灾图书企业的支持；穿马面裙，是对民族审美的认同；把根本不能购买的"玲龙一号"核能充电宝加入购物车，相当于一种行为艺术，是表达对国家科技成就那份与有荣焉的骄傲。

　　而"爱因斯坦的脑子"这个被称为"2023年现象级产品"的东西，放在10年前，我们很难想象会有人卖这种东西，更难想象会有人买它。

　　在淘宝上搜索"爱因斯坦的脑子"，价格从0.01元到几元不等。销量最多的两个卖家，分别标价每个5毛钱和1分钱。两个链接的销量分别为10万+和5万+，并且已经有上万人确认收货。在小红书上，也有不少用户晒出了自己买脑子的订单。

　　我也花5毛钱拍了一个"爱因斯坦的脑子"。商家自动回复了一段文案："买脑子吗？直接拍下自己就开始长啦哈哈哈哈哈……"

　　还有商家提供短信服务，可以帮你把脑子的"充值"信息发送给指定手机，帮你朋友长脑子。

　　在这些商品的讨论区里，大家彼此玩梗："有没有副作用？""没有，但是会挤掉恋爱脑。"

　　有人问"买完能不能考上北大"，有人一本正经地回答"不好说，毕竟爱因斯坦不会中文"；也有老实人真诚地回答"就是花5毛钱买个快乐而已"。

还有用户在不同卖家那里分别购买不同的脑子,说要进行测评,看看哪家的脑子更好。

我把这次购物经历与父辈们分享,他们的第一反应是:这不是骗人吗?你这不是上当受骗了吗?

我的父辈们这代人,经历过漫长的匮乏时代,"有什么用"对他们来说权重极高。没用的书不要看,没用的东西不要买。花钱买乐子,对他们来说是非常难以理解的事情。也就是说,他们没有这个心理账户。

"爱因斯坦的脑子"这个商品,它的信息和商家给出的服务动作是客观的。但是,对于我的父辈们来说,因为没有这个心理账户,他们只会认为这是骗人,而不会有哈哈一笑的生理唤起。

因此,对他们来说,这个商品的情绪价值就不存在,他们也绝不会为这个商品付费。

而从平台展示的销售数据来看,有超过百万人用付费表态。这说明,Z世代开设了花钱找乐子这个心理账户,愿意为这类情绪价值付费。

所以,**有时候新市场的出现,并不是因为出现了新产品、新需求,而是因为开出了新的心理账户。**

换一个心理账户,就会换一个价格档位,这种情景在我们的生活中经常出现。

比如,我买了两样食物:一个是在食堂买的红豆火烧,3元/个;另一个是在烘焙店买的日式蜜豆面包,15元/个。

把这两样东西摆在面前,怎么看都区别不大——成分都是面粉、糖、红豆、油，口感也差不多。但它们的价格却差了 4 倍多，而我在付款的时候，并没有觉得不对劲。

这是因为，红豆火烧的心理账户是主食，和馒头、包子是一类，所以付类似的价格很合理；而蜜豆面包的心理账户是甜品，和牛角包、蛋糕是一类，所以付类似的价格也很合理。

再比如，粮食是低毛利的商品。粮食加水，进行酿造，加以时间，就成为酒。而酒是高毛利的商品。

一瓶纯净水卖 1 元钱，添加添加剂就成为饮料，可以卖 5 元；加酒精就成为酒，可以卖 10 元以上。

水—饮料—酒，三者的成分变化改变了关联的成本，接着产品分类改变，然后用户的心理账户、付费预期都发生了变化。

2. 情绪价值的三个付费要素

都是 53 度的白酒，2 斤粮食可以酿 1 斤黄盖汾酒，5 斤粮食可以出 1 斤飞天茅台。

1 斤黄盖汾酒 50 元钱，而 1 斤飞天茅台 2000 多元钱。

研究情绪价值，酒是一个非常好的品类，因为它是最古老、最普遍的情绪商品。

千年以降，世界各地的人都在做自己的酒。古美索不达米亚人和古埃及人用储存的谷物酿造啤酒。古希腊和古罗马人酿造葡萄酒。在南美，人们用谷物制作奇恰酒。在墨西哥，人们将仙人掌汁液制成龙舌兰酒。东非人用香蕉和棕榈酿制啤酒。日本人用大米酿制清酒。

这些分散于地球不同角落的人，因为文明的不同，而有着不同的风俗；所有这些酒，也因为原材料和工艺不同，而有着不同的风味；而其中一致的，是人对酒精的需求。

因为人类需要酒精，所以才有各种各样的酒存在；就好像人类需要咖啡因，所以有各种各样的咖啡存在。

是酒精的功能性，锚定了酒的这个品类。

20 世纪五六十年代，中国粮食困难时期，技术人员用谷物、薯类等廉价的食用农作物，发酵蒸馏制作出食用酒精。

一吨食用酒精大约卖 4000 元人民币，也就是 2 元钱一斤。再加水，加添加剂，就产生了一个中国白酒的新品类——勾兑白酒，专业名称叫液态法白酒。廉价白酒基本上都是由此而来。买廉价白酒，就是为了喝酒精。

什么是酒的情绪价值呢？

首先，酒精这种物质，直接带给人生理唤起：

酒精能使血管扩张、促进血液循环，让人感到温暖，疲劳得以缓解；酒精可以刺激身体交感神经分泌多巴胺、多巴酚丁胺等物质，使人体处于兴奋状态，让人感到 high；酒精还会抑制大脑中枢神经，使其活跃度降低，从而麻木对周围事物的感知，暂时忘却烦恼，甚至借酒撒疯，突破日常不敢跨越的边界……

如果归纳什么是成瘾物质，几乎都是这种能直接带给人生理唤起的物质。

而一瓶酒，价格可能是 5 元、50 元、500 元、5000 元，甚至 5 万元、50 万元。

PART ONE 价值

除掉酒精的成本，多出来的钱，大部分是在为其他的情感诉求买单。

我经常问一起喝酒的人：你觉得酒好喝吗？大多数都摇头。

有句话说得有意思：因为酒难喝，所以喝酒有趣。

如果再问：你能尝出 50 元、500 元、5000 元、5 万元的酒有什么不同吗？1000 个人里都没有几个人点头。

一瓶酒，就其客观物质而言，水和酒精占总质量的 98% 以上。而让酒产生不同口感的各种醇、醛、酸、酯、酮、酚、微量元素等成分，只占总质量的 2% 不到。

普通人没有品酒师的敏感度，也没有经过认知训练，不能有次第地辨识各种味道及其稀缺性；大部分人应该和我一样，如果喝到特别差的酒，能感受到不好，但某一水准之上的酒，其实喝不出高低。

那酒的价格，为什么差别这么大呢？

我们还是回到需求来看。

我们为什么要喝酒？

古埃及有一句谚语：在水里，你看到的只是自己的脸，但在酒里，你能看到内心的花园。

酒是一种连接的工具。独酌是为了连接自己，邀人喝酒是为了连接对方。

中国人表达我想和你交流，会说能不能请你喝杯咖啡，或者找时间一起喝茶，或者哪天请你吃个饭，还有就是咱们喝顿酒。

喝杯咖啡可能是聊半小时，吃饭大约是 1.5 小时的交流，喝茶则是 2 小时以上。而邀请对方一起喝顿酒，潜台词则是，希望彼此借着酒打开边界，更进一步。

第二章　情绪价值与情感需求

理解了这些，再看买一瓶酒。除了水和酒精，我们可以看到还有**三个付费点，都是在为自己的感受付费：保障感、愉悦感和彰显性。**

保障感

首先，**用户会为保障感付费。**

保障感对抗的是"害怕"，用户有明确害怕出现的状况，就会需要对此有保障的东西。

功能价值的产品，要不要叠加情绪价值？

当然，用户至少愿意为了保障感而付费。

这是商标的初衷，也是品牌的基础。

企业为用户提供保障感，就是让用户对自己建立信任——信任自己的品质，信任自己的服务……而信任，则是所有长期关系的基础。

一个经典的案例就是同仁堂。网络平台上的白牌中药材，标的都是原产地的供货价，比如一斤甘草90元。但在同仁堂，甘草一斤卖240元。为什么同仁堂可以卖这么贵？

因为同仁堂在卖原材料的同时提供了保障感。

同仁堂用百年营造了它的品牌。那副著名的对联——"炮炙虽繁必不敢省人工，品味虽贵必不敢减物力"——作为企业宣传深入人心。

用户怕买到假的药材，因此选择从同仁堂购买，并为此付出比从小店购买更高的费用，这是在为保障感付费。

回到酒的案例。喝酒助兴，难喝的酒败兴，喝到假酒要命。

制造出高品质的酒和让渠道里没有假酒，哪个更难？

造酒是制造物质，是科学化的工程，是企业的内部研发、生产、

PART ONE 价值

质量管理体系。

让市场上没有假酒，是外部的市场渠道管理体系，是社会系统多方面的协同，是永无止境的维护和管理。这比在一个自己完全控制的封闭体系里制造物质难度更高，成本也更高。

正是这些内部系统与外部社会工程的持续努力，以及实际达到的控制力，才成就了一个酒品牌的保障感。

我们可以看到，海尔、格力、联想等老牌工业企业，都在渠道控制、售后服务上强投入、强交付，为用户提供保障感，而这份保障感也成为它们品牌的核心。用户信任，是这批企业得以长期发展的基石。

愉悦感

情绪价值的第二个付费要素是愉悦感，这也是大家目前提到情绪价值时最容易想到的。

这个词我其实纠结了很久，用"愉悦感"只是一种指代。

比如，电影是提供情绪价值的商品。我们买一张电影票，然后沉浸在电影放映这个过程中，生理被有效唤起。我们哭了、笑了、被吓到了、被激怒了、压抑了、释放了、甜到了、酸涩了……这么多复杂的感受，不是"愉悦感"这么简单的一个词可以概括的。

也有很多优秀的电影，本来就不是让你"愉悦"的，甚至根本不打算提供爽感，就是闷着，最后让你五味杂陈、怅然若失，甚至看完以后丧很久。但它也提供了某种满足，内心某个角落得到填充的满足。

我甚至觉得，单一的愉悦是乏味的，就如同人长大后再难以被单纯的小甜水满足，难以被脸谱化的纯粹好人、坏人的故事满足，而开

第二章　情绪价值与情感需求

始享受复杂性。

能享受白酒的复杂度，就不愿意再喝调制酒；能享受人性灰度的故事，就不愿意再看脸谱化的甜宠文；在欣赏交响乐后，流行曲就难以满足自己。

你会发现，一件商品，如果能更好地驾驭复杂性，把复杂性调和成某种协调，就会成为更有价值的东西，简单来说，就是会更贵。比如，一杯好茶就应该和最好的红酒一样贵，因为它们都复杂。

所以，"愉悦感"这个要素，可以理解为某种情绪的波动，甚至是有复杂性的情绪波动，而这种情绪波动是可以给人某种满足的。

它可以包括"美感""波动感""共鸣感""疗愈感""放置感""爽感"……也包括一类词——"好玩""有意思"，还有很多很多。翻看社交网络上的购物分享，我们会看到，越来越多的人，正在为这类情绪价值买单。

回到酒的话题，当我们喝酒的时候，我们享受的是酒本身吗？享受的是酒精的功能，以及那2%的物质造成的口感差别吗？当然有一部分是。

更多的，是为了那些瞬间：拿出酒的一瞬间，举杯的一瞬间，干杯的一瞬间，起哄的一瞬间，打破边界的一瞬间……

酒只是工具，用来推高这些瞬间里的气氛。对气氛加分越有效，酒的价值就越高。

这个场景揭示了情绪价值的某种本质。

用户购买情绪价值，不是为有形之物付费，而是为无形之物付费，是为生理唤起、认知标记、彼此心领神会的共识，以及这些掺杂在一

PART ONE 价值

起后营造的氛围付费。

如果说创造功能价值要有工具思维，那么创造情绪价值，创造愉悦感体验，让用户愿意为之付费，则要有玩具思维。

比如，最早的手机是工具，但是今天我们却离不开它，因为它成了玩具。

人们为一件事的效率付费，都是因为想摆脱这件事。所以在20世纪80年代，中国城镇的洗衣机普及率就达到了70%——人们多么想摆脱洗衣服这件事。

当人们使用手机不只是为了谈工作，还是为了拍照片、刷视频、玩游戏，为了自己的"愉悦感"时，手机就成了玩具。《2022年移动状态报告》显示，中国人平均每天用手机时长接近5个小时。

这就是功能价值和情绪价值的区别：一个能省则省，越省时间越好；一个能花则花，只想把更多的时间停留在这个点上。

保障感和愉悦感，一个是长期关系，一个是见即欢喜。

这正是很多网红企业速朽的原因——太多人太快就喜欢上了自己，根本还没有想好，也没有能力去维护长期关系。

彰显性

情绪价值的第三个付费要素是彰显性。

彰显性是奢侈品的核心要素。

我问过LV大中华区的一名工作人员："LV卖的是什么？原材料就是人造革嘛。"

对方答："我们卖的是心情。"

我又问："是什么心情呢？"

对方答："就是别人羡慕你的心情。"

中国最早对彰显性这事有认识的人，项羽算一个。他有一句话："富贵不归故乡，如衣锦夜行。"意思是说，富贵了，就要衣锦还乡，让熟人、乡亲们看看，否则就好像穿很贵的衣服行夜路，谁都看不见，有什么意思呢？

愉悦感，你可以认为是一种暗爽。喝了一杯奶茶，自己分泌了多巴胺，自己开心了，然后自己知道就好了。

而彰显性，则是一种明爽。它是需要给别人看的，它需要观众，需要从观众眼中的认同甚至羡慕里，折射出你自己的爽感。

而项羽说得就更明确了——富贵要还乡。陌生人的羡慕还不够，还需要在自己的社交圈里彰显——被那些认识自己的人称赞和羡慕，才叫真的爽。

所以，你会发现，奢侈品的三大品类——服饰、酒、餐饮，有一个共同的特性，就是"社交属性"。没有人会穿着香奈儿的高定在家看电视，孤独的美食家也不会一个人去吃米其林三星餐厅。

如果说功能价值是工具，情绪价值是玩具，那么奢侈品则是战袍，是武器。

女星们在红毯斗艳，都会找奢侈品牌武装自己，人人怕输。做销售的见客户，会着意地打扮，戴名牌手表，用昂贵的包，也不只是为

PART ONE　价值

了愉悦对方，而是为了给自己壮门面，不要因为衣着朴素被客户轻看。请客时，上茅台，可能自己并不能分辨出茅台到底好不好喝，只是亮出自己的排场，并且让对方觉得自己重视他。

茅台是不是智商税？5斤粮食，加酿造、陈化的时间，酒本身的成本也就30多元，加上包材、瓶子、盒子、手提袋等辅料，成本也就90元，却卖出2000多元的市场价。

茅台不是智商税。因为用户的诉求，大多是用它来表达重视，而茅台今天在中国的共识度，基本可以让客人感受到这一点。也就是说，用户向茅台付费，想购买的是让自己招待的客人感觉受到了重视，而这一点，茅台可以交付。

与之相比，某某药酒则是智商税，因为它的承诺是包治百病——这是无法交付的。用一个不可能交付的预期让用户付费，就是智商税。

看上去，奢侈品好像是在卖符号。它们会把logo（标识）印得非常大，并且反复强调自己的logo。甚至一件衣服、一条围巾、一个包包上面，密密麻麻全是logo。

曾有一个朋友满腹怀疑地指着密密麻麻全是logo的衣服，问我："这真的好看吗？"

对于很多买奢侈品的人来说，好看不好看并不重要。为了自己的趣味而买衣服，是为了愉悦感；而选择这种密密麻麻全是logo的衣服穿，则是为了给别人看，他们要的是彰显性。

就像你拿出茅台，内心的期待是他人认识这个瓶子；一个人穿成这样，就是期待他人看到这些logo，并且认识它，然后觉得"哇，这人穿得好贵"。

第二章 情绪价值与情感需求

观察奢侈品牌的运营，你会发现，它们一直在办一场又一场的社交活动——晚宴、派对、红毯……为什么？因为如果没有社交，就没有彰显性，奢侈就无从放置。

而所有的奢侈品，都是从这样的社交圈开始的。它们最初都是某个高端小社交圈内的小众产品，首先形成小众共识，然后经过时间的沉淀，逐步外溢。比如曾经的欧洲王室、之后的工业新贵、如今的偶像明星……被哪个社交圈认同，就基本决定了奢侈品牌的咖位。没有奢侈品是始于大众的。

这正是奢侈品牌的稀缺之处。比起加工原材料、拍广告、投放这种花钱就可以搞定的事，运营一个奢侈品牌要做大量给钱也办不到的事。几十年如一日地在一个高端的圈层（意味着选择更多）和真实的人交流，拥有真实的关系，形成对彼此品位、趣味、品质度的认同，愿意把自己的关键场合亮相交由对方安排，其实要难得多，也复杂得多。

在中国县城，经常可以看到身穿各种 A 货[1]（比如印着 GUCCI、CHANEL 的 logo）的大妈，在菜市场买菜，在学校门口接送孩子。她们根本不知道自己身上是什么 logo，也无所谓 A 不 A 货。这些 logo 对她们来说，和所有的装饰性图案一样。她们只是在穿一件普通的衣服，无所谓彰显，也无所谓丢人。

但如果是在一个重要的红毯场合或者商务社交场合，谁敢穿 A 货呢？

为保障感付费是为了对抗担心，为愉悦感付费是为了对抗枯燥，为彰显性付费则是为了对抗自卑。所以，所谓的"老钱"家族不会穿带 logo 的衣服——没有自卑感的人，不需要用这些来标明自己。

---

[1] 指仿制品。

三、貂丁：情绪价值的经典死法

"貂丁"出自郭德纲老师的相声：

> 大户人家啊，不光吃的讲究，穿的也讲究。夏天穿一条丁字裤，冬天改丁字棉裤，去东北这种极冷的地方还要穿貂丁。什么是貂丁？就是貂皮做的丁字裤，不是大户人家出身的想必没见过。

而现实永远比段子更荒诞。这些年所谓的消费升级、新国货、新审美中，涌现了大量类似貂丁的产品——自己说得牛气冲天，看起来市场空白，做得很费资源，工艺也很麻烦，结果用户却很尴尬。每一个点都可以自我阐述得很有价值，但是把所有价值点凑成一个产品，却突然成了一个笑话。

貂丁错在哪里？

情绪价值的锚点是，有真实生理唤起的情绪体验。

用户付费想获得的，不论是买个心安的保障感，买个舒服的愉悦感，还是买个嘚瑟的彰显性，都需要确定性交付，让这个情绪体验在用户身上真实发生。

而貂丁类产品，则明显是产品经理的自嗨拼凑。

用昂贵稀缺的原材料（貂），做一个以前没人做过的品类（丁），觉得自己在创新，其实用户穿着不舒适（没有愉悦感），还穿在里面，没法跟人嘚瑟（没有彰显性）。既没有功能价值，也没有情绪价值。

第二章　情绪价值与情感需求

很多启用了大明星的影视作品，用了行业最贵的配置，故事没道理，价值观稀碎，用户看着困难，也没办法当作社交货币成为谈资，也是典型的貂丁产品。

可持续变现，就有资产价值。

资产价值需要有两个条件支撑：
第一，有一个可供它持续变现的专门市场及配套服务；第二，它在专门市场的价值与价格依赖于某个共识。

人世间最贵的东西就是共识。
与其说共识像黄金一样珍贵，毋宁说黄金的价值在于共识。

稀缺性，是奢侈品的第一性。

自由、理想、爱，是我们在求生道路上往往最早抛弃的。它们成了人类社会最稀缺的东西，也成了最珍贵之物，而它们才是所有大牌真正的内核。

第三章
资产价值与投资需求

一、资产价值的定义

我们先来思考一组问题:

> **QUESTIONS**
>
> 茅台酒有没有资产价值？二锅头酒有没有资产价值？爱马仕包包有没有资产价值？塑料袋有没有资产价值？房子有没有资产价值？帐篷有没有资产价值？黄金有没有资产价值？比特币有没有资产价值？钻石有没有资产价值？

每当有朋友来跟我说，他要创业了，我都会问他，3年后，你是靠能力赚钱，还是靠资产赚钱？

什么是资产价值，经济学里面有非常复杂的解释。我的解释比较简单：

可持续变现，就有资产价值。

比如，一个朋友开广告公司，这是比较经典的能力变现模式。他靠的是维护客户的能力、策划的能力，以及执行结案的能力。所以，

PART ONE 价值

这种能力型企业大多是合伙人制。因为合伙人的能力决定了企业的收入，只要一个合伙人生病或者离开，与他相关的业务就会顿时坍塌。

当包租婆收房租，则是比较常见的资产变现模式。包租婆持有房子，委托给中介，运气好一点，可能租得快一点，租金高一点；运气差一点，可能租得慢一点，租金低一点。包租婆自己身体如何、状态如何，对收房租影响没那么大。

那什么东西可以持续变现呢？

可持续变现需要两个条件，所以**资产价值需要有两个条件支撑：**

第一，有一个可供它持续变现的专门市场 / 二手市场及配套服务；
第二，它在专门市场 / 二手市场的价值与价格依赖于某个共识。

所以，我们会把购买含有资产价值的产品，称为投资，而不是消费，因为有专门市场 / 二手市场，可以随时变现。

我们先来看专门市场 / 二手市场。

房产有二手房市场及配套的评估中介贷款服务；茅台酒有名酒回收渠道；爱马仕包包有二手奢侈品渠道；比特币有交易市场；黄金也有交易市场……它们都有非常明确的地方可以去交易。

有持续的交易，才能维持价值评估、鉴定、交易中介、监管与规范等环节生态的完整。专门市场 / 二手市场成熟，就表示这一类资产在稳定流通，可持续变现，所以它们就有资产价值。

文艺青年的内心都有一所房子，是《瓦尔登湖》这本书中梭罗（Henry Thoreau）自己动手建的。

梭罗曾描写过他盖房的全过程，并详细列出了他建房的全部成本，一共花了 28.115 美元。

那是 1845 年，28 岁的梭罗在瓦尔登湖畔为自己造了这处田园，并在此自给自足地独自生活了两年。后来，37 岁的他把这段带给他深刻满足的生活写了出来，就是那本《瓦尔登湖》。

这栋房子为梭罗提供了功能价值和情绪价值。

但是这栋房子有资产价值吗？没有。因为这栋房子没有产权证，不能进入专门市场 / 二手市场交易。

我们再来看共识。**人世间最贵的东西就是共识。**

凡·高（Vincent van Gogh）的画，在他生前与身后有什么不同？

凡·高活着的时候，只卖出过一幅画——《阿尔勒的红色葡萄园》，据说还是他弟弟提奥（Theo van Gogh）暗中操作的结果。提奥为了鼓励哥哥创作，用了很多办法，其中就包括让比利时艺术家兼收藏家安娜·博奇（Anna Boch）以 400 法郎买下这幅画。

如今这幅《阿尔勒的红色葡萄园》，在艺术品市场的价格已经超过 1 亿美元。

画还是那幅画，改变的是艺术品市场的估值。它早已不只是那个 30 多岁的年轻人抒发情感的作品，而成了无数鉴定师、拍卖行、藏家市场共同维护的资产。

凡·高的画，客观的东西就是颜料和画布——不值钱。

是谁让凡·高的画变得那么贵？

是艺术品市场的共识。

与其说共识像黄金一样珍贵，毋宁说黄金的价值在于共识。

对黄金的共识是人类用数千年构建起来的。所有的古老文明，都对黄金分外钟爱——三星堆的古蜀国、古希腊、古埃及、古印度、古非洲、古美洲，处处可见黄金的痕迹。然后，伴随着大航海，全球商

PART ONE 价值

贸时代开启，全球物质大流通，黄金成为所有交易的介质，成为凝聚全世界人类共识的货币。

过去十几年，我们这一代人亲眼见证了比特币如何从小圈子的玩具成为一部分人的共识。

很多时候，一家公司的股价会高低起伏，但这家公司的经营基本面、战略产品其实都没有发生变化，变化的是股民的共识。

不论黄金、比特币，还是股票，都在其专门市场/二手市场持续交易中。

商业创新者最核心的能力只有两项：创造价值的能力和领导共识的能力。

我们在本书的第一部分谈价值，第二部分谈共识。

我们前面说，功能价值是客观的，情绪价值是主观的，那么，资产价值是主观的还是客观的？

资产价值有其客观性的依托，比如房子需要占用土地资源，建房子需要若干物质，但房地产的价格行情所需要依赖的共识，是一种集体的判断与预期——它有强烈的主观性，但又不同于情绪价值的主观个体感受。

用户对资产价值的需求，不是为了情绪满足，而是为了保值、增值。比如，金条即使形状难看，但只要是真金，资产价值就有保障。

因为主观预期不同，人们购买资产价值产品时的行为，与消费行为相反。

比如打折降价，对于衣服、食品这些消费类产品，是非常好的促销手段；而资产类产品，一旦降价就会乏人问津，甚至引起恐慌。比如，股票越涨越有人追，股票一跌，大家就不买了；房价下跌，大家就会持币观望。你可以看到，奢侈品如香奈儿、爱马仕只有一个价格策略，那就是涨价——卖得好固然会涨价；卖不动时，也会继续涨价。

二、钻石故事：奢侈品类的成与毁

通过前面的阐述，我们在这部分开头提到的价值公式，可以演化出一个奢侈品的价值配方：彰显性与资产价值。

```
≡ FORMULAS

产品价值  =  功能价值   +  情绪价值  +  资产价值
奢侈品       原材料稀缺    彰显性       资产价值
```

对照这个公式，面对一堆号称自己是奢侈品的产品，你就可以判断具体哪件值得投资了。

要创造一个奢侈品类，就是以稀缺的原材料创造彰显性与资产价值，这中间都需要做哪些工作呢？

我们来看看钻石的历史，看看它是如何从一种大自然中的自然物质，被运作成了商业世界中的奢侈品。

钻石是地球深处在高压、高温条件下形成的一种单质晶体。它由碳元素组成，是目前世界上已知的最硬的天然物质。如同咖啡、古柯

PART ONE 价值

是植物一样,钻石是一种矿物,在被赋予商业价值之前,它们都是大自然里一种自然的存在。

钻石无色透明,如果用作首饰,其实装饰性不强,不如红宝石、蓝宝石。因为其坚硬的属性,最初它是被用来做切割和研磨的,所以中文名是"钻石"——用来做钻头的石头。这个名字说明,中国人最早看中它的,完全是功能价值。

开采钻石的成本高吗?

资料显示,每年天然钻石的开采量大约为 26 吨,开采成本大约为 40~60 美元 / 克拉,合人民币约 280~420 元 / 克拉。钻石的出厂价格大约在 120 美元 / 克拉,合人民币不到 1000 元 / 克拉。

可是,在我们的印象里,钻石却几乎是昂贵的代名词。

2023 年的报价行情中,1 克拉 GIA 钻石[1]的价格在 2 万~20 万元人民币不等。品质越好,价格越贵。[2] 品质一般的,价格在 2 万~3 万元;中等品质的,5 万~6 万元;品质好的要 10 万元以上。

从原材料到商业成品之间的加价,并让市场接受这个价格,就是钻石行业的价值创造。

我们看看从业者在这个过程中都做了些什么。

故事要从 100 多年前说起。

大约在 1860 年,荷兰人戴比尔斯兄弟(De Beers)花 50 英镑在南非买下了一块土地。10 年后,有人发现这片土地可能孕育着钻石。和淘

---

[1] GIA 指美国宝石研究院,GIA 钻石指拥有其鉴定证书的钻石。
[2] GIA 钻石价格由钻石的克拉(Carat)重量、净度(Clarity)、颜色(Colour)、切工(Cut)综合决定,也就是钻石的 4C 标准。

金的故事类似，疯狂的淘钻人涌向了戴比尔斯兄弟的农场，开始挖掘。

戴比尔斯兄弟的选择，是以6300英镑的价格把这块地卖给了淘钻人的联合集团。其实他们本应该卖得更贵一点，因为在接下来的100年里，戴比尔斯钻石公司（注意：如今声名赫赫的这家钻石公司并不是戴比尔斯兄弟创立的，只是用了他们的名字）从这座农场里先后挖出了总价值超过6亿英镑的钻石。

戴比尔斯钻石的故事和可口可乐的故事有着类似之处。它们都诞生了两次：第一次，是物质意义上的诞生；第二次，是商业意义上的诞生。给予戴比尔斯钻石商业生命的，是英国人罗德斯（Cecil Rhodes）。

罗德斯出生于1853年，本来是到南非和哥哥学习种植棉花的，结果误打误撞加入了淘钻的行列。他有一个水泵，不论谁的矿坑渗了水，都会找他租水泵抽水。就这样，大家都在挖矿，结果租水泵的赚到了钱。罗德斯用这笔钱购买了戴比尔斯兄弟农场上的矿坑。1880年，27岁的罗德斯成立了自己的公司，取名为戴比尔斯矿业有限公司。

从万众淘钻，到寡头垄断，这个过程与过去20年中国互联网的经历大致相似：机会出现，冒险家蜂拥而入，然后千帆竞发、各出奇招。接着进入淘汰赛，小规模的企业不断被排挤出局，最后强强合并，市场垄断。

在1878年，这片土地上有大约3600名矿主，后来他们合并成了96家公司。4年之后的1882年，剩下了50家公司。又过了6年，1888年，罗德斯的戴比尔斯矿业有限公司完成了对金伯利中央钻石矿业公司的收购，成立了戴比尔斯联合矿业有限公司。戴比尔斯的钻石

PART ONE 价值

垄断从此开始。到 1900 年前后，戴比尔斯公司已经控制了全世界钻石毛坯供应总量的 90%。

你可以认为，在 1900 年，戴比尔斯公司拥有了钻石这个品类。

此后，戴比尔斯公司的第一个动作，是大规模削减钻石产量，使整个南非的钻石产量下降了 40%。

为什么要减产？

为了营造稀缺感，保持稀缺性。

稀缺性，当然是奢侈品的第一性。

戴比尔斯公司后来的一位领导者恩斯特·奥本海默（Ernest Oppenheimer）在 1910 年曾说："常识教会我们，提升钻石价值的唯一方法就是使它们变得稀缺，就是减少产量。"

接着，戴比尔斯公司与伦敦的"钻石辛迪加"[1]达成战略协议，规范了钻石的产出及维护费用。通过该协议，即使在经济低迷时期，钻石供应也一直保持稳定。

有恒产者有恒心。戴比尔斯公司为其渠道提供了稳定又稀缺的供给。而整个供应链因为拥有确定的收入，所以也一起维护钻石这种产品的声誉、神秘性与价格。

到了 20 世纪 40 年代，戴比尔斯公司进一步控制了市场——从矿脉的垄断者、物质原材料的生产者，演进为全球钻石交易网络供应链的控制者。

一方面，戴比尔斯公司统领钻石市场，与中国电网统一供电有着相似之处。二者都是让产业链上的多种角色加入自己的网络，执行统一的标准和价格，为产业输出确定性。

---

[1] 由多家钻石厂商联合成立的行业组织。

戴比尔斯公司说服了其他矿商加入其单一渠道，形成了渠道垄断。所有小矿商都变成了戴比尔斯麾下的矿主、加盟者，或者与戴比尔斯签订独家供货合同的供货主。另外，戴比尔斯还把市场上其他散户出售的钻石毛坯全部买入，进一步垄断了市场货源。

戴比尔斯公司掌控全球钻石的供应链，目的是使钻石保持稀缺，保持暴利。如果钻石价格下跌，戴比尔斯公司就切断各大切割中心依赖的货源，等到价格回升之后，才会恢复钻石供应。

另一方面，戴比尔斯公司扮演着行业标准制定者的角色。

戴比尔斯公司制定了钻石的 4C 标准。有标准，才能对其进行描述与交付。

他们要求把收集到的所有钻石毛坯集中送到伦敦进行挑选、分类，然后将不同成色的毛坯装在不同批次的箱子中。在戴比尔斯公司的巅峰时期，这套系统控制着全球钻石毛坯交易量的 80%。

历史向前，钻石进入现代社会，它的交易对手，变成在现代社会工作和生活的现代人。

需求与价值是一体两面的。没有需求就没有价值。

过去钻石被用于女王的王冠、皇后的礼服、君主的权杖。

如今，一个穿着工作服挤地铁的现代人，为什么需要钻石？为什么要花几万元买一颗无色透明的石头？

如果戴比尔斯公司无法创造钻石在现代社会的需求，钻石将不再有价值。

从物质性来看，钻石还是那个钻石——碳元素组成的单质晶体；从商业价值来看，戴比尔斯公司需要再一次发明钻石，让钻石的产业链在现代社会运转起来。

也就是说，戴比尔斯公司如果想保住钻石在新时代的价值，就必

PART ONE　价值

须提供这个时代认同的价值。

戴比尔斯公司采取了一个极端高明的办法。他们把钻石与"爱情"锚定，用钻石的坚固、纯净，来比拟人们对爱情的神往。

他们做到了。他们成功地领导了这个共识。

几乎我所有的朋友都知道那句广告语：钻石恒久远，一颗永流传（A diamond is forever）。

事实上，戴比尔斯公司为钻石的价值找到这条出路的时候，钻石已经处于需求危机之中。

从20世纪30年代的大萧条开始，欧洲钻石的价格日渐走向崩溃。而且，欧洲处于战争的边缘地带，基本不可能扩大钻石的销售。在这种局面下，美国成为戴比尔斯公司的唯一市场。

1938年，戴比尔斯公司通过现代广告和营销技术，硬生生地完成了向公众的观念植入：钻石是爱情的信物。

它具体是怎么做的呢？

先打广告，用电影明星演绎故事，告知大众，钻石是不渝爱情的象征。

接着，在报纸杂志上营造新闻故事，着力于描述名人送给他们爱人的钻石的大小。如果知名女性手上戴着钻石戒指，那么一定要拍闪亮的特写，让秀戒指的照片充斥社会版面。

戴比尔斯公司的组合营销效果立竿见影。3年后，美国的钻石销量上升了55%。到1965年，美国80%的新婚女性都拥有属于自己的钻石。

20世纪70年代后期，戴比尔斯公司更新了它的用户洞察：要让男人买钻石送给女人，广告必须着眼于赠送礼物时产生的"惊喜"感对双方的心理冲击。就像酒是氛围道具一样，钻石也是如此。

男人买钻石，是因为一个社会共识：一颗钻石能够表达对异性的某种承诺。而与此同时，女人接受这样的礼物，同样是因为一个社会共识：接受钻石就代表她对关系的确认。

直到 21 世纪 20 年代的今天，这一招依然奏效。

在女明星扎堆的场合，比如红毯秀之类，镁光灯一定会对准秀钻戒的那位——女明星们依然以晒钻戒为荣，是因为这可以代表她们拥有一段值得炫耀的关系。

我被爱着，我在一段稳定的关系里——这对女明星们来说，比拍片拿高额片酬更为稀缺。

历史是永不止息的河流。

与 80 年前相比，今天钻石的供给侧发生了两个根目录级的变化。

第一个变化，是戴比尔斯公司的市场垄断期结束了。

戴比尔斯公司的市场份额从巅峰的 80%，降到了大约 40%。来自俄罗斯、加拿大及澳大利亚等地的钻石开采商，选择通过戴比尔斯公司以外的渠道进行钻石销售。不管是开采、加工，还是销售渠道，都从一家垄断走向多元化。

第二个变化，是人造钻石的技术成熟了，并且开始规模量产。

2021 年，全球培育钻石产量 900 万克拉，最大的产能在中国。仅河南一地，一年便产出 400 万克拉人造钻石。

与天然钻石相比，人造钻石在外观、化学成分及光学性质上均基本一致。无论天然钻石还是人造钻石，都是碳元素组成的单质晶体。二者的区别，就好比"自然结成的冰"和"冰箱里的冰"。

PART ONE 价值

河南的一位人造钻石商家讲过一个天才级别的公式：

> **FORMULAS**
>
> 人造钻石钱 = 电钱

因为，人造钻石的生产，只需要设备、电和碳原子。设备可以长期摊销，而碳是我们这个星球最不稀缺的物质。

所以，可以简单地说，用多少电，就出多少钻石。

这位商家说，他要通过低价，让钻石进入千万家，让人人都能拥有钻石。

这是价值创造还是价值毁灭呢？可以说，这一系列操作在毁灭钻石的价值。

首先，它毁灭了钻石的稀缺性。没有稀缺性，就没有彰显的基础。

其次，人造钻石与天然钻石，事实上难以分辨。在钻石的二手市场，价值评估、鉴定、交易中介、监管与规范等相关环节一定会陷入混乱。随着共识瓦解，二手市场将会走向萎落。

除非是收藏级的钻石，稀缺性和共识仍在，其他所有普通钻石，几乎都会失去资产价值。

戴比尔斯公司通过对钻石的百年运营，控制稀缺性，保持神秘感，维护彰显性，维护了钻石的资产价值。而随着"人造钻石钱 = 电钱"这个公式的提出，钻石的价值几乎被瓦解了。

为什么这位商家会这样做呢？

因为他的产品逻辑是中国商人最熟悉的逻辑：原材料逻辑。

中国是靠贩卖原材料和廉价劳动力加入世界分工的。过去这几十年里，匮乏而广大的中国市场，孕育了前几代中国企业和企业家。他们擅长的是生产物质。效率、规模、性价比，是这一阶段企业家们的集体"三板斧"。消费者眼中的良心企业，要做到真材实料、低毛利。

如今，作为全球工业产业链最完整的国家，中国的硬功夫是补足所有稀缺。让我们最骄傲的是，中国制造能把暴利干回白菜价，把一切回归到卖原材料。

比如，与鹅肝、黑松露并称"世界三大奢华美食"的鱼子酱，上乘品价格高达每千克 34500 美元（约合人民币 23 万元）。而中国从 1999 年开始养殖鲟鱼（鱼子酱狭义上是指鲟鱼卵），在 20 年之后，已经饲养了这个星球上 83% 的鲟鱼。如今，一些国产鱼子酱品牌的低年份产品，价格已经低至每千克不到 1 万元。

经过几十年积累，中国在世界分工中拥有了产业工人和工程师的整体人才优势。我们低成本创造物质的能力，应该不存在争议。

原材料有其价值，情绪有其价值，共识有其价值。

有形之物有价值，无形之物也有价值。

有形之物的价值有限，无形之物的价值或许无限。

对这一部分价值的自我感知、自我体察与培育，也许是新一代中国企业家的集体功课。

三、中国到该出大牌和大师的时候了

今天亚马逊上 60% 的衣服是中国生产加工的，全世界一半的羊毛

PART ONE　价值

或生产于中国，或运到中国加工。我们生产了全世界超过 60% 的衣服，我们加工了这个世界一半的服装原材料，我们购买了这个世界 1/3 的奢侈品，但是，我们没有大牌。

为什么没有大品牌？因为孕育大牌所需要的创新生态，今天在中国还不成熟。

观察一下奢侈品，你会发现奢侈品的价值核心是无形之物，是理念、审美、原创性、专利这些非物质的东西。

而这些东西，之前的中国用户是没有付费习惯的。

过去几十年，整个中国市场其实处于物质匮乏的阶段，大家缺物质。30 年前，很多中国家庭都还没有自己的第一台电视、第一部电话，很多女孩子还没有自己的第一支口红、第一双高跟鞋。

什么叫市场需求？需求就是缺。缺什么，才需要什么。

缺物质就是需要物质，用户愿意为物质付费，不愿意为物质之外的东西再付钱。比如 IT 行业，用户买硬件，买台电脑、买个显卡，那必须付费，但是软件要想收费就太难了。

所以今天，你说生意不好做，但你要从另外一个视角看，很多最基础的东西，今天的中国用户其实已经不缺了。

今天的中国用户需要什么？

2024 年 8 月的一个案例，单机游戏《黑神话：悟空》发布。开售 10 个小时，超过 400 万人付费，交易额超过 15 亿元人民币。

这件事犹如一声号角，你听到了吗？你听懂了吗？这个声音是什么？

这是市场的声音。

这是市场在告诉你，它缺什么。

如果说短视频是"快消品",《黑神话：悟空》这个团队，付出 6 年时间，做出的这个大家伙，就是"奢侈品"。

什么是人世间真正的奢侈？

是时间，是自由，是理想，是爱，这些是真正的奢侈，因为它们是这个世间最稀缺之物。

我们每个人都知道它们好，但我们普通人遇到压力，首先会放弃的一定是自由，是理想，是爱。

做一个工具人，完成指令，不付出爱，可以减少受伤。

做一件标准品，执行标准，不做原创，可以避免失败。

自由、理想、爱，是我们在求生道路上往往最早抛弃的。它们成了人类社会最稀缺的东西，也成了最珍贵之物，而它们才是所有大牌真正的内核。

所以，人会为什么付钱？就是今天的自己没有，但是想拥有的东西。

在商业社会，人们用付费来表达认同。

人们为《黑神话：悟空》付费，是因为那个向往自由、战天斗地的猴子，就是我们自己；人们为新荣记付钱，是因为那个事事讲究、怕丢面子的老板荣叔，就是我们自己。

这是一种超越了物质，超越了原材料的价值认同。

人们开始为了审美体验、精神共鸣而付费。

这就是市场的变化，而每当市场变化，总有人应运而出。

中国也许到出大牌和大师的时候了。

产品创新就是创造新功能、新情绪、新资产。

在原有的价值上叠加新的价值，又可以产生新的产品、新的商业形态。

回顾百年来商品的演化，功能价值的商品一直在整合，而情绪价值的商品一直在分化。简单来说就是，工具越来越集成，情绪消费越来越多。

第四章
产品创新——价值组合

一、创新的逻辑

让我们回到产品价值公式：

> **FORMULAS**
>
> 产品价值 = 功能价值 + 情绪价值 + 资产价值

所以，一说产品创新，就是创造新功能、新情绪、新资产。

什么是新功能？

ChatGPT、司美格鲁肽，都是经典的新功能品类。

当下世界最大的悬念，就是 ChatGPT 能否成为新一代的基础设施；以及，如果它成为新的基础设施，世界将变成什么样子。

什么是新情绪？

短剧、剧本杀，都是新情绪品类。

2024 年刚开年，咪蒙团队打造的《我在八零年代当后妈》爆火。这部短剧仅用 10 天拍摄时间、8 万元后期投入的成本，便取得日充值 2000 万元、收益破亿元的成绩。机构预测，2024 年，中国短剧市场规

069

PART ONE 价值

模将超过 500 亿元。要知道，在 2023 年，中国电影的总票房只有 500 多亿元。

什么是新资产？

NFT（非同质化代币）、球星卡，都是在年轻人中流动的新资产品类。

2024 年 6 月 2 日，全球限量仅 1 张、由乔丹亲笔签名的球星卡，以 292 万美元成交，折合人民币 2000 多万元。

商业世界一直在创新——新材料、新专利、新 IP、新供应链、新基础设施、新认知标记、新心理账户、新共识……

我们可以看到，创新其实就是不同的价值组合，在原有的价值上叠加新的价值，又可以产生新的产品、新的商业形态。

过去 10 年谈的消费升级、体验升级，核心动作其实是功能价值上叠加情绪价值。

比如，喝咖啡是为了提神。这是功能价值的诉求。

但是这几年的咖啡，眼花缭乱的配方，云山雾绕的名字，其实都是在功能价值的基础上叠加情绪价值。

但是，如果一个商品只有情绪价值，而没有功能价值作为锚定，从商业角度来看，也不够犀利。

比如，椰树牌椰汁、露露杏仁露和六个核桃有什么区别？

貌似没什么区别。它们都是甜的植物蛋白饮料。

但是，六个核桃提供了某种功能价值的想象，于是便有了某种消费的确定性。比如送礼时，会给家里有学生的家庭送六个核桃。因此，它才有机会成为最高年销售百亿元的国民单品。满足国民级的需求与认可，才有机会成为百亿元单品。

我们前面谈到过奢侈品的价值公式：

第四章　产品创新——价值组合

≡ FORMULAS

产品价值　=　功能价值　+　情绪价值　+　资产价值
奢侈品　　　　原材料稀缺　　彰显性　　　　资产价值

那么，泡泡玛特的价值组合和奢侈品有什么不同呢？

≡ FORMULAS

产品价值　=　功能价值　+　情绪价值　+　资产价值
泡泡玛特的盲盒　IP　　　　　愉悦感　　　　资产价值

比如，泡泡玛特的盲盒卖的是什么？
还是按照产品价值的框架来看：

≡ FORMULAS

功能价值　　　+　　情绪价值　　+　　资产价值
原材料/劳动力　　　保障感　　　　　专门市场/二手市场
专利/IP　　　　　　愉悦感　　　　　共识
平台/供应链　　　　彰显性
基础设施

泡泡玛特不太可能用稀缺的原材料来制作盲盒，它的发力点在 IP。因为你认识这些 IP，所以这些形象类似于小王子的玫瑰，虽然只

071

PART ONE 价值

是万千玫瑰、万千植物中的一个，但是于你，因为你的知晓、你曾花在它上面的时间，有着特殊的意义。

抽盲盒的瞬间，我们会有一种类似于赌博的心跳感。如果开出自己喜欢的手办或 BJD（球形关节人偶），我们可以把它放在自己的生活小场景里，让它成为自己的某种表达。此外，它还可以在二手市场进行交易。

泡泡玛特的盲盒，是 IP+ 愉悦感 + 资产价值，它是年轻人的轻艺术品、轻资产。

所以，泡泡玛特的命门在哪里？

在它的二手市场。这些手办和 BJD 如果不能再流通，失去了资产价值，只剩下情绪价值，就会变得很脆弱。毕竟中国是供应链大国，什么样的手办、BJD 都很容易生产。

关于做 IP 还是做消费品，另外一个例子是电影公司。

这是迪士尼电影公司与大部分电影公司不同的地方。大部分电影公司是贩卖情绪价值，看电影是一次情绪消费，而迪士尼是积累 IP 资产。

甚至可以说，迪士尼的电影是在为它的 IP 资产拍广告片。我们花钱去看迪士尼的电影，在电影院沉浸两个小时，感受这个 IP 人物的样子、性格、小怪癖，然后喜欢上了这个人物形象。接着，我们会购买带这个人物形象的书包、水杯，还会心心念念去迪士尼乐园游玩，跟扮成这个人物的工作人员拍照。

我们继续沿着这个产品价值的框架看一下游戏公司的异同。

电影和游戏都是情绪价值的商品。

中国的电影市场上，有那么多大明星、大导演、大制作，每天都制造各种新闻故事，让你觉得这个行业很热闹。但是，2023 年，中国电影总票房约为 500 亿元，还不如腾讯或者网易一家公司的游戏收入——网易游戏 2023 年的收入达到 700 亿元。

为什么？

其中一个原因就是，电影只有情绪价值，而某些游戏还有资产价值。游戏中的账号、皮肤、道具，都可以交易。这是露营帐篷和房子的区别。

腾讯、网易，还有其他游戏公司，同为游戏公司，价值组合有什么不同呢？

朋友 A 做过一款曾经风靡一时的小游戏，但它只是一枚赛博小糖果，人们很快上头，然后很快下头——游戏的用户就是一波脉冲，快速聚集，然后快速消失。

而朋友 B 则做了一个小游戏的中台，专门洞察全球小游戏的市场空白，然后引进 AI 能力，让他的团队可以快速洞察需求，推出产品，然后快速迭代。

FORMULAS

产品价值	=	功能价值	+	情绪价值	+	资产价值
朋友 A 公司				愉悦感		
朋友 B 公司		游戏供应链		愉悦感		

朋友 A 的公司只做了提供愉悦感的小游戏，而朋友 B 的公司则做了一条游戏供应链，持续性产出这种提供愉悦感的小游戏。

而他们的产品都是小游戏，只有情绪价值，没有资产价值。

PART ONE 价值

网易和腾讯就不同了。

网易早已成为一家游戏的供应链公司，自己持有大量用户积累了感情的 IP，对如何提供情绪价值、创造虚拟物品的资产价值、维护游戏经济系统平衡，轻车熟路。

而腾讯呢？除了拥有网易的所有能力，腾讯还提供基础设施。

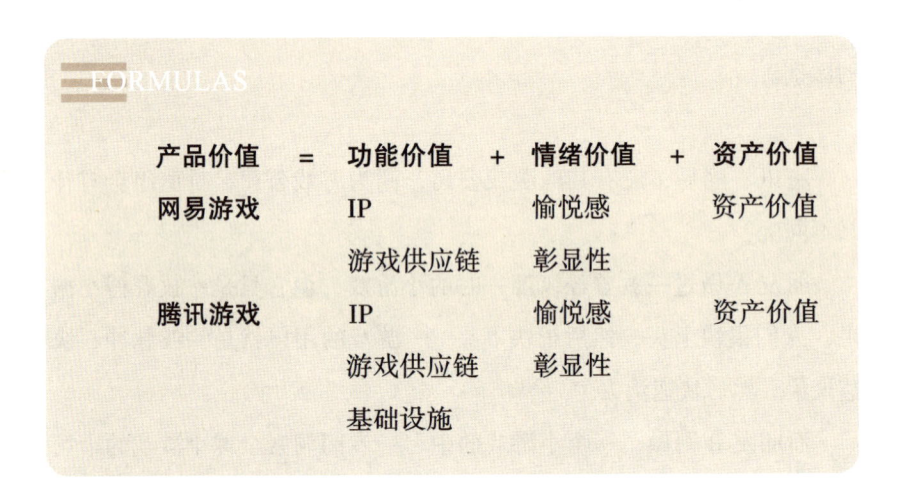

FORMULAS

产品价值	= 功能价值	+ 情绪价值	+ 资产价值
网易游戏	IP	愉悦感	资产价值
	游戏供应链	彰显性	
腾讯游戏	IP	愉悦感	资产价值
	游戏供应链	彰显性	
	基础设施		

所以，腾讯在游戏这个领域，是几乎无敌的存在。

二、品类的进化

回顾百年来商品的演化，我们发现，功能价值的商品一直在整合，而情绪价值的商品一直在分化。简单来说就是，工具越来越集成，情绪消费越来越多。

比如，我们亲眼见证了手机这个缝合怪的诞生。它吃掉了几乎所有的随身小工具：记事本、手电筒、收音机、录音机、MP3、闹钟、手表、摄像机、相机，等等（见图 4-1）。

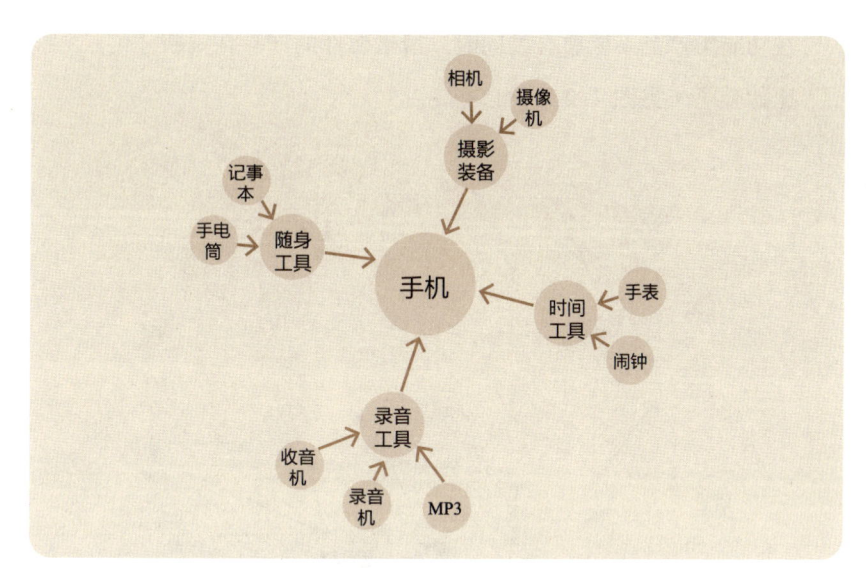

图 4-1 功能价值的整合（以手机为例）

人们一般对工具是没有感情的，总是希望越方便越好、越便宜越好，所以性价比与高频，一定是功能类产品最大的杀器。

超高频的功能类产品吃下各类低频的功能，让它们成为自己的一部分，增强自己的竞争力，几乎是竞争的必然结果。

在过去10年互联网高频打低频的竞争策略里，这一幕屡见不鲜。

比如今日头条和微博，吃掉了所有垂直门户网站和垂直论坛；而垂直电商如果不能进化成有行业纵深的供应链，只是想做点信息对称的生意，则或者被综合电商吃掉，或者被搜索引擎吃掉。比如，美团会吃掉所有的O2O（线上到线下）平台。

其他功能类产品同样逃不掉这种命运。比如洗衣、柔顺、保养三合一的产品吃掉了传统的洗衣液；杀虫、松土、施肥三合一的产品吃掉了传统的杀虫剂。

PART ONE 价值

在功能类产品不断整合的同时,情绪属性的产品在不断分化。比如鞋子(见图4-2)。

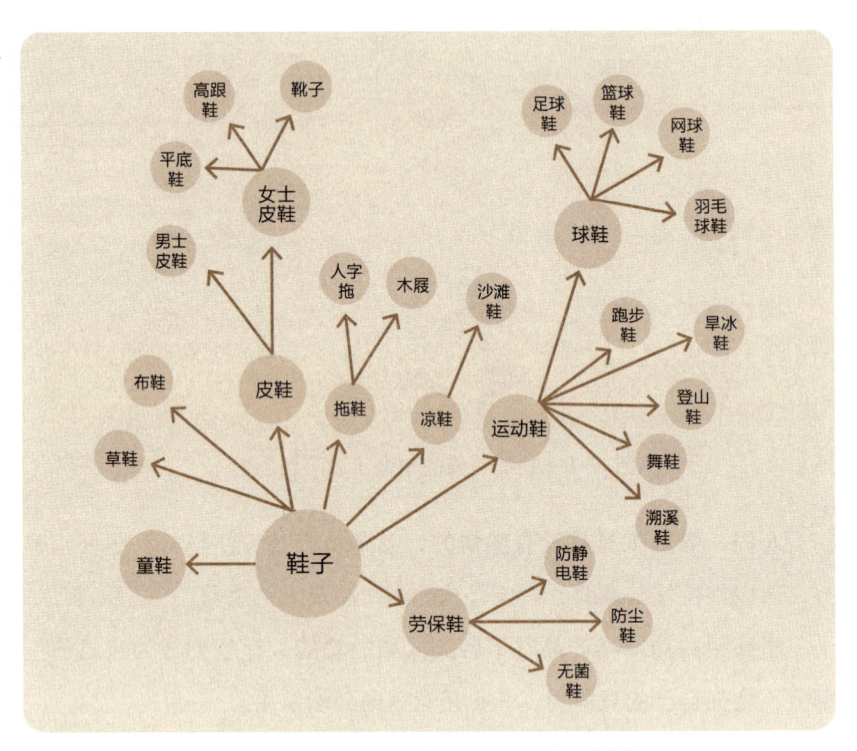

图 4-2 情绪价值的分化(以鞋子为例)

30年前,我上大学的时候,所有人都在穿一种叫"旅游鞋"的东西。这一双鞋可以用于所有的场景:逛街、上体育课、旅行、约会,甚至参加舞会。

后来这个品类好像消失了。然后,鞋好像一棵大树,分出了无数枝桠:运动鞋可以分出球鞋、跑步鞋、徒步鞋、登山鞋、溯溪鞋……球鞋又分出足球鞋、篮球鞋、网球鞋、羽毛球鞋……

鞋不但有情绪价值、功能价值,还有了资产价值,因为炒鞋的完整链条出现了。而关于如何运营一双鞋的情绪价值、功能价值和资产价值，耐克公司玩得明明白白。

虎扑的创始人之一杨冰，看到了鞋的交易空间，做出了"毒"这个App（应用）。这个App通过"球鞋鉴真"这个环节得到大量用户的认可，很快成为年交易额千亿元的平台。如今"毒"改名为"得物"，从主营鞋这一核心品类，演化为潮流商品平台。

这里留三个问题，我们可以在社交媒体上继续交流。

QUESTIONS

1. 为什么快时尚领域能出ZARA、优衣库、SHEIN这样的大企业，奢侈品领域也有LVMH这样的大企业，中档产品领域却没有出现超级企业？

2. 为什么新能源汽车必然降价？什么是新能源车企的最优商业模型？

3. to B（面向企业）产品是什么价值组合？

如果说世界的本质是能量、物质和信息，那么品牌的本质是信息。

创造产品是让物质、能量和信息流动与改变；创造品牌，是来自外部的信息在人心中沉淀，成为一个人记忆中的信息。

产品是有形之物，品牌是无形之物。品牌的力量在于它在人的内部，是人心中的记忆和情感反应。

唯有无形之物才能不朽。

网红的核心是新鲜感与话题度。
大牌的核心是辨识度与情感唤起。有了清晰的辨识度，才有了彰显性。

品牌是一种生命的姿态。

第五章
品牌价值

如果说世界的本质是能量、物质和信息，那么品牌的本质是信息。

创造产品是让物质、能量和信息流动与改变；创造品牌，是来自外部的信息在人心中沉淀，成为一个人记忆中的信息。

一个名字，是一条信息；一个 logo，还是一条信息。品牌就是名字 + logo + 故事 + 印象的信息包。

一个奢侈品包包，如果去掉 logo 信息，那它还是什么呢？

人为什么会愿意为了信息——这无形之物，而付那么多钱？

产品中会产生名牌，就像人中会出现名人一样。

很多人不明白为什么企业要打造品牌，为品牌做投入，可能是还没尝到过出名的好处。

很多人跟我说：我要做一个新产品，做一个新品牌。

我总是说：你可以做一个新产品，但没人可以做一个新品牌，你只能注册一个新商标。

还有很多人说自己要做品牌，但说起来，其实是想做网红。

说品牌，有人会说一堆"名字 +logo"，分辨一下可能分别是：

商标、白牌、网红、老牌、大牌、头牌。

PART ONE 价值

它们的区别是什么呢？

为什么看上去大家每天都很忙，在做产品、做传播、做互动，但是一段时间过后，却分化到了不同的区位里？

因为**产品不一样，故事不一样，形成的公共记忆不一样，和时间的关系不一样。**

≡ FORMULAS

品牌 = 一代代的产品 + 公共记忆 + 时间过滤

产品是有形之物，品牌是无形之物。品牌的力量在于它在人的内部，是人心中的记忆和情感反应。

为什么品牌能穿越时间？

因为**唯有无形之物才能不朽。**

没有有形之物经得住时间的冲刷。所有伟大的产品、人类的造物，在时间面前都是临时性的存在。

唯有名字，唯有故事，唯有这个名字在这个故事里所呈现的精神主张，可以穿越时间，甚至代代放大。

所以一个名字为什么会被记住呢？一个品牌为什么会有感召力呢？

从外部的感知来看，无形之物，必须附着于有形之物存在。品牌是因产品而被感知。

然后**一代代产品持续交付的感知、口碑，它们的故事形成的传播**

与记忆，累加成为人心中的品牌。

每个品牌刚亮相的时候，都是产品加商标。就好像每个人初入社会，都是一份简历上的一个名字。接着，持续的产品让品牌丰满，持续的作为让名声改变。

≡ FORMULAS

收获什么品牌	做什么产品
白牌	白牌款产品 = 产品价值 + 商标

做白牌产品的结果，就是收获白牌。

中国是供应链大国，有超强的标品生产力。白牌产品就是从产地拿到标品，然后加上自己的商标，去市场销售。

荣耀手机的赵明说过一句话，"依靠供应链，你只能拿到行业平均水准的产品"。但在供给过剩的今天，依靠行业平均的产品，其实完全没有竞争力。

白牌的产品竞争力不能自主掌握，同质化严重，就只剩下了压缩成本、降低价格这一招，因为用户除了价格，感受不到差异。

所以**白牌就是白做的品牌**。

≡ FORMULAS

收获什么品牌	做什么产品
老牌	老牌款产品 = 产品价值 + 保障感

PART ONE　价值

老牌是存在时间超过 10 年的品牌。一家企业持续在这里,会给人以熟悉感。而熟悉感会给人信任感。

你也许并没有觉得它的产品特别出色,但是因为熟悉,你就会给它加分。

> ≡ FORMULAS
>
> 收获什么品牌　　做什么产品
> 网红　　　　　　网红款产品 = 产品价值 + 新鲜感 + 话题度

网红的关键词,是"网"还是"红"?

当然是红。能够引发网络关注和讨论声量,才叫"红",所以一件产品,除了其自身的功效性设计,引发网络声量的"新鲜感"与"话题度"设计,也是产品设计的一部分。

网红是一个结果,如果没有自身特性的"新鲜感"与"话题度",就没有红的机会。

> ≡ FORMULAS
>
> 收获什么品牌　　做什么产品
> 大牌　　　　　　大牌款产品 = 产品价值 + 辨识度 + 情感唤起

网红是要新鲜感,而大牌是要辨识度。

大牌因其清晰的辨识度而被记住。它们的某些标志性特征,会召唤人的回忆,直接唤起情感。我们描述某些产品看起来很大牌,是这个产品某些细节散发的特质,唤起了你内心的某种感受。也许我们不能清晰说出它是什么，但是有清晰的好感指向。

> **FORMULAS**
>
> **收获什么品牌　做什么产品**
> 头牌　　　　　大宗师款产品 = 产品价值 + 辨识度 + 行业领导力

头牌是站在行业或者品类顶部的品牌。

这些品牌成为行业头牌，是因为它们推出了领导整个行业方向的产品。真正的大行家、大宗师，是带动行业进步的人。

乔布斯（Steve Jobs）推出了 iPhone 4、马斯克推出了特斯拉 Model 3/Y。今天所有的智能手机、所有的新能源汽车，都活在 iPhone 4、特斯拉 Model 3/Y 的延长线里。

这就是行业领导力。

白牌、网红、大牌之间有哪些差异和区隔，我们接下来具体讨论。在之后的案例里，它们会一一登场。

一、白牌：无须被记住的名字

就像人需要有个名字一样，被投入市场的产品也需要有个名字。

很多人都有拦住陌生人问路的经历：你好，请问去××地怎么走？

陌生人会给你指个方向，然后你向他道谢。你不需要知道这个陌生人的名字。

PART ONE 价值

还有很多长期出现在你生活场景中的人，比如楼下便利店的店员、维修的大爷、快递小哥、保洁阿姨，你会经常见到他们，也知道他们是做什么的。他们对于你是功能性的存在，你只需要这个功能，而不需要知道他们的名字。

这就类似我们和白牌的关系——它们为我们贡献了价值，而我们不必记住它们的名字。

为什么不需要记住名字？因为它们提供的功能如此标准，到处都可以找到替代品。需要这个功能时，打开购物网站或者直播电商，选一个就好。

1. 白牌是供应链成熟和渠道重构的结果

白牌在中国涌现，是一种必然。

中国供应链的成熟，带来了产能的丰沛和电商平台的高渗透率，于是白牌涌现。

截至 2022 年年末，中国是全世界唯一拥有联合国产业分类中全部工业门类的国家：41 个工业大类、207 个工业中类、666 个工业小类。

在 2022 年，中国有超过 1100 个产业带，而产业带是供应链的协同优势。比如，金华是全球小商品之都，广州、虎门、深圳、杭州、常熟等地是女装产业带，宁波、泉州石狮等地是男装产业带，诸暨、辽源、佛山里水镇是袜子产业带，全国 50% 的家纺产品来自江苏南通，全国 60% 以上的牛仔服装出自广州新塘，等等。

全世界 500 多种主要工业产品当中，有 220 多种，中国产量位居全球第一。

在2009年之前，世界上没有"双十一"这个概念。2009年，阿里巴巴为了推广淘宝商城，也就是现在的天猫，决定仿照美国的感恩节大促销，举行一次大型打折促销活动。

而阿里巴巴之所以选择11月11日为促销节点，一是因为11月处于秋冬换季期，人们需要采办的东西格外多；二是11月处于国庆黄金周与圣诞、新年之间，没有大的消费节庆；三是"11·11"被戏称为"光棍节"，对学生和白领阶层很有号召力，可以利用这一点，打开年轻网购群体的消费市场。

第一届"双十一"只有李宁、联想、飞利浦等27家商户参与。但是，在阿里巴巴全员的努力下，这届"双十一"的效果远超预期：交易额超过日常交易额的10倍，突破5200万元。

12年后，"双十一"成了整个中国电子商务行业的年度盛事。2021年，阿里巴巴最后一次公布"双十一"的交易额——5403亿元。12年，超过1万倍的增长。

2023年11月12日，国家邮政局监测数据显示：2023年11月1日至11日，全国邮政快递企业共揽收快递包裹52.64亿件，同比增长23.22%。11月11日当天，共揽收快递包裹6.39亿件。

这一天的6亿件包裹，代表着中国的产能、物流运力、信用支付等一系列供应链系统的成熟，代表着高达10亿规模的用户群体已经养成了网络购物的习惯。

在供给侧与需求侧发生了这样的变化之后，深度分销注定转为与之逆向而行的白牌崛起。

过去，厂家通过深度分销，进入渠道，最终抵达销售终端，来到用户面前。而白牌崛起，则是渠道商反过来向供应链前端延伸，打造

PART ONE 价值

供应链,服务零售端,控制厂家。

比如水果这个品类,之前从果园到最终用户要经过 5 个甚至更多的环节。水果要被搬进搬出 5 家不同的库房[1]——产地一批、产地二批、销地一批、销地二批、零售终端,最后通过形形色色的零售终端,如水果店、菜市场、路边摊等,到达最终用户手里。

而被电商改造后的水果交易,从果园到最终用户只需要经过两个环节:供应链和零售终端(见图 5-1)。

供应链一端连接原产地,一端对接有流量的销售终端,为主播们提供货盘[2]支持。

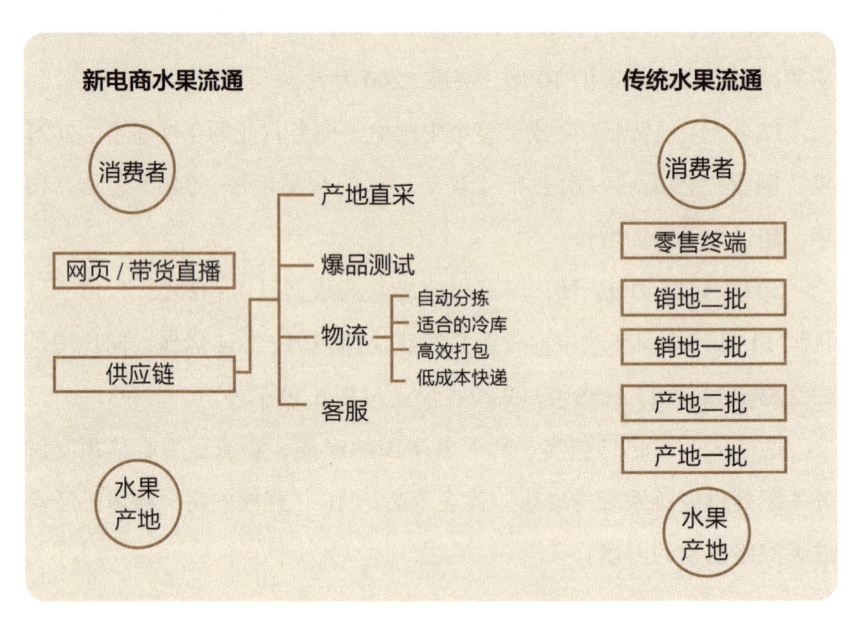

图 5-1 水果流通方式对比

---

1 其中一批、二批指一级批发市场、二级批发市场。
2 一般是指电商货盘,包括商品价格、成本价格、库存数量、产品序号、产品名称等。

用户在电商平台看到网页上的描述，或者被带货主播感染，点击下单。订单被传送给供应链，由供应链直接将货品发给最终用户。

所以，拼多多与抖音直播带货，其实构建了一条和京东不一样的供应链。

在上面这个案例中，把水果产地换成中国那 1100 个产业带里的各种工厂，其产品就是我们今天可以在各大电商平台上看到的那些白牌：原产地、工厂货、大牌代工厂、山姆超市同源……

比如，水果产地换成零食加工厂，可以是比比赞；换成咖啡农庄，可能是四只猫。[1]

我们在第一章谈到，功能价值有四种模型：**原材料 / 劳动力模型、专利 /IP 模型、平台 / 供应链模型、基础设施模型。**

所谓的白牌，就属于原材料 + 供应链模型。

白牌的生意，就是工厂赚原材料加工费，白牌企业赚供应链效率钱。

白牌生意的集大成者——拼多多，搭建了一个类似于古罗马斗兽场的模型。

在这种模式下，各商家主要围绕价格这个单一指标展开竞争。为了降低价格，企业可能会选择降低原材料质量，进一步压缩自身利润空间，以及其他各项成本。看上去，企业是在从对手处抢夺订单，维持生存，其实同时也是在往自己身上插刀，一刀刀割掉自己的利润。这正是所谓杀敌一千，自损八百。

这个模式，一方面成就了拼多多在用户侧的低价心智；另一方面，

---

[1] 比比赞和四只猫都是以深度分销为主、主打性价比的白牌。

PART ONE 价值

也成就了拼多多的品牌、用户规模，以及资本估值。

用户想找便宜货时，就会上拼多多——不需要记住任何一个牌子、任何一个名字，只需要找最便宜的商品。企业敢贵一元钱，用户就会抛弃它。当不能再通过割让自己获得用户的时候，企业就会被彻底抛弃。这就是一个白牌的宿命——成为渠道的肥料。

同样的供应链变现逻辑，如果延伸出国门，就是当下热门的跨境电商。

跨境电商的兴起，是因为三个变量的合流：中国供应链能力外溢、全球电商渗透率的提升和社交媒体驱动。

所以，每当有人跟我说他要做出海时，我都会问："你是做产品出海、品牌出海，还是渠道出海？"

如果只是产品出海，那就是白牌出海。

企业从中国供应链抓货，去其他中国商人还没有卷到的地方赚一波红利。为什么能赚到红利？因为竞争者较少，还不必为了竞争而吐出利润。

但是，过剩是工业制造的必然。所以，这种简单的供应链变现逻辑，一定会回到斗兽场模型。到那时，不论是卖汽车、口红，还是卖充电宝、龟苓膏，本质都是赚个搬砖钱。

如果要做渠道出海，那他就得问问自己：谁能做我的肥料？

2. 品牌和白牌的区别

那么，品牌和白牌的区别是什么呢？

品牌拥有定价权。

所以，苹果手机可以卖到 8000 元，依云矿泉水可以卖到 10 元，而茅台可以卖到 2000 多元。更不用说高通的芯片、英伟达的 GPU（图形处理器）了。对于这些品牌，渠道没有讨价还价的余地，能被纳入供货目录就该谢天谢地。

而白牌没有定价权，所以白牌永远只能随行就市，成为渠道的肥料。

品牌为什么有定价权？

对于高通的芯片、英伟达的 GPU 来说，原因很清晰：它们是专利模型，有些功能唯有它们可以提供。所以，它们开多少钱，就是多少钱，没有讨价还价的余地。

但是，300 元的白牌手机就可以实现上网和拍照的功能，为什么要花 1000 元甚至更高的价格买品牌手机？随便什么水都可以解渴，为什么要花 2 元钱买农夫山泉？

这就是品牌的价值。如果说成分党是一种理性决策，那品牌忠诚就是一种模糊决策。就好像《思考，快与慢》中说的系统 1 和系统 2[1]——当品牌成为情感反应的一部分时，它就已经进入了系统 1，成为直觉性反应。

品牌的定价权，是留在人们心中的记忆和情感反应，已经可以货币化变现。

如果说世界的本质是能量、物质和信息，那么，品牌的本质就是信息。

---

[1] 作者卡尼曼（Daniel Kahneman）在这本书中将人的思考模式分成两个系统：系统 1 是直觉思维系统，系统 2 是分析思维系统。

PART ONE 价值

无论商标还是品牌，都是名字、符号、图案构成的一组信息。为什么同样是一组信息，在被你的眼睛接触到之后，会有的有感觉，有的没感觉，会影响你的判断和选择？

> QUESTIONS
>
> 像比比赞、四只猫，也有自己的商标——一个名字或者一个名字加一个符号、一个图案构成的一组信息。但当下它们还只能变现原材料+供应链价值。
>
> 在它们开始签约明星做代言人，也开始做品牌定位、打广告之后，它们可以从白牌变成品牌吗？
>
> 也就是说，它们能拥有定价权吗？可以卖得比今天贵吗？

二、网红 VS 大牌

当我们谈到品牌的时候，很多概念和名字会一起冒出来。

比如老牌：稻香村的糕点，格力的空调，那些开在商场二层，名为某某人、某某姿、某某鸟的服装；

比如网红：花西子的眉笔，茶颜悦色的奶茶，那些排着长长队伍、女孩子们举着手机自拍的打卡点；

比如大牌：苹果的手机，可口可乐，那些开在商场一层或者免税店里的奢侈品牌。

那么，当白牌想成为一个品牌，是要做网红还是大牌？

成为这二者，需要做的工作有什么不一样？它们可以互相转化吗？

1. 网红的核心：新鲜感与话题度

如果仔细体会对网红产品和大牌产品的感受，寻找二者的不同，你会发现，网红的核心是新鲜感和话题度。

网红为什么这么红？因为话题度，大家都在讨论它。大家为什么要讨论它？因为新鲜感，没见过。

一个朋友跟我说，他打算出一款网红巧克力。

我问他，为什么觉得这款巧克力可以成为网红？

他说，因为他要做火锅口味的巧克力。

我说，好吧，火锅口味的巧克力确实有新鲜感。但是，大家为什么要讨论它呢？并不是每个新东西都会引发讨论。

朋友说，做网红的套路很成熟了——小红书种草，微博做声量，快手、抖音带货，淘宝、京东做交易，新闻媒体做背书。很多喜欢吃火锅的女孩都爱吃巧克力——这些人对高热量不忌口，看到就肯定会尝尝。所以就可以卖一波啊。

这位朋友的想法挺典型，甚至揭示了网红产品的另外一个特征：短命。因为大量网红产品消费的就是新鲜感——没吃过，尝一尝。新鲜感过了之后，并没有复购的需求。

而所有消费品的生死，如果只看一个指标，就是"复购率"。因为只有复购的用户，才是能够让一个消费品牌持续活下来的基本盘。

2. 大牌的核心：辨识度与情感唤起

与主打新鲜感的网红不同，大牌的特性，则是辨识度和情感唤起。

PART ONE 价值

每个大牌都有自己的基本盘。大牌的成就是拥有自己的核心粉丝群体。这些忠粉们会对大牌的故事如数家珍，会跟随它所有的动向——他们与大牌有真实的情感连接。

而网红则不然。一个投资人朋友曾和我吐槽："现在就连吃烤串，都有一股网红味。"

在看完一大圈消费品创业项目后，这位朋友爱不上其中任何一个，因为这些项目"全都长着一张网红脸"。先不说产品、渠道高度雷同，有些品牌甚至连代工厂都一样。"毫无壁垒可言。"他吐槽道。

有一种长相，叫网红脸。无须赘述网红脸究竟是什么样，因为网红脸的意思就是，我本来是什么样不重要，你们喜欢什么样，我就整成什么样。

而作为网红脸的对照，大明星的外形则有很高的辨识度。比如卓别林、迈克尔·杰克逊、玛丽莲·梦露，甚至都不需要画出五官，只需要几根非常简单的线条，你就可以猜出他们是谁。

一代又一代的香奈儿包包，用黑白色、菱格纹、铰链的排列组合，形成了它清晰的辨识度。

一代又一代的 iPhone，一字排开时，你可以清晰地看到它的设计语言，这是乔布斯给予它的辨识度。

有了清晰的辨识度，才有了彰显性。

除了辨识度，大牌还有情感唤起的能力。你可能没有意识到这是什么，或许会把它归为熟悉感。而熟悉感这种东西，其实是一种看上去简单、实则非常强大的信息包。

没有人可以拒绝被熟悉感砸中，当忽然尝到了童年的味道，当熟悉的旋律响起，当漂泊的人回到家门口，当扑入熟悉的怀抱闻着熟悉的气息……被久违的熟悉感包裹，是一种令人忽然眩晕的幸福感，远非体验新鲜可比。

为什么？

因为**熟悉感是一种非常复杂的信息包，里面可能包含着情感、思想、经验的记忆等身体真实感知但未能被语言化的东西**。

在身心打开的放松状态里，那些富集的情感、思想、经验的记忆和话语一起涌上，可以产生强烈的情感性生理唤起，令人沉醉。

所以熟悉感给人安全感，让人放松。

这也是家的力量。外面的世界很精彩，有无限的惊艳与刺激，但总有一个地方，让你想回到那里，放松地待着。

所以，网红依赖的话题度来自外部的声量；而大牌能做到的情感唤起，来自一个人心中的低语。

3. 可口可乐的故事：让海马体闪亮

我们先用一个案例来感受一个大牌是如何诞生的，那就是大家都很熟悉的可口可乐的故事。

如果只做简单的描述，那么可口可乐的故事简直就像一个童话。

1886年，一个名叫约翰·彭伯顿（John Pemberton）的药剂师配出了一款具有提神、镇静功效，并能减轻头痛的糖浆。后来，从这个糖浆的神秘配方发展出了全世界最成功的饮料——可口可乐。

但是，如果把这个故事打开，让更多的细节呈现，我们就会发现这个童话并不那么简单。

首先，我们会意识到，可口可乐这个名字其实很特别。

Coca-Cola，是两种植物，Coca（古柯）和Kola（可乐果）。

PART ONE 价值

没错，Coca（古柯）就是大名鼎鼎（臭名昭著）的古柯碱，也就是可卡因。

如果有一种新饮料叫"可卡因可乐"，或者有人递给你一杯咖啡，杯子上印着"毒咖啡"三个字，你会是什么反应？毋庸置疑，你肯定会敬而远之。

那为什么全世界的人却把 Coca-Cola 这个名字作为一个品牌、一个标记，甚至一种文化态度坦然接受，从而使可口可乐成了风靡世界、老幼咸宜的饮料呢？

古柯和可乐果这两种植物，是可口可乐最初的核心原材料。用原材料命名，是功能价值产品的经典做法。

比如，中国的生姜红糖或者中药，会用名字直接展示它的核心原材料是什么。原材料代表了它的功能和主要体验，而这就是你的需求。

所以，可口可乐发明之初，是一款纯功能价值产品。它的名字就是核心原材料。

古柯和咖啡、茶一样，是大自然中的一种植物。古印第安人外出打猎时，会嚼上几片古柯叶来降低饥饿感。到了 19 世纪，科学家从古柯叶里提取出可卡因。可卡因可以使人对疼痛的感觉变得迟钝，还可以让人感到兴奋，因此被列为非处方药物。

这是一种新的功能物质，一种新的原材料。于是，一堆以它为基础的新产品迅速孕育了出来。比如，一个法国人发明了一种添加了可卡因的古柯酒，风靡欧美。

想象一下古柯酒这个东西——可卡因 + 酒精，两种强成瘾性物质叠加，多么可怕。只要口感的接受度稍微做得好一些，它的风靡就是必然的。

而约翰·彭伯顿最初正是受到欧洲古柯酒的启发，调制出了属于自己的古柯酒。

然而，正当他想大赚一笔的时候，他所在的亚特兰大州颁布了禁酒法。

作为一名药剂师，约翰·彭伯顿当然知道古柯酒的力量源于哪里。所以，虽然禁酒法禁止了他的古柯酒，但是他不打算放弃古柯饮料。

约翰·彭伯顿在原有的配方基础上继续调整。去掉酒精之后，仅靠微量的古柯碱，兴奋作用和成瘾性都稍显不足，也就是俗话说的差点劲儿。而且，饮料的味道也会显得苦涩。所以，约翰·彭伯顿往配方里加入了产于非洲的可乐果，这种可乐果含有令人兴奋的咖啡因。同时，他又加入了大量的糖和柠檬酸来平衡味道。

这样，古柯酒的可卡因+酒精，就换成了可卡因+咖啡因+糖（糖也是强成瘾物质）。这让这种饮料有了足够强的兴奋作用和成瘾性。之后，约翰·彭伯顿又在饮料中加上了气泡水，进一步提升了清爽、刺激的口感。可卡因+咖啡因+糖+气泡水，就是最初的可口可乐配方。

约翰·彭伯顿给这款产品起名为Coca-Cola，亮明原材料，在药店销售。它的卖点是可以治疗消化不良、头痛和吗啡依赖，就像生姜红糖可以治疗感冒一样——二者卖的都是原材料和功效预期。

可以说，100多年前约翰·彭伯顿调制出可口可乐并在药店销售，与100多年前中国某个中药铺的医师调制出一款生姜红糖并在药店销售，看上去没什么不同。

PART ONE 价值

可口可乐这个产品的幸运之处在于，超级产品遇到了超级销售。后来被称为"可口可乐之父"的阿萨·凯德勒（Asa Candler），改变了可口可乐的市场定位、生产、销售模式和品牌形象，让可口可乐从一个配方、一个产品，变成了一个拥有覆盖全球的强大供应链、拥有全人类共识的品牌；从药店的一个服务项目，变成了一个商业王国。

从商业意义上来讲，是阿萨·凯德勒发明了可口可乐。

阿萨·凯德勒出生于1851年。在遇到可口可乐之前，他经营着一家批发、零售药材的公司。而在那个时候，他就已经意识到：仅靠批发药材，也就是贩卖功能价值，是不能获得更多利润的，他需要找到有价值和市场潜力的药方。

1888年，37岁那年，阿萨·凯德勒第一次喝到了可口可乐，从此找到了自己的"天命"。4个星期后，他就拿到了可口可乐的配方。此后，他进一步买入别人持有的权益，直到100%拥有这款产品的配方与销售权。这一共花了他大约2300美元。

持有可口可乐后，阿萨·凯德勒把它从药用糖浆变成了时髦饮品，向大众销售。这一定位的改变，让可口可乐进入了1000倍规模的市场空间。

接着，阿萨·凯德勒开创了新的营销模式：试饮。这个模式在今天的超市、卖场比比皆是，但是一切都有起始。试饮试用这一营销方式的起始，就是100多年前的阿萨·凯德勒——他用发放免费赠饮券的方式，让人们在购买之前，可以先免费喝一杯可口可乐。

这当然极为有效。那时的可口可乐，每份含有约60毫克可卡因。阿萨·凯德勒之所以敢于大量让用户免费试饮，就是因为对自己产品的成瘾性有自信。

今天去掉可卡因的可口可乐，依然有着令人成瘾的魔力；当年的可口可乐，当然是绝对的魔水。

然而，随着可卡因的日趋流行，其成瘾问题也逐渐严重。一些可卡因中毒致死的报告引起了美国公众和政府的关注，可卡因开始被限制使用。

1903 年，可口可乐公司从配方中去掉了可卡因，但其名字中的古柯（Coca）却得到保留。

之后，因为发现可乐果含有大量会致癌的亚硝基化合物，1955 年，可口可乐公司又从配方中去掉了可乐果，改用人工香料替代。

这也是可口可乐品牌的有趣之处。今天，我们喝一杯名叫 Coca-Cola 的饮料，其中既没有 Coca，也没有 Cola。

如果喝一杯名叫生姜红糖的饮料，但其中既没有生姜，也没有红糖，你会是什么感觉？大概会大骂品牌商是骗子吧。

那为什么全世界人都在喝一杯既没有 Coca 也没有 Cola，只是名叫 Coca-Cola 的饮料呢？

当人们在喝 Coca-Cola 的时候，到底是在喝什么？

如果说 1903 年以前的可口可乐卖的是原材料，是可卡因与咖啡因两种强功能物质的刺激与成瘾性构成了它的产品力，那么，已经去掉了可卡因与咖啡因的可口可乐，卖的是什么呢？

卖的是品牌。

那么，可口可乐是如何成为一个品牌的呢？

2004 年的一个实验或许可以回答这个问题。

一组神经科学家在进行"神经营销"的研究时，请 67 个人参与了

PART ONE　价值

一场饮料偏好实验。

当参与者不知道自己喝的是哪种饮料时，他们对不同饮料的偏好基本持平。但是，当他们知道自己在喝哪种饮料时，结果就截然不同了。这一次，可口可乐大获全胜，超过一半的人觉得可口可乐更好喝。

只是知道了品牌名称，为什么他们的偏好会发生如此巨大的变化？

研究人员使用功能性磁共振成像（fMRI），记录下了参与者在不同信息背景下饮用饮料时的大脑活动。

fMRI 的原理是，当大脑的某个区域被激活时，血液会涌向该区域，而 fMRI 可以捕捉这种血流的变化。

研究人员发现，当参与者不知道杯中饮料的品牌时，位于他们大脑前端的一个特定的快乐中心——腹内侧前额叶皮层会被点亮。大脑的这个区域对美味的食物（例如甜味汽水）特别敏感。

而当参与者知道了饮料的品牌名称后，除了前额叶皮层会被点亮，他们大脑中与情绪和记忆有关的海马体区域也被点亮了。

一个名字，唤起了回忆中复杂的味道：童年时被奖励的一杯可乐，运动后大汗淋漓时喝的一杯冰可乐，可口可乐广告里那些活力四射的快乐的人……所有这些回忆，叠加饮料自身的味觉感受，比起无名饮品单纯的味觉刺激，一定会使参与者产生更多的多巴胺。

这个实验表明，**作为一组信息，品牌可以真实地激活人的大脑区域，从而改变人对一件客观物品的感受。**

也就是说，喝其他小甜水时，你享受的是糖带来的多巴胺，而喝可口可乐时，你还喝下了你的回忆。或者说，保存于大脑的纷纷回忆，如同一曲听不到的 BGM（背景音乐），在你喝这款饮料的同时响起，在你的灵魂之中回荡。那是简单而又具体的小甜水无法比拟的东西。

这就是卖新鲜感和卖熟悉感的区别。

可口可乐之所以成为品牌，就是因为它用了超过 100 年的时间，在持续构建和经营你与它之间的这种熟悉感。

1910 年，可口可乐的平面广告上，是一个穿戴漂亮的女人在一家咖啡店里享用可口可乐。她独自一人，只带着一只小狗。广告的标题是家庭主妇。

从今天的视角来看，这条广告并没有什么特别之处。但是在 1910 年，独自去咖啡店的女性，就类似于 21 世纪初我们国家那些独自去旅行的姑娘。她们代表的是一种自我的释放感、一种先锋的精神。那时的可口可乐，你可以认为它在打先锋感、新鲜感。

20 世纪 30 年代，美国遭遇了经济大萧条，民众生活艰难。可口可乐的一条广告中，两位电影明星身着泳装（最简单的衣物），面带微笑看着彼此。可口可乐是在用这种方式表达它的价值主张：快乐是一种精神感受，快乐是简单的。

在第二次世界大战期间，可口可乐总裁做出一个承诺：美国士兵无论身处何方，都可以用 5 分钱买到一瓶可乐。就此，可口可乐成为美国文化符号的一部分，并随着美国工业能力和资本能力的世界性崛起，随着美式文化的输出，同步走向全球。

PART ONE 价值

4. 网红和大牌的区别

20世纪70年代，可口可乐投资几百万美元开发了一种可以在宇宙飞船上使用的包装罐。它为什么要做这种罐子？是要卖给宇航员或者外星人吗？当然不可能。那么，ROI（投入产出比）怎么算呢？

这是网红和大牌的差别。

网红产品做广告，是买流量、做转化率、算ROI；而大牌做广告，是在对自己的品牌进行投资。

品牌是一个企业的核心资产，可口可乐，是持续投资自己品牌、持续变现自己品牌资产的案例。

网红出产品，就是针对当前的市场动态、社会情绪做货卖货；而大牌出产品，是让自己的品牌与当下连接，是对公众记忆的时代性和新一代的公众共识的管理。

所以，网红产品的特性是新鲜感和话题度；而大牌的特性是辨识度和熟悉感——有些东西是永远不变的，是锚定在那里的。

比如，戴比尔斯公司以百年为单位，让"钻石"和"爱情"建立锚定；而可口可乐也是以百年为单位，把"可口可乐"和"快乐"去做锚定，而且，直到今天依然深入人心。大家给可口可乐起绰号叫"肥宅快乐水"，是对这种饮料的情感唤起能力的认同。

一家网红饮料公司曾经复刻了可口可乐的配方。今天的化学能力、反向工程能力如此之强，其实可口可乐的武器早已不是它的神秘配方。这家网红饮料公司，也确实做出了口味和口感与可口可乐极其相似的饮品。

有一段时间，我招待朋友时很喜欢做的一件事，就是把这两家的可乐倒在杯子里，同时端给朋友，请他们盲测，看看能不能喝出区别。结果发现，真是喝不出来。普通人的舌头，确实没有那么高的"分辨率"。

两年后，我在一个小超市看到了这款网红饮料，拿起来一看出厂日期，发现是 8 个月前的，于是去问老板：这款饮料卖得好吗？

这个街边小超市的老板，开口第一句话就说到了重点：唉，网红饮料，新鲜过后就没人买了。

没错，如果要喝可口可乐味道的饮料，为什么不直接去喝可口可乐呢？

因为喝可乐时，让你放松和满足的，是那种叠加而来的熟悉感啊。

网红不一定能成为大牌，而大牌可以出网红产品。比如，LV 和女艺术家草间弥生联名的包包，新鲜感和话题度拉满，是奢侈品中的网红爆品。

听完了我的解释，那个考虑做火锅口味巧克力的朋友问："那我要做个巧克力品牌，应该锚定什么样的情感呢？"

然后他打开电脑，开始查找网络热词，找了一会儿，他说："还是应该用互联网的方法，把一堆概念和巧克力放在一起，去网上试，有反馈，就继续，没有反馈就放弃。"

这就是网红产品的经典做法。因为它只是想操纵大众情绪，然后获利，而没有发自灵魂的真实情感。

PART ONE 价值

5. 品牌是生命的姿态：being（存在）

如果说网红在 doing（做），不断做新东西、新动作、新说辞，制造新鲜感和话题度来引发网络关注，一直在变，那么品牌更像是 being，是不变。它是一种生命的姿态，是某种基因烙印般不变的一以贯之。

为什么做品牌比做网红产品更难？因为做品牌就像一个人要回答"我是谁"，就是这么难。

为什么回答"我是谁"、找到自己生命的姿态那么难呢？或许是因为时代。

上一个时代，我们可以称之为风口时代。 在风口时代，大家其实可以回避"我是谁"这个问题。因为"我是谁"不重要，风口的方向才重要，风能够把我托举到哪里才重要。

20多年前，我们中的大部分人都还是来自农村的孩子，在为了适应城市生活而努力蜕变自己。该怎么回答"我是谁"呢？就是因为不接受自己原来的样子，我们才会这么努力地来到新的城市，成为新的人。

今天，风停了，上一次时代变革中城镇化与互联网化的搬山填海结束了。而下一个时代，AI 成为人类基础设施的时代，则尚在远方。

我愿意称当下的时代为扎根的时代。

蒲公英的种子被风吹到天上时，有更高的视野，有无限的可能，而一旦落地扎根，它就需要**面对自己的有限性**：我就是这样，只能拥有这一点点土地和视野空间，无法长到水杉那么高，开出玫瑰那样的花，结出橙子那样的果实。

但是，它扎扎实实地扎下了根，从而能够真切地连接太阳的能量与大地的养分，在自己的生命里川流，长成自己本然的样子。

扎根在这里，真实地生长，产生生命的种子，那些未能抵达的远方，或许自己的种子有一天可以抵达，这是真实的生命的接力。

与接纳自己的真实与有限性不同的，是今天大量网红的表演式生存。

打开小红书、抖音，有无数精致博主在展现自我。他们比法国女郎更懂红酒，比瑞士医生更会保养，比日本家庭主妇更会做便当。不论什么年龄、什么职业，人均年薪百万元，住的都是花园别墅或者大平层。

这是真实的他们吗？不。他们都在 doing。

do 脸、加滤镜、学话术、做场景、表演人设。

隔离真实，才能赢得注视。

然而，表演者的信心不是来自生命的扎实，而是来自观众的反馈。这是网红难以穿越时间的原因，因为观众太容易变化了。

还好，世界正在悄悄而不可阻挡地变化。很多风中的种子们，跌落尘埃，慢慢地陷落在生活的泥土里，并且从真实的生活里获得了养分，重新发芽。

所以，在这个所谓的"创新低谷"的时代或者时段，我非常高兴地看到了无数朋友静静地扎下根来，接受了自己的有限性，看到了自己的边界，用自己的状态，找到了自己的活法，并且真实地爱着脚下这片或大或小的土地。

PART ONE　价值

他们有了某种内在的笃定，不是因为知道了要怎么工作，而是因为知道了要怎么活。我已经看到他们在城市的一个个角落里，建立了自己的日常与从容。**我知道，这份生命与生活的自洽，是品牌萌生的开端。**

在欧洲和日本旅行，打动我的一个点，是那里的日常。街角的甜品店、色彩斑斓的菜市场……这些我们千里迢迢去打卡拍照的景观，这些很多人在抖音、小红书里刻意展示的场景，其实就是当地人的日常生活。

这个风景，是他们活出来的样子。那是一种 being。

它来自一种内在的本自具足[1]的涌现。它不是几股力量碰触而生的浪花，而是源自庞大的、隐藏不见的、与当地泥土交融的根系。它安住在自己的有限性之内，按照基因的限定，按照自然的节律，延展它的样子。我们在短暂的旅行当中，看到的只是吉光片羽。下一次再来，看到的也许是百花齐放，也许是红衰翠减。无论如何，都是生态与气候、环境彼此适应的模样，而生态自身，生生不息。

什么是真的，生生不息的就是真的。

贝多芬有一小段曲子，叫 *Es muss sein*（《非如此不可》）。米兰·昆德拉的小说《生命不能承受之轻》中，男主角托马斯已经逃到了人间天堂瑞士，却又选择长途跋涉返回山河破碎的祖国。临行前，瑞士友人不能理解他为什么做出这样的选择。男主角说：Es muss sein（非如此不可）。

留在瑞士是趋利避害的理性计算，如同水流向下，是众所周知，

---

[1] 佛教术语，指自己内在什么都不缺。

理当如此。而托马斯说出的这句"Es muss sein"（非如此不可），则是萦绕在他心头的旋律，是唯有他能听到的远方的鼓声。

此事没办法与他人解释，唯有自己知道，非如此不可。这是内心的指向，明知此去繁华割舍，乃至性命堪忧，却只能决然。

合理的部分是理性，不合理的部分是人性。

物理是物理，生命是生命。

流水向下，这是物理的规律。

但是你看那些树的枝条，每一根枝条里饱含的水分，都是流向天空的河流。

为什么这些水会违反物理的规律？

因为它们是生命的姿态。

有关品牌的讨论先到这里。留一个问题，我们可以继续讨论。

QUESTIONS

中国有做奢侈品品牌的机会吗？难度在哪里？

PART ONE 价值

价值故事

中国手机 30 年

作为第一部分的结尾，我们来看一个略为复杂的案例：中国手机产业的 30 年。

手机产业堪称中国制造业的缩影。30 多年前，中国还不会造手机；今天，造手机这件事，中国已经做到了世界第一。世界销量最高的 10 个手机品牌，8 个来自中国。

从中国只有手机市场，到开始拥有手机产线，到开始做国产手机，到挑战核心技术，到成为被世界认可的品牌——这是中国所有产业都在走的路，只是阶段不同，或早或晚而已。

从 1994 年到 2023 年，如果聊手机，你都会想起些什么呢？

我会想起 1994 年，时任中国邮电部部长吴基传，打通了中国大陆首个 GSM（全球移动通信系统）通话。也是这一年，中国全功能接入了互联网。这是中国移动通信和互联网的里程碑之年，无形的信号在罕有人知处闪耀，新大陆开始浮现。

之后的 20 世纪 90 年代，国外品牌摩托罗拉、爱立信、诺基亚三分天下，占据中国手机市场 80% 的份额。

21 世纪的第一个 10 年，诺基亚制霸天下，独占全球 39% 的市场份额。与此同时，中国手机的供应链开始起步。作为中国手机供应链的果实，在中国移动、中国联通捆绑销售的加持下，最初的四大国货手机"中华酷联"诞生了。

2005年，山寨机汹涌而出，凤凰传奇的歌声伴着夸张的走马灯响彻华强北[1]。

当然，我们必须记得2007年年初，一个从来没有做过手机的人，掏出了一款大家从未见过的、没有键盘的手机，然后用手指点亮它。是的，这就是乔布斯，他发布了iPhone。这不只是一款产品，还是一把钥匙。iPhone不但定义了新的手机范式，而且开启了移动互联网的世界——每一个拥有手机的人都可以进入的互联网世界。

然后，2011年，雷军发布小米手机，示范了互联网爆品模式，带动了网红模型的创业高潮。于是，中国硬件企业被洗了眼睛，从渠道压货、大客户攻关的生存模式，开始学习去做用户喜欢的产品。产品为王的时代来临，新国货们开始讨论产品体验，华米OV[2]，以及征战非洲的传音，都祭出可圈可点的产品来攻城略地。

我还会想起2014年，华为发布Mate 7，暧暧内含光[3]的是它搭载的自研芯片——麒麟925。之后，在麒麟980和其他黑科技的加持下，内外双修的华为Mate 20被称为"安卓机皇"。这是中国企业不依靠原材料/劳动力，而依靠IP赚钱的典范。从

---

1 指深圳的华强北街道，因设有多家电子产品市场而闻名，被誉为"中国电子第一街"，是全球规模最大的电子元器件集散地之一。
2 指华为、小米、OPPO、vivo四个手机品牌。
3 形容表面暗淡无光，实际内在蕴含着光芒。

此，华为进入全球高端手机市场，成为"御三家"[1]之一。

当然，我不会忘记 2020 年华为发布麒麟 9000——业界首款 5 纳米的 5G 系统级芯片，晶体管数量达到了 153 亿个，号称安卓最强芯。此后，在不可抗拒的场外因素遏制下，麒麟芯片停止了更新。巅峰即绝唱。

2024 年二季度，从公布的数据来看，全球智能手机出货量前 10 名，除了三星、苹果，其余 8 家全部来自中国，分别是小米、OPPO、vivo、传音、荣耀、联想 – 摩托罗拉、Realme，以及华为。

……

30 年，弹指一挥间。

我们分成四节来聊这个故事，分别是：操作系统、山寨机、网红手机、行业头牌。

一、操作系统：基础设施的王者之战

每一个新时代，都是由新基础设施划定的。

看这 30 年间的手机产业时，我们需要首先了解那些切分了时代的手机操作系统，以及那些让一批品牌崛起、一批品牌陨落的基础设施。

---

[1] 指苹果、三星、华为三个高端手机品牌。

1. 成也塞班[1]，败也塞班

2007年，是手机产业史上的大年。

这一年的天空，仍闪耀着上一个时代的余晖——功能机的最后辉煌。

功能机时代的代表大厂们，都在2007年推出了自己的新一代旗舰产品：诺基亚N95堪称诺基亚的巅峰之作；索尼爱立信推出当时拍照手机中最强大的K850i；HTC还是Windows Mobile阵营的老大，那年它推出的多普达S1，是知名度最高的机型；摩托罗拉推出了经典翻盖手机V3的后续产品V8；2007年的黑莓受到商务人士追捧，新推出的Curve 8310让国内出现了不少死忠黑莓粉。

这一年，还有两件事意味深长地发生在年头和年尾。

2007年1月10日，一个从来没有做过手机的人开了一场发布会，说他要发布一台iPod、一部手机和一台互联网通信器，然后他从兜里掏出了一部没有键盘的手机，给它起名为iPhone。有人说iPhone定义了智能手机的样子，其实更准确的说法是，iPhone开启了智能手机的新范式——触摸屏的互联网手机。

这是一个原点，从这个原点开始的延长线，就是整个移动互联网。

1　诺基亚手机的操作系统。

PART ONE 价值

价值故事

另外一个从来没有做过手机的企业——谷歌，在2007年年底发布了安卓系统，并牵头成立了"开源手机联盟"（OHA）。联盟成员包括谷歌、HTC、索尼、戴尔、英特尔、摩托罗拉、三星、LG等，后来扩展到30多家著名的芯片制造商、手机制造商、软件开发商、电信运营商和服务商，包括中国移动。OHA致力于解决"如何制造一部更好的手机"这个问题，希望能够制定行业标准。这为安卓系统快速形成生态、大杀四方奠定了基础。

7年之后的2014年，曾制霸全球手机市场11年，做出过地表最强手机的诺基亚，于4月退出手机市场，只留下一句感慨在创业圈的上空回荡：

"我们并没有做错什么，但不知为什么，我们输了。"

诺基亚输了。谁是最大的赢家？曾经是手机圈外人的苹果和安卓。

2014年，乔布斯已经去世3年。事实上，乔布斯去世10多年之后，果粉们依然每年关注着苹果的发布会。或者说，整个手机行业的从业者都在等苹果的发布会。iPhone拿走了整个智能手机行业80%的利润。在巅峰时期，它甚至拿走了整个行业94%的利润，这是行业为它献上的膝盖。

2014年，安卓在手机操作系统的市场份额超过80%。10年后，安卓依然是占据全球最大份额的手机操作系统。

在行业基础设施切换的时刻，手机企业当中有两个成功换船的案例：三星和华为。它们跨越轨道，升级自己，成为新时代的顶流。

而诺基亚的选择是死也不上安卓的船。

我们来看诺基亚和塞班的故事，简单来说，就是成也塞班，败也塞班。

1998年6月，欧洲科技公司Psion联合诺基亚、爱立信、摩托罗拉组建了塞班公司。作为一个开放式平台，任何人都可以为支持塞班的设备开发软件。为此塞班推出了白金合作计划，安谋、摩托罗拉、德州仪器等厂商相继加入。之后加入的还有松下、西门子、三星、联想等。

2000年至2002年，是另外几个手机产业变天的大年。

经典电影《黑客帝国》在1999年上映，基努·李维斯（Keanu Reeves）拿着诺基亚7110惊艳亮相。7110是第一款网络手机。它可以提供查阅新闻和收发电子邮件功能，甚至还可以下载新的铃声。

2002年年末，诺基亚7650出现在中国大陆。这是第一台塞班S60系统智能手机，拥有彩屏、滑盖和30万像素摄像头，手感扎实，造型霸气，震撼市场。

随着这部手机的上市，"智能手机"这个词开始出现在人们的生活中，而大家对智能手机最早的感知，是塞班S60的界面。智能化系统，易用的界面，支持第三方开发者，强大的本地化能

PART ONE　价值

力——截至 2006 年，塞班 S60 支持 48 种语言界面，诺基亚手机畅销全球，塞班 S60 居功至伟。

2006 年一季度，基于 S60 平台的产品销量占据了所有智能手机销量的 54.1%，而基于塞班操作系统其他平台的产品（S80、S90 和 UIQ 等）占据了 22% 的市场份额。其他操作系统，如 Windows Mobile、Palm、RIM 和 Linux，市场份额加在一起还没有 S60 一家多。

在这个过程中，诺基亚不断加强对塞班的控制。

2004 年，Psion 出售其持有的塞班公司 31.1% 股份，经各方认购后，诺基亚占据了约 47.9% 的股份，爱立信占 15.6%，索尼爱立信占 13.1%，松下占 10.5%，三星占 4.5%，西门子占 8.4%。

到了这个时候，塞班联盟实际已经由诺基亚一家掌控。

到了 2008 年，就是苹果发布 App Store（应用商店）、安卓推出旗舰性的安卓 1.0 的那一年，诺基亚收购了塞班公司，塞班成为诺基亚独占的系统。

但是，随着安卓和 iOS（苹果手机的操作系统）的横空出世，塞班的缺点暴露无遗。

曾经那么强大的塞班究竟有什么缺点呢？

我们先说一样东西，安卓和 iOS 都有，而塞班没有，就是 App Store。第三方商店也是很久之后塞班人都没想起来的事。

但是，如果塞班也开一个 App Store，就可以扭转局面吗？

并不能。

如果说新发布的安卓和iOS是水草丰茂、有利于开发者各展其能的富饶生态，那么塞班就是地形复杂、广种薄收的贫瘠之地。

首先，诺基亚时代的智能机基本都搭载了塞班系统，而诺基亚的机型又十分复杂，有触屏机型、数字键盘机型，又有全键盘机型，这让软件的适配难度大大增加。开发者在开发塞班系统软件的时候，要考虑的机型太多了，做一款软件需要10个人，而要适配所有的机型，恨不得需要几百人，这导致许多软件开发商的开发积极性不高。此外，塞班系统的碎片化，也让开发的成本提高，进一步降低了开发者的积极性。

其次，诺基亚为了拦截网络上的恶意软件，引入了一个签名机制，未经签名认证的软件无法下载。那时候的塞班，要安装软件只能去网上下载，而经过签名认证的软件少之又少。用户要想下载没有经过签名认证的软件，只能自己动手制作签名或者找人制作签名。这种不便，催生了dospy、3g365等一大批国内的塞班论坛，无数玩家每天在上面交流心得与软件。那时候，"移动互联网"这个名词还没被发明出来，"看帖—下载到PC（个人电脑）—导进手机—安装"这一系列流程成了玩家和发烧友们的习惯性操作。而不会这些复杂操作的用户，则没有太多软件可用。

简单来说，基于塞班做生态，不管是供给侧，还是需求侧，都有着很大的难度。

2. 开源的安卓

反观安卓，则因其开源特性而广受开发者欢迎。与此同时，谷歌应用商店 Google Play 则吸引了全世界大量的程序员、开发者入驻。在这里，他们可以编写安卓 App 并轻松地上架，供全球安卓用户下载使用。

虽然安卓生态从 0 开始，但无论是在供给侧还是在需求侧，它都比塞班生态简单一百倍。

所以，生态之争，不能只看起点。

很快，安卓就超过塞班，成为使用最广泛的智能手机操作系统，而且在开源软件许可协议的帮助下，运行在数百种智能设备上。

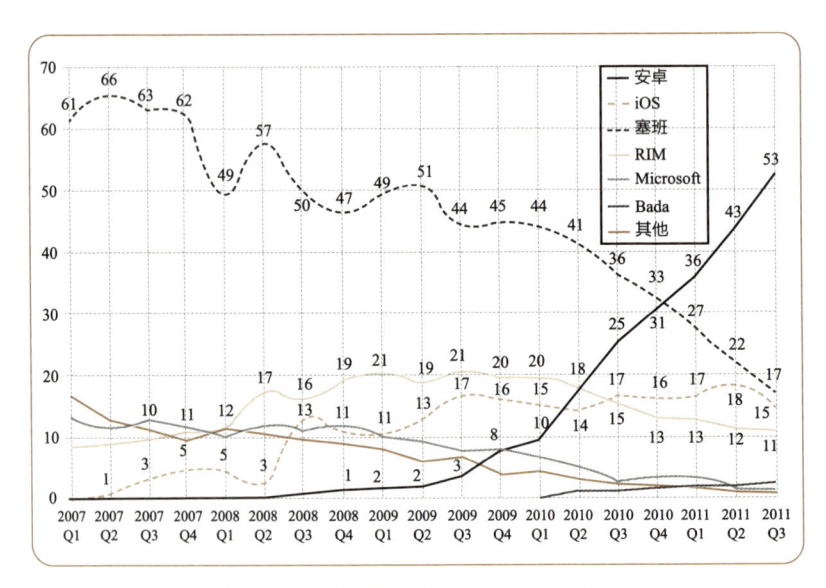

全球智能手机操作系统市场份额（%）

如果说 iOS 开启了移动端智能操作系统的潘多拉魔盒，那么安卓就是让其他移动操作系统消失的那个灭霸。

3. 封闭的 iOS

开放还是封闭，是数字世界最大的分歧。

如果说安卓赢了塞班，是因为其开放性，那么，iOS 是封闭系统，为什么也是大赢家呢？

iOS 赢在了它的美。

iPhone 并不是全球第一款全触屏智能手机。早在 1992 年，IBM 就研发出了全球第一款全触屏智能手机——Simon Personal Communicator。但从更深的意义层面来说，乔布斯重新定义了智能手机，而这正是因为其独立的操作系统 iOS。

这里要提到苹果公司的另外一位专家——斯科特·福斯特尔（Scott Forstall）。在负责 Mac OS X 系统[1]及 Aqua 用户界面[2]的最初设计时，他就展现出了"高阶审美"能力。

乔布斯重新接掌苹果时，苹果电脑的市场份额正面临大幅度下降。当时，10 年未变的老 Mac OS 界面深受乔布斯的厌弃。他认为必须重新设计。这时，在福斯特尔的操刀下，Aqua 诞生了。在英文中，Aqua 为"水"的词根。因此，作为界面，福斯特尔

1　苹果电脑操作系统 Mac OS 的一个版本。

2　苹果电脑的用户界面。

团队采用了带有水滴形状的组件，自由使用反射效果、倒影效果和半透明效果。Aqua 一经推出，就以优雅且带有未来感的设计大受欢迎。后来，在 iOS 界面的设计上，福斯特尔同样沿用了这一设计理念。高颜值、操作简单，成为苹果界面的标签。

说回系统本身的竞争优势。与联盟派的安卓截然不同，iOS 是基于硬件进行的设计，与硬件的整合度更高，用户使用时体验相对顺畅且稳定。除此之外，iOS 的封闭性生态也带来了更高的安全性，这才是终端用户最为看重的体验。

黑莓创始人、负责工程的联合 CEO（首席执行官）迈克·拉扎里迪斯（Mike Lazaridis）在 iPhone 发售后不久便自己动手拆了一部。他得出的结论是："他们把 Mac 电脑放了进去。"

2011 年，我在腾讯工作，那时腾讯已经转向移动互联网产品的开发。我们的工序选择是，先做 iOS 版本，然后优雅度降级，做安卓版本。

安卓用户远远多于苹果用户，我们其实可以只做安卓版本，而不必应对要求严格的苹果应用商店。但是，我们心甘情愿被苹果折磨，努力去达到它的标准，只为看到自己产品更优雅的样子。那种内心的满足，可以让一个开发者真正感到幸福。

有一段时间，从杭州回到北京，生活体验也有一种从 iOS 到了安卓之感，就是什么都有，什么感觉上都粗糙了一点点。

所以，诺基亚独占塞班不是错，但是塞班的丑让人没法忍。手机是一个人最为高频面对的东西，为什么要用个丑的？

2008年，诺基亚的首部触控手机5800面世，搭载的是塞班9.4系统，界面是S60第5版，俗称S60 V5。它解决了S60最大的弊端，所有界面都为触控操作服务。但是，诺基亚似乎仍不甘心让经典的S60界面就此消失，因此S60 V5成了个四不像的东西，由非触控硬变成触控的系统界面，使用体验远不及对手的产品。

4. 基础设施的更迭

2009年，LG、索尼爱立信等厂商宣布退出塞班平台，转投安卓阵营。2010年，三星宣布退出塞班转向安卓。

塞班仅剩诺基亚一家支持。二者都在挣扎，疲态尽显。

面对塞班沉重的历史包袱，诺基亚或者塞班生态只能眼睁睁地看着对手枝繁叶茂、万紫千红，自己却动弹不得。

2012年2月27日，诺基亚在MWC移动世界大会上发布了4100万像素的塞班拍照手机808 PureView，一款像素数超过单反相机的手机——它是塞班为这世界带来的最后一次惊喜。几乎所有媒体对这款手机的评测结尾都是：拍照出色，系统拖了后腿。

2013年1月，诺基亚确认，前一年发布的808 PureView是最后一款塞班系统手机，这意味着塞班系统死了。

一年之后，诺基亚出售手机业务。灵魂死去，肉身也宣布死亡。诺基亚这个品牌还在，被股东拿来资产变现，授权给了富士康。

PART ONE　价值

价值故事

塞班系统死去 10 年之后的 2022 年，安卓的 Google Play 上共有超过 265 万个应用，苹果应用商店里有超过 178 万个应用。

诺基亚曾有一句广告语："科技以人为本。"

安卓的 Google Play 与苹果应用商店上的这几百万个应用，都源于人的需求。

所以，为什么是两个从来没有做过手机的企业掀了功能手机的桌子？

因为用户需要的不是手机，也不是安卓或者 iOS。用户需要的是可以时刻使用这些应用，以及更优雅、顺滑的体验。

诺基亚在死死地抱着塞班的历史优势同时，背离了自己"科技以人为本"的承诺。

现代手机发明者、摩托罗拉公司的马丁·库帕（Martin Cooper）说过，"我一直坚持一个信念，人是生而移动的，人从根本上、本质上是移动的个体，人们最终是要无线连接的，这是一场革命"。实际上，人类从原始时代的狩猎活动开始，就需要在不断变化的位置中不断地传递信息，才能确保一场完美的狩猎。

1973 年 4 月 3 日，马丁·库帕拨通了第一次无线通话，代表了一个崭新的通信时代的到来。这个时代更加顺应人类运动不息、通信不止的生活和生存本质。到如今，手机的基础设施更迭了三次，产业局面也更迭了三次。

摩托罗拉开启了第一代基础设施。手机叫"终端"，因为它只是一个通信讯号的接收端，是一次通信讯号传输的终点。而让你说出的一句话变成无线信号，从地球的一端传到另一端的，是电信运营商们建设的基站。

早期通信产业的特性决定了手机厂商身份的双重性：诺基亚和摩托罗拉既是电信设备商，也是手机厂，既是规则的制定者，也是规则的受益者。

诺基亚与塞班共同主导了第二代基础设施，让手机除了可以打电话，还可以上网、听音乐、看视频、玩游戏。从 2001 年开始的 10 年里，国际大厂、中国大厂和山寨厂三股力量一起发力，让中国内地手机用户数量超过 9 亿，比整个欧洲人口还多。

手机走出了奢侈品的时代，进入功能机时代。

手机产业现在的统治者是苹果和安卓。全面屏与上百万的 App 一起，为人类打造了沉浸式的空间。全球手机销量前 10 的企业中，除了三星、苹果，其余 8 家都来自中国。它们一起为全球的 68 亿智能手机用户服务。手机成了人的外延器官和精神避难所。地球人平均每天在手机上花费 3 个小时，而有数据显示，中国人每天看手机的时间有 5 个小时之多。

二、山寨机：机会主义的因与果

我对山寨机制造者群体的情感是又爱又痛。

PART ONE　价值

我既爱他们那种与市场需求短兵相接、见缝插针、野蛮生长的劲头，又痛心这群明明极具创造力又有探索精神和吃苦精神的人，大多活在人穷志短的机会主义里。

21世纪的第一个10年，中国手机市场进入爆发期。

21世纪初，中国人均GDP为3000多美元，北京人均工资还不到1500元/月，北京二环内的一套小一居价格约十几万元。而形成鲜明对照的是当时的手机价格，少则上千元，多则四五千元。可以说，当时买一部手机的钱，可以买北京的一平方米房子，是当时普通人三四个月的工资。

但是，即使面对这样高昂的价格，中国的手机用户依然在快速增长。

1990年年底，当时的电子工业部大胆预测，到"八五"末，即1995年年底，中国的移动电话数量将达到50万部。实际上，最终的结果是360万部。后来，电子工业部又预测，到"九五"末，也就是2000年年底，中国的移动电话数量将达到800万部，而最终的结果是8000万部。

为什么？真需求。

20世纪70年代，我父母两个人存两个月的工资，买一台收音机，是真需求。到了20世纪末，普通人花三四个月的工资买一部手机，也是真需求。

所以，经济下滑时，产品卖不出去，如果简单地归因于用户没钱了，那肯定是错的。当年更没钱，但真需要的东西，还是要买。

产品卖不出去，是因为你提供的东西，今天的用户没那么需要了。

2001年，中国一年的手机销量约为5000万部。中国品牌大约占15%的市场份额。

在摩托罗拉制霸的GSM时代，想入场做手机不容易。GSM的品牌手机公司都锁定了合作芯片，如德州仪器、摩托罗拉、飞利浦等，开发手机的资金和人才门槛都非常高。据说，20世纪90年代，任正非曾去诺基亚参观，看到光手机部门就有9000名开发人员，而华为整个公司当时也只有几千人。任正非回来之后，就断了做手机的念想。

让事情发生变化的是联发科。这个做芯片的企业，成了另外一个基础设施的提供者。

联发科发现GSM手机用户市场巨大，很多小企业想做便宜手机，但研发能力薄弱。因此，GSM芯片是个巨大且高成长的机会。于是，联发科在2004年提出了一个GSM手机芯片解决方案。即"TurnKey"（交钥匙）方案。不同于高通等芯片厂商的"毛坯房"方案，联发科的"交钥匙"一上来便为手机厂商提供了"精装修"的打包方案：除了处理器和基带芯片，联发科还整合了Wi-Fi、GPS、FM和蓝牙等功能模块，甚至连应用也帮厂商做了，这直接导致当时手机制造门槛大幅降低。

有人甚至说，在华强北的档口，最少只要三个人就可以做手机：一个人研发，一个人采购，一个人销售。拿到电路主板之

PART ONE 价值

后，加上特色外壳、屏幕、键盘、电池，就是一部手机了。这个逻辑，其实和电脑城组装个人电脑差不多。早期的中关村，到处都是攒电脑的；另一个时代的华强北，到处都是攒手机的。

配特色外壳、屏幕、键盘、电池难吗？当然不难。这可是华强北啊！

1995年，深圳国际电子城专业市场正式开业。随后万商、大百汇和赛格等相继开业，华强北逐步成为中国南方最大的电子产品生产及批发零售中心。彼时混迹于华强北的外国创业者坦言："在硅谷需要两个月搞定的400个元器件，在华强北一天便能凑齐。"

面对饥渴的市场，华强北的创造性充分被调动起来。鼎盛时期，华强北每天推出3~5款新手机，按照3款/天的保守数字计算，华强北一年发布手机1000余款，超过地球上所有手机大厂新款的总和。

2006年，我第一次听说"山寨机"这个名词，特别好奇，专门跑去华强北参观。真的是灵魂被击中，就好像大学时第一次听到中国摇滚的感觉——那粗糙的现场、简单的配器、充沛的情感、发自灵魂的呐喊，拥有直指人心的力量。

眼前那些标价199元到499元的山寨机，价格只有品牌机的零头，做工粗糙、设计夸张，但功能却强大又野蛮：超长待机、双模双卡、大容量的TF卡（闪存卡）、4个摄像头、验钞功能、手电筒、激光笔、内置GPS、模拟电视接收等。几百元钱，集成了你需要的一切小工具，把功能价值给足。

甚至还有为佛教徒开发的如来佛手机。

这些匪夷所思的手机上骄傲地标记着：Made in SZ。

深圳的缩写和山寨的缩写一样，SZ。据说，这就是"山寨机"这个名称的由来。

山寨机这个名字还是挺神采奕奕的。中国人熟悉的水浒故事，就是讲占山为王、开立山寨的故事。

山寨的反面是正规军。在大家的初始概念里，手机的正规军就是有手机牌照的厂商。

1998年，中国出台《关于加快移动通信产业发展的若干意见》，开始给手机生产颁发牌照。当时，获得手机牌照的企业一共有38家。这个牌照有三大门槛：两亿元以上注册资金，连续经营两年以上，有研发能力和环保认证。

在这个门槛面前，华强北的那些企业，是没有机会成为正规军的。

手机牌照制度执行了9年，直到2007年才被取消。从此，更多的创业者才能成为正规军。然后才有了陈明永在2008年创办OPPO，黄章做魅族手机，以及雷军做小米。

不过，没有了资质门槛问题之后，作为一种模式、一种心态，山寨机仍然有其宿命：要么正规化，成为按照商业规则进行

PART ONE　价值

市场化竞争的企业群体一员；要么继续流寇作战，不断寻找秩序的洼地，在边缘市场生存；而更多的，则消失在了历史的烟尘之中。

我们来讲三个山寨机品牌的故事，分别是尼彩、基伍（G'FIVE）和传音。它们从同一个机会、同一套产业体系中萌芽，走到了一个三岔路口，摆在它们面前的，分别是骗子之路、白牌之路和品牌之路。

1. 尼彩手机的故事：邪不压正

尼彩最初不叫尼彩，它备案的名字是"频果4"。从这个名字，你就能感受到山寨的气质。

创办尼彩的两位核心人物，一位叫卢洪波，煤老板出身；另一位叫蒋德才，之前从事保健品销售和电视购物。

煤老板出身的卢洪波在进入这个行业时做了一个对比。他说："挖一吨煤才赚10块钱，小小的一部手机就赚10块，足够了。"

所以，"利润低"其实是一个门槛。在无数大厂看来，一部手机只赚10块，这事没法干。但他们没有遇到过从更低毛利空间里爬出来的人。

2011年，尼彩开了第一家店，名叫"尼彩手机工厂店"，打出的广告是"一台只赚10元"。

尼彩手机引发了千人排队的抢购潮。它看上去与iPhone 4外形相同，而且价格低廉，399元就可以买一部，因此让众多年轻人趋之若鹜。很快，尼彩开始推进"千城万店"战略，短短半年时间，便在全国开店突破1000家。

2012年，卢洪波的团队策划了公布手机成本价事件，把一部手机的所有电子元器件价格列出来，最后算个总价。比如，iPhone 4成本1200元人民币，小米成本1200元人民币，HTC的G15是500元人民币，三星S5839是600元人民币……当然，这里的价格都是硬件元器件价格。

这是卖煤的人才能想出来的主意——把一个科技产品回归原材料逻辑。

对于以原材料价格为价值皈依的受众来说，他们当然认同这样的定价模型。不成熟的消费者，在买手机的瞬间，意识不到手机背后还有品牌、软件系统、售后服务和长期研发投入的价值。这和把钻石的价值变成电钱有什么区别呢？

这可能是一个创业者是否有成熟价值观的问题。

有些新手创业者可能急于讨好用户，也没认真算过除了原材料之外的其他成本。但有些人可能明知道长期运营一家企业，要有品牌、软件系统、售后服务和长期研发这些投入，但是根本没打算做，因为他是骗子。

PART ONE　价值

价值故事

　　这就是企业价值观和企业经营状态的因与果。没有花成本去建设品牌、软件系统、售后服务和研发团队，就不会拥有这些东西。

　　在完全不建设"保障感"的同时，尼彩的市场拓展势如破竹。

　　尼彩另外一位创始人蒋德才所携带的保健品销售和电视购物的基因，迅速展现了出来。尼彩以保健品销售和电视购物的模式来卖手机，拉国内一线明星当代言人，在三、四线城市的市台甚至县乡台进行狂轰滥炸。"尼彩大大，面子大大""一台只赚10元"，疯狂的声音、魔性洗脑的广告词，在固定的时间节点循环播放，对用户心智进行饱和式攻击。

　　到2012年年末，尼彩在全国各地开了多达6000余家线下"工厂店"，创下了年销售额20亿元的行业神话，俨然成了中国著名手机品牌。

　　尼彩成了品牌的标志，就是它也被山寨了。一时间，在城乡接合部、县城乃至于乡镇，雨后春笋般出现了很多手机工厂店，有的甚至直接就叫"尼采"，与"尼彩"仅一字之差。这些山寨门店无不挂着"手机工厂直营店"的招牌，产品从99元到上千元，价格带很宽，款式众多。

　　为什么尼彩能取得这样的成功？真需求。

　　而面对如此广大的、渴望着自己人生中第一部智能手机的用户,甚至是渴望自己人生中第一部手机、第一部电话的用户,有些人的选择是好好对待他们,与这些渴望的心灵交朋友,有些人的选择则是骗他们。

尼彩的选择就是骗他们。

骗子能够成功,是因为他们能够抓住人内心的渴望,所以骗子可恨。而骗子无法长期成功,是因为骗是利用信息不对称,而互联网的存在能够消除信息不对称。如果没有互联网,还是20世纪90年代的信息流动速度,或许尼彩还能多骗两年。

尼彩从发端到巅峰用了两年时间,从巅峰跌下来,用时还不到两年。成与败的速度,都是网络效应的助力。

为什么尼彩跌落了神坛?因为它用伪价值去回应用户的真需求。

尼彩手机之所以能够扶摇直上,是因为用户对 iPhone 非常渴望。而把尼彩手机买回家,用户才发现,这仅仅是一台带触摸屏的功能机,硬件问题更是不胜枚举,质量差到绝不会有人再买第二次。

价值观决定了尼彩没有自己的研发团队,没有自己的实验室,甚至没有严格意义上的自己的生产线。毫不夸张地说,尼彩的崛起就是华强北的崛起。是华强北的模式与产能,叠加了电视购物的模式和市场的饥渴,快速促成了尼彩的规模。

与此同时,尼彩还进行了虚假的洗脑宣传,以为可以骗到用户。比如,尼彩宣传自己的手机可以免费上网 20 年,其实是让用户连上 Wi-Fi,这样上网就不需要流量费用了。

但是,我们要相信互联网。因为在追求信息对称的网络社会里，有规模的虚假宣传必被识破。然后，负面口碑必被网络效应放大。老话说，"坏事传千里"，在互联网时代，坏事不止传千里，还会传万年。

2013年，6000余家尼彩工厂店门口每天都排起长龙，不过人们不是来买手机的，而是来维修、退货、索赔的。卢洪波豪掷10亿元企图救市，终是无用。2014年6月，这个曾经要做"手机行业的疯子"的人，最后一次更新微博，然后没有了消息。

尼彩另一位合伙人蒋德才之后投资过大可乐手机。大可乐一度在京东众筹平台用25分钟众筹到1680万元。接着，这家承诺终身换机的企业快速倒下。

然后，蒋德才回到保健品行业，并抓住了微商的模式，用电视购物的套路在新的基础设施上成为一代微商大佬。他在2018年推出定位于女性消费社交电商的"闺蜜mall"。通过层层拉人头的巨额分佣模式，"闺蜜mall"只用了不到6个月时间，就获利3亿元以上人民币，数万人参与其中。

2018年11月，"闺蜜mall"涉嫌平台传销，被几十名山东代理商联合举报，公安部指定枣庄公安局查办。

2019年8月，法院下达判决书，蒋德才等被判刑，扣押涉案资金，退还非法所得。

至此，蒋德才凭借一己之力，把平台传销这种商业模式写进了刑法，供此后的微商引以为戒。

2. 基伍的故事：白牌的宿命

与尼彩的创始人不同，基伍手机的创始人是圈内人。

2003 年，张文学和他的四个兄弟在深圳开了一家手机零部件工厂，从手机壳做起，逐渐壮大为一家手机 OEM 厂商。2008 年，他们推出自有手机品牌基伍，并将注意力完全放在海外市场，在亚洲、中东、非洲和南美洲四大市场销售产品。仅用两年多时间，基伍便成为继华为、中兴之后第三个进入全球销量前 10 的中国手机品牌。

2008 年，张文学前往印度。当时印度市场上主流的三星、诺基亚功能机均价在 200 美元左右。而当时印度工薪阶层的月均收入大约为 100 美元。于是，张文学把基伍的零售价定在 80 美元以下。

印度市场还有很多特性，比如基站建设落后、网络信号不稳定、电力供应不稳定，等等。

基伍以华强北的速度，每周推出两款定价在 40~60 美元的低价功能手机，针对各种产品定位及价格区块大打机海战术。这些手机的功能类似于国产山寨机，例如长待机、双电池、多 SIM 卡、类比电视等机种。

印度当时有 11 个运营商，运营商网内资费[1]比较便宜，但网外资费可能会贵 3 到 4 倍，所以很多用户都有好几张手机卡，因

---

1 不同运营商之间的资费叫网外资费，相同运营商之间的资费叫网内资费。

PART ONE 价值

为开卡的成本很低。

基伍推出四卡四待的手机、超大容量电池等，都引起了市场的热烈反响。

基伍还会针对国外市场的当地风土人情做出调整。比如，针对中东市场的手机，内置可将《古兰经》翻译成 29 种语言的软件；针对非洲的某些市场，推出土红色带双喇叭的手机——这种手机可以很好地适配当地人的外衣颜色，而且可以让他们随时跟着音乐起舞。

低价，以及紧贴市场的功能优化，让基伍在 2010 年销量大增。知名研究咨询机构 Gartner 的市场调研数据显示，基伍 2010 年的总销量在 2500 万部左右，位列全球手机行业销量前 10、印度手机市场销量第一。

这是基伍的巅峰，接着，两面夹击来了。

一面的打击来自更低毛利空间的对手，更便宜的手机出现了。以低价为刃，必然引出更低价。

2012 年，张文学问《第一财经》记者："你知道目前在印度最便宜的 Feature Phone（功能机）卖多少钱吗？"

7.5 美元——这个数字在他看来已经触碰到了企业生存的底线："对于企业来说，这样的价格是没有办法做到的，但是在这个市场上，不是一两家在做这个事情，而是很多家。"

2013 年，他做了一个决定，不再参与低价竞争，而这就意味着要放弃原来的市场份额。一年内，基伍在印度的销量下降了70%。随后，基伍把重心逐渐转向了巴基斯坦、伊朗、缅甸等国家。

另一面的打击也来了，诺基亚和爱立信同时在多个国家对基伍提出了专利诉讼。从2012年到2016年，基伍的精力都花在了打官司上。

后来，张文学卖了股份，退出手机行业，基伍品牌也被授权给了国外公司。

而没有远走海外、继续盘踞国内的山寨机，死法和基伍也并没有什么不同。

2010年年末，深圳开启了为期6个月的"打击侵犯知识产权和制售假冒伪劣商品"专项行动。随后，广东省推行"三打两建"活动，即以打击欺行霸市、打击制假售假、打击商业贿赂、建设社会诚信体系和建设市场监管体系为内涵的专项行动，最终导致华强北山寨机市场大洗牌，3600余商户退出市场，有实力的山寨手机制造商则开启转型之路。

与政策打压一同进行的，则是以"华米OV"为代表、以产品力为导向的正规军的崛起。2011年，小米第一代手机正式发布，仅售1999元。山寨机的价格，品牌机的保障，小米模式就此开始。

PART ONE 价值

与此同时，随着山寨机市场的持续下滑，价格战成为压倒山寨机厂商的最后一根稻草。"大家为了拿订单便展开价格战，结果把自己玩死了，"一位山寨机制造商回忆道，"正所谓成也价格战，败也价格战。"

不过，直到今天，我还保留着几部打着 Made in SZ 标识的奇形怪状的手机，还会偶尔怀念那像夜市一样热热闹闹的场子，那接着腾腾的地气、生龙活虎的一群人。

3. 传音的故事：转型正规军

2006 年，曾经风光一时的"手机中的战斗机"波导颓势已显。曾任波导手机国际市场部负责人的竺兆江出走，创立了传音科技，主攻非洲、中东市场。

竺兆江选择非洲的原因很简单：他实地调研了 90 个国家，发现非洲的手机普及率相当低。有数据显示，2005 年，在非洲相对不发达的东部与西部，手机普及率还不到 5%。

2008 年，传音在非洲开局。时间与基伍在印度开局一样，路径也有相似之处——低价加本土风功能，再加性能优化。

当时愿意为非洲人做手机的品牌非常少，因为非洲付费能力低，运营商情况复杂且运营范围有限，供电不稳，各种问题层出不穷。是不是有点熟悉？这是发展中市场共同的痛。

国际大品牌有利润要求，有人员待遇要求，只愿意吃肥肉。

132

这种贫瘠、破碎的市场，价格要便宜，要双卡双待乃至四卡四待，要大电池……如果不是传音这种华强北企业，应该没有人可以提供这些。

接着，传音针对非洲市场做了贴身的优化。

非洲缺电、经常停电，就要求手机有容量巨大的电池。当时最新的 iPhone 12 电池是 2800 毫安，而传音手机的电池都是 5000 毫安起步，甚至有一款手机配备 6000 毫安的超大电池，可以待机 20 天。

由于非洲天气炎热，非洲人手上汗多，传音还开发了耐腐蚀涂层和防汗液 USB 接口。

非洲人喜欢唱歌跳舞，传音就开发出大喇叭、高音量的手机，当地人称"音乐不停我不停"。

其中最为人称道的，也成为传音专利技术的，是针对当地深肤色用户的拍照美颜技术。

传音发现，当时的大部分手机对肤色较深的人种都很难做到准确识别，尤其是在夜晚或者光线暗的情况下，手机摄像头没办法找到黑色的脸，无法准确对焦。同时，由于整体画面都偏暗，照片容易过度曝光，要么就曝光不足，拍出来的人像就是一个剪影。

于是，传音成立特别小组，开发针对深肤色用户的美颜技术。他们大量搜集当地人的照片，进行脸部轮廓、曝光补偿、成像效果的分析。与一般手机拍照时通过脸部识别不同，传音手机是通过眼睛和牙齿来定位，在此基础上加强曝光，帮助非洲消费者拍出美颜效果。

就这样，传音成为"非洲手机之王"。甚至有传闻称，在非洲送礼送一部传音手机，不亚于在国内求人办事时送出一部保时捷。

根据国际数据公司 IDC 的统计数据，2018 年，传音手机出货量 1.33 亿部，全球市场占有率达 7.04%，排名第四；非洲市场占有率达 48.71%，排名第一。

至此，传音在非洲的故事都好像与基伍在印度的故事如出一辙。

但是，我之所以单独讲述传音，是因为它虽然以草莽开局，却选择转型成为正规军。

2019 年，传音上市。根据招股书显示，此次传音募集资金的 1/3 将用于建设传音智汇园手机制造基地项目。该项目拟对以智能手机为主的多种型号手机产品进行扩产，提高资产比例。剩余资金将用于建立上海及深圳两个手机研究中心，以及一个移动互联网平台基地，目的是提升研发能力和服务能力。

上市是正规化的一个结果。传音做了很多山寨机不会做的事，比如抓售后服务、为专利付钱。

2009 年，也就是在非洲开局的第二年，传音成立了 Carlcare 售后服务品牌，成为第一个在非洲本地建设售后服务网络的外国手机企业。10 年后，传音旗下品牌在非洲、南亚、中东等地共有超过 2000 家专业服务网点，其中仅在非洲就有 1000 多家。

招股书显示，传音在 2016 年、2017 年、2018 年和 2019 年上半年的专利使用费分别为 1.53 亿元、3.17 亿元、5.01 亿元和 5.73 亿元。2019 年上半年，传音在专利使用费上的支出甚至高于同期的研发费用，在营业收入中占比约为 5.45%。

2023 年，我在硅谷和阿里云美国的朋友聊天，问他同一个生意在中国做和在美国做的区别是什么。他说，他来美国两年，最大的感触是：中国人来美国做生意，第一件事是学会付费。

我们在中国觉得不需要付费，或者付费会肉疼的大量事情，在美国都是天经地义要付费的。学会了付费，我们才知道该如何定价，因为要对内含的一切进行合理付费。我们是代表我们的整个利益链条在交易。

回到传音。传音上市之初发生过一段小插曲：华为起诉传音侵犯其著作权，索赔 2000 万元人民币。

根据后来传音发布的公告，这次侵权事件具体而言发生在一张壁纸身上。华为声称自己是美术作品"珍珠极光 Pearl 主题壁纸"的著作权人，而传音将这张壁纸仅简单调整色彩纯度后，便持续用在其开发的 HiOS 4.1 和 HiOS 5.0 系统预置壁纸中，并在发布会、网页展示、广告等宣传中使用。因此，华为以受到侵权为由，向传音索赔 2000 万元。

传音方面称，诉讼标的金额占公司目前资产总额比例为

0.1889%，占公司 2019 年上半年营业收入比例为 0.1904%，诉讼案件不会对公司未来生产经营产生重大不利影响。

但公告似乎没有安抚投资者。2019 年 10 月 8 日和 9 日，传音股价累计大跌 17%，市值蒸发 80 亿元。

当时看到这件事，我有两个反应，第一个是：唉，习气使然！我说的是山寨的习气。

把另外一家手机大厂的手机壁纸直接拿来做自家手机的宣传海报，这样的事，任何一个国际大厂都绝不会干。已经成为国际前 10 手机大厂的传音，不可能不做版权教育，但基层员工还是会就手方便，拿来主义，这就是习气使然。

就好像某个人群，导游完全不需要强调"不能随地吐痰"，这个人群就会有强烈的集体意识，绝不随地吐痰。

而另外一个人群，导游再三强调"不能随地吐痰"，还是会有人忽然向地上吐一口痰，被罚款了，才委屈加抱歉地说：哎呀，我忘了。

我的第二个反应是：传音和华为其实已经是合作伙伴了，华为为何还要起诉传音？

传音向华为、酷派等手机厂商受让了近百项专利，并已开始使用并应用于公司产品。在这种情况下，华为就壁纸事件提起诉讼，或许只是敲山震虎，华为剑指的，可能其实是非洲手机市场。

是啊，时代变了，今天任何一个手机品牌征战全球，对手都是中国企业。

长期以来，华为深度参与非洲通信设施建设，包揽了当地超过 50% 的无线基站、70% 的 4G 网络，以及约 5 万公里的光缆。既然在非洲积累了丰富的运营经验，而非洲智能手机市场又成熟了，华为没有不动手的理由啊（之后华为受到制裁，进入了新的故事）。

同时，2019 年年初，小米宣布成立非洲地区事业部。同年，OPPO 表示，鉴于非洲人口最多的国家尼日利亚趋于稳定的外汇汇率和众多的年轻人口，该公司决定拓展该国市场。2019 年 7 月，OPPO 成为非洲杯的首个中国赞助商，展示出对该市场的重视。同月，vivo 宣布其在中东和非洲市场的扩张计划，并将在该地区推出其最新的 Y 系列智能手机。

传音的招股书显示，传音核心技术专利共计 630 项，正在申请且受理的境内和境外专利合计 1655 项，其中受理的发明专利 1064 项。

同一时期，截至 2019 年 7 月，OPPO 的全球专利申请量超过 37000 项，授权数量超过 11000 项；根据小米的招股书，截至 2018 年 3 月，小米的专利储备包括 16000 多项正在受理中的专利申请，及 7000 多项已授权专利。

看到这组数据，不知道你是什么感觉，反正我觉得很开心，很骄傲。

PART ONE 价值

品牌的价值、客户服务的价值、知识产权的价值，所有这些，20 年前，中国企业集体无意识。现在，大家意识到了，于是开始了新的价值创造和价值积累。

中国企业开始走出原材料 / 劳动力模型，加入专利 /IP 模型的战场。

重要的不是今天拥有多少，而是开始了。

4. 山寨时代的赢家

从 2005 年山寨机蜂拥而出，到 2019 年山寨机几乎消失殆尽，这个品类存活了大概 15 年。

它留下了什么？谁是赢家？

第一个赢家当然是基础设施的提供者联发科。

凭借"交钥匙"方案，联发科一举晋身为世界前三 IC（集成芯片）设计厂商，仅次于德州仪器和高通，而联发科董事长蔡明介也被戏称为"山寨机之父"。

第二个赢家，是山寨机巨大的出货量养大的一套系统能力——中国电子供应链。

前面我们说过，一条产业供应链万里协同，是为了最后交付一个产品到最终用户手上。而手机这个年出货量数十亿部的超级产品，养大了中国电子供应链的整体规模。

彼时的山寨机供应链可以划分为三部分：

首先，联发科是整个供应链的最顶层，负责手机芯片的研发。

其次，手机方案商对手机软件和功能进行设计和定义，而凭借联发科的"交钥匙"方案，整个设计过程可以说不难。由于他们拥有软件/IP设计能力，产业链地位仅次于联发科。

最后，手机集成商负责外形设计，无技术无售后。

此外，联发科到手机集成商之间，还有一批元器件（液晶屏、功率放大器等）供应商和手机模具商。

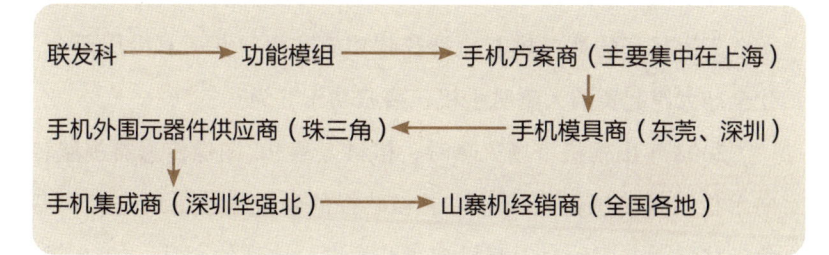

联发科 ⟶ 功能模组 ⟶ 手机方案商（主要集中在上海）
                                        ↓
手机外围元器件供应商（珠三角）⟵ 手机模具商（东莞、深圳）
↓
手机集成商（深圳华强北）⟶ 山寨机经销商（全国各地）

山寨机产业链

在这根链条里，钱在反向流动——山寨机向最终用户收钱，然后钱一层层向产业链前端返回，让整条产业链上的每个环节都得到滋养。

这就好像树叶在进行光合作用。成千上万的山寨机就是树叶，从空气中捕获碳，从而成就一棵树的不断生长。

山寨机谢幕，消失的是那些依靠市场饥渴而存在、没有自我积累的山寨整机和山寨机经销商们。而留下来的，是整个中国电子、微电子的研发生产供应链。

PART ONE 价值

除了 ODM、OEM 企业，中国的芯片级别研发能力也被这股市场浪潮哺育成型。

比如，双卡双待方案的提供者天珑移动，首次将两套 GSM 基带[1]、两套射频芯片做到了同一块电路板上，实现一机两卡，并可相互拨叫。双卡市场被引爆了，之后四卡四待绝杀印度与非洲，前端是基伍、传音，后面是天珑移动。

比如开关电路（SIM 卡驱动器）领域做得最大的艾为电子。艾为的多 SIM 卡驱动器 AW63×× 系列单芯片可实现多 SIM 卡的控制，相比同行更节省 PCB 电路板面积，一度占有 60%～70% 的全球市场份额。

艾为起家的第二枚芯片是音频功放芯片，并一直沿用至今。让全球大妈起舞的大喇叭手机，要归功于艾为。

2008 年山寨机市场火热时，格科微从 PC 图像传感器领域转向手机图像传感器领域。为了和硅谷的豪威科技形成差异化竞争，格科微专门针对山寨机市场开发性价比高的产品。2009 年，格科微占据了全球低端图像传感器超过 50% 的市场份额，并成为中芯国际最大的本土客户。

山寨机的背后，是全球用户对进入移动互联网时代的渴望，是当追求高利润的国际大厂不能满足这些渴望时，来自中国供应链能力的补位。

1　信源发出的没有经过调制的原始电信号所固有的频率带宽称为基本频带，简称基带。

正是因为市场的真需求，才有了中国电子产品供应链力量的群体崛起并持续发光，本土芯片供应链也开始星火燎原。同样的技术路线和产品路线在智能手机时代依旧适用，就连巨头高通也为普罗大众提供了类似的芯片解决方案 QRD。进入"华米 OV 传荣"[1]时代后，本土芯片遭遇了一段时间的压力，随后再次适应品牌时代，顺势成长。

最终的受益者是全球的消费者。

三、网红手机：产品主义的萌芽

在 21 世纪 20 年代，做个好产品，用创新开启市场，用极致体验打动用户，要宠粉，要取悦用户，已经成了共识。

而在 20 年前，中国还很少有人会这样想。比如上面的故事里，传统正规军有保障但没创新，山寨机有创新但没保障。

那么，中国创业者是从什么时候开始有了产品信仰，开始人均产品经理的呢？

从手机开始。

手机是过去 20 年的超级产品。小米手机做出了中国第一款百亿单品：仅在中国市场，一款手机，一年 100 亿元销售额。说的就是小米 1。小米 1 定价 1999 元，通过互联网直销，一年卖出 719 万部，创造了 126 亿元营业额。

1　前面提过的四个手机品牌及传音、荣耀。

PART ONE　价值

价值故事

从 2011 年小米 1 发布，到 2015 年，小米 1、小米 2、小米 3、小米 4、红米 1、红米 2，每款产品销售规模都突破千万部，每一款都是百亿单品。

小米以百亿单品，示范了把一个产品做到犀利可以产生的巨大威力。对于中国的创业圈，这是一次洗礼和启蒙。

产品信仰在中国开始的故事，可以看三家：魅族、小米、OPPO。

在此之前，几乎没有极致产品这个概念，魅族、小米、OPPO 做出了极具风格的犀利产品，带来了新鲜感和话题度，成了"超级网红"。

当时的网红现象，也引发了全网对"互联网思维"这个概念的讨论，一批产品主义者由此而生。

1. 魅族：把产品当作品

魅族故事的经典性在于，创始人黄章是拥有真实产品信仰的极客与工匠。他擅长在某个点上抵达极致，而他的问题是，不擅长驾驭复杂。

我们从三款产品来看这个企业的故事。

第一款产品当然是魅族手机的开山之作，也是中国的第一款网红手机——魅族 M8。

在开局的桥段里，魅族与 M8 的故事完全是一篇爽文。

魅族可以说是一个从互联网论坛走出来的品牌。

这个带着一丝杀马特气息的名字，在江湖上登场亮相的方式，是在一个专业论坛里发了一个帖子，说会有一家叫魅族的公司发布 MP3 产品。

然后，2003 年，魅族的 MP3 产品几乎与魅族的论坛同时亮相。论坛里有一个叫 J.Wong 的网友，每天都会发帖回复用户。这个 J.Wong，就是魅族的创始人黄章。

黄章没有上过大学。底层人物的挣扎大抵相似。黄章迷恋钻研电子，据他自述，口袋里有 10 元钱就敢花 7 元钱去买个无线电设备，他还拆过村里的第一台电视机。16 岁就离家闯荡的黄章干过很多活儿：做过厨师，做过 VCD，做过 MP3，然后创办魅族。

2003 年，中国网民总数 7900 万人，宽带还不普及，网速极慢。当年 5 月，淘宝网成立，京东商城要到第二年才有。那个时候，会上网，且会找到一个数码论坛发言讨论的，都是发烧友。能够在那个时候把自己公司的网站做成一个发烧友论坛，且亲自当版主天天发帖，只能说明一点，那就是老板本人是"真·发烧友"。

魅族创办的第二年，做出了魅族 MP3 的第一款代表作——E2 随身听。这款随身听拥有 10 级、多达 999 色连续色阶背光调节，是第一款可由用户自己更换金属外壳的 MP3，也第一个加入了 txt 电子书功能。

今天基本人人拥有智能手机的幸福孩子们，应该难以理解

PART ONE　价值

E2 当初带来的震撼。

E2 推出后，许多中小学生发现，这个 MP3 在听歌之余，还可以用来在课堂上看电子书，不容易被老师抓到。于是，在当年中小学的课堂上，你能发现不少或躺在手心里，或藏在课本后的 E2，上面一行行小字滚动的是《诛仙》《光之子》……

之后，魅族 E3 和 miniPlayer 等优秀 MP3 产品相继面市，魅族成为国产 MP3 销量冠军。2006 年，魅族年销售额超过 10 亿元。

我们在前面谈到过，功能价值必然走向整合。2005 年三季度，新上市的手机产品中，音乐手机比例已超过 50%。MP3 必然被手机吃掉，这一点，黄章看到了。

2006 年年底，黄章透露了转型做手机的想法，魅族员工的第一反应是吃惊。当时魅族的厂址还在珠海郊区的南屏镇，上下只有几十名员工。他们自我评估，公司还不太具备做手机的实力。

当然，华强北只要 3 个人就可以做手机。但黄章要的是他自己喜欢的手机。他要"做出我喜欢的产品，然后把它卖给同样喜欢这个产品的人"。

在被乔布斯的 iPhone 所提供的触摸屏体验点燃，而安卓系统还没有发布的 2007 年，做一款体验好的触摸屏手机难度极高。这一时期的工程攻关，有兴趣的朋友可以自行检索。

一位网友记录了他在魅族论坛用两年时间蹲守 M8 手机诞生

的过程。[1] 文中的 JW 即 J.Wong，也就是老板黄章。而 My 是魅友的拼音缩写，是魅族粉丝的自称。

  论坛上第一次提到魅族要做手机是 2006 年。某代理到珠海魅族总部去探访，而且带回了 M8 的谍照，那时应该是论坛上第一次放出 M8 的清晰照片。当时这位代理除了带回了 M8 谍照，还说到黄总有意进军手机行业的设想。

  半年后的 2007 年 1 月底，JW 在论坛公布魅族 M8 的手机计划，并且放出设计图。

  2007 年 4 月，第一台手版 M8 照片放出。

  2007 年 5 月—2008 年初，中间经历了太多太多，包括 M8 边框由不锈钢改成铝合金，UI 的几次修改等和伴随着无数的质疑声，但是始终相信 JW 的一句话：等 M8 出了，光芒射死你们

  2007 底 2008 年初，JW 放出了 M8 主板图，M8 改为三键。并且得知 M8 将在 3 月德国 CeBIT[2] 展出。

  2008 年 3 月 5 日，CeBIT 开展，网友发回批量 M8 三键版的照片，论坛当天几乎挂掉。并且发生了比较激烈的争论，讨论上市版是否使用三键。

  展出期间传回魅族站台被查封事件，起因是意大利

---

1 下面的引文保留了其原始面貌，包括部分文字、标点和语法错误。
2 全球最大的信息和通信工程类展览会。

PART ONE 价值

价值故事

SISVEL 公司[1]单方面认为魅族公司 M8 产品的音乐铃声采用了 MP3 格式而向德国警方申请查封令。

展出之后 M8 也历经了一段沉寂，只有 JW 在和 My 们不断交流。

2008 年 7 月，魅族 M8 论坛开始申请内测，虽然名额有限，但是报名异常火爆。内测期间，少有 M8 的测试消息，但是论坛上的 My 们仍然是千方百计捕风捉影窥探到内测区中的消息。

2008 年 11 月，第二批第三批内测陆续开始。

2009 年 2 月 18 日，一个值得庆祝的日子，M8 正式版上市！仅仅两个月，销量就已达到 10 万部，5 个月后，销售额突破 5 亿元。

2009 年 2 月，魅族 M8 发售，魅族专卖店排起购机长队。据说一位魅族爱好者转战了 4 个省，倒了 3 趟火车、1 趟汽车，从安徽阜阳赶到山东临沂，就为了尽早买到 3 台魅族 M8 手机。

为什么？

因为这是他们从 2007 年 1 月就开始蹲的产品，从最初的设计图、手板[2]到边框、UI、主板、按键，无数次刷论坛，等更新，等新物料放出，发表自己的观点，与人 battle（论战）……

---

1 意大利的一家专利运营公司，在音乐格式专利，特别是与 MP3 相关的知识产权方面扮演重要角色。
2 指手工做的样品。

每个节点他们都参与了。

在今天这个即时满足的过剩时代，很多人都没有尝过那种叫作"等待"的幸福，也就无法体会那种在等待和陪伴中发酵的情感。

爽文桥段之后，我们来谈魅族的另一款手机——魅蓝 5。

时间到了 2016 年。从 2009 年魅族 M8 发布，已经过去了 7 年。7 年间，手机市场的变化是什么？

从 2011 年到 2015 年，有 6 亿用户购买了他们的第一部智能手机。而小米靠"年轻人的第一部手机"这个概念，吃下了最多新用户，登顶成为中国手机的销售冠军。这之后，新用户变少，智能手机的购买理由，变成了"换部更好的"。

手机战争的历史早已翻过一页。塞班时代的豪强们多已谢幕，"中华酷联"换成了"华米OV"。在"换台更好的"这个需求之下，高溢价的旗舰手机研发投入成为各品牌的重点。

HTC 只剩下 M 系列，三星也把主要精力放在了中高档的 S、C 系列上，华为推出代表作 Mate 系列进入高端领域，缩减低端机型，分拆到子品牌荣耀里。小米手机每一款都要配备最新的科技，走量的任务交给了红米。

曾经第一款手机 M8 磨了两年、第二款手机 M9 又磨了两年的魅族，在 2016 年开始机海战术，以入门级魅蓝、中端 MX、高端 Pro 并列的三条产品线，一年时间共开了 11 场发布会，发布了 14 款新产品，其中仅后半年就发布了 10 款——没有一个

PART ONE 价值

爆款。

魅蓝 5 本来承担了在"双十一"创造销售奇迹的预期，但是它碰到了红米 4。二者价格完全一致，而在硬件层面的硬对硬 PK 上，魅蓝 5 完败。

红米 4 采用了高通处理器、4000 毫安电池，支持红外线，甚至高配版还使用了 1080p[1] 的屏幕，而同样售价 899 元的魅蓝 5 高配版却还在使用 720p 的屏幕和联发科的 MT6750 处理器。

要知道，魅蓝 3 和魅蓝 3s 都采用了联发科这款入门的处理器，到魅蓝 5 的时候竟然依然没变。都不必说拍照不入眼、黄章知名度和公信力远低于雷军等因素，作为同价位手机，只是看一眼参数，就不得不说魅蓝 5 被红米 4 绝对性碾压。

产品做成这样，不能说生不逢时，只能说魅族过度低估了竞争的强度。

然后我们来讲魅族故事中的第三款手机：冲击高端的魅族 Pro 7。可以说，正是这款手机压垮了魅族。

有人说魅族是珠海倔强小厂。在 2017 年的时候，这样一家小厂想出一款高端手机，是一件滑稽的事情。高端手机只有掌握核心技术的苹果、三星、华为可以做，其他品牌只能做入门款和中档货。

1　p 指逐行扫描，可以理解为垂直方向的像素数，用来描述屏幕的分辨率。

当时，我其实非常期待黄章最终会拿出什么。

2013 年，MX3 上市时，魅族曾这样介绍："为了寻找 MX3 最佳的手握弧度，黄章亲自打磨了 31 个木制手板，又为了 0.07 毫米的样机误差，耗资百万重做模具。"

这样的人，应该会做出点不一样的东西吧。

但其实我们都心知很难。因为**仗打到这个规模，所依赖的早已不是匠心与灵感，而是系统能力——从供应链系统，到市场系统，这就需要驾驭复杂**。

而黄章不擅长驾驭复杂。

M8 闪亮开局之后的第二年，2010 年，黄章退出公司的日常管理，住在位于半山腰的家里，据说每天听音乐、泡论坛，在无休止地钻研 MX 的硬件和 UI 设计中过了 4 年。在他 2014 年重新出山之前，魅族很多新员工都没见过他。

2010 年 10 月，乔布斯公开批评 M8 抄袭 iPhone，苹果向广东省知识产权部门要求停止销售魅族 M8。

黄章当时在论坛上讲："M8 被苹果通过相关部门要求停产，让我感觉到民营企业要做大几乎没希望。"

不知道说这话的时候，他心中是否还存有魅族 M8 展台被查封事件的阴影。

M8 在 2010 年 12 月正式停产，累计销售约 100 万部。

而第二年，也就是 2011 年，小米 1 发布，微信发布，移动

PART ONE 价值

互联网的时代开始了。

2012 年，魅族出货 100 万部左右，小米出货 719 万部；2013 年，魅族出货 200 万部，小米向 2000 万部的目标狂奔。

中国有 10 亿用户没有智能手机，而他们都想要。小米范式红灯照路，各路人马一起涌入学习，资本疯狂下注，中国智能手机的造机热开始了。

新厂入局，最容易的选择，就是挖熟手。2014 年，魅族的高手、熟手几乎都接到了猎头的电话。

魅族前 12 大股东中排名第一的黄章拥有 49.08% 的股份，其余 11 位都是机构投资者，而早期跟随他的几位核心高管几乎都不持股。魅族一共 1400 多名员工，骨干、熟手就那些人，都暴露在魅族论坛上。在这股造机狂潮中，一家挖走几个，魅族这个公司就可能瞬间瓦解。

在这样的背景下，2014 年，黄章回到他已离开 4 年的办公室。

归来的第一时间，黄章做出三个决定：扩大产品线，引入外部投资，拿出 20% 的个人股份启动公司员工持股计划。决定得到了迅速落实。2015 年，魅族拿到阿里巴巴 5.9 亿美元的投资，接着开启机海战术。

2015、2016 两年，是中国智能手机市场最后的增量时代，之后就玩起了漫长的幸存者游戏。2016 年，华为终端 CEO 余承东预言，未来 5 年，绝大部分国产手机厂商会死，最多只能剩下

3~4家。

2016年6月，魅族被高通告上北京知识产权局，索赔5.2亿元，原因是魅族拒绝交专利税。与高通交恶，导致魅族无法继续使用已经占领用户心智的高通骁龙处理器。

2017年，魅族推出其高端旗舰机Pro 7，起售价高达2880元，顶配的Pro 7 Plus售价更是达到了4080元。在这样一个"无高通，不旗舰"的大环境下，绝大多数智能手机厂商在高端旗舰领域均放弃使用联发科芯片。因此，魅族成为唯一将搭载联发科芯片的机型卖出超过4000元高价的厂商。

我们在前面说过，最贵的东西是共识。

魅族在挑战市场共识，要命的是并无绝招。这款产品有很多优点，比如精致、手感不错，等等，但老魅友都吐槽说"不值"。于是，Pro 7又成为市场上降价最快的手机，而上市短期内便降价，伤害了第一时间支持魅族的那批最忠诚的用户。随之而来的连锁反应是，Pro 7积压了几十万部的库存，不管是团队士气、公司元气，还是网络人气，都严重受创。

2018年，魅族的一家代工厂破产，当时非常畅销的E3无法转到其他工厂，只好停产……

魅族为产品主义做出了最初的示范："做一款自己喜欢的东西，然后卖给喜欢的人。"直到今天，我都觉得这句话熠熠生辉。

黄章当然是一个值得被记录的产品经理，由他开创的"打开产品研发过程，让重度粉丝参与"的模式，后来成了无数企业效仿的滥觞。而黄章死磕细节做出的 M8、M9 等魅族老旗舰机，靠特性打动人，积累了真情实感的网络口碑和话题度，应该说是中国第一代网红手机。

但是手机市场太大了。产品能力只是竞争的第一程，在接下来的供应链能力之争里，魅族从未建立优势——在代工厂的管理上出现重大失误，与高通等关键资源未能建立战略协同。

而当手机战争进入下半场，变成拼资源的大军团作战时，魅族的能力模型已经完全不足以支撑。

2019 年，珠海国资委取代黄章成为魅族最大股东。黄章在魅族论坛表示，"如果可以选择，我不想做大股东，太累"。

2021 年 2 月，魅族发布内部信，宣布 CEO 黄章卸任。彼时，魅族的市场份额仅剩 0.1%。

2022 年 6 月，魅族被吉利汽车收购。

2. 小米：网红范式

小米是一家曝光度和传播度都超高的企业。原因无他，创始人擅长。

有关小米的故事已被讲述得太多，出于案例的完整性考虑，我在这里做个简述。

2009 年，40 岁的雷军创办小米。2011 年，小米 1 代手机发售，取得现象级的成功。成为"爆品战略""饥饿营销""互联网思维""颠覆式创新"等诸多创新理念的经典案例。

2014 年，小米登顶中国手机销售榜第一，并进入全球前三。

作为上规模之路必过的关卡，小米同样遇到了黄章遭遇的供应链难关。区别是雷军并未假手他人，而是亲自从零学习供应链，并跨过了此关。而之后的地图里，魅族未曾走过的全球化之路，小米也完成了跨越。

2017 年，走出低谷期的小米实现再一次增长，并于 2018 年在香港 IPO（首次公开募股）。2019 年，小米成为世界 500 强。

2021 年，雷军宣布造车。2024 年 3 月，小米汽车发布，再次成为超级热点。雷军的个人微信指数超过肖战、王一博等娱乐圈顶流。

小米和雷军被如此关注，首先固然是因为小米手机的成功，但除此之外，小米公司及雷军本人一直在持续对产业做思想输出和方法论输出，对中国创新创业圈也影响至深。

这里，我们来谈影响最大的小米产品方法论，以及由小米开创并示范的网红范式。

易到用车创始人周航 2017 年去参加小米生态链的会议，他发现，每个生态链企业上台后都会说："我们要像素级复制小米。"

什么是像素级复制小米？

就是放弃惯性动作，甚至放弃思考，学习用小米的观念与尺度去全面衡量当前的业务，进行全面校准。

PART ONE　价值

当时的小米有 100 多家生态链企业，其中不少已经达到独角兽规模[1]，已是成功的企业。但这群老板们上台后纷纷讲的是什么呢？每个人讲的都是反思：我们哪儿学得不到位，哪儿自己动了歪脑筋，哪儿还做了变形……

那种感觉几乎是虔诚。

有点像是开了几十年私家菜馆的老板去麦当劳学厨。眼前的所有食材，他都认得，都处理过，都曾经做熟、调味、摆盘，然后卖出去，被消费掉。靠当下的手艺，他早已足够生活。那他去麦当劳学什么呢？学做减法，学做基础款，学做规模。

这些生态链企业去小米学的也是同理：学做减法，学做基础款，学做规模。

我们评论一个人做产品喜欢做加法的时候，会说："哎哟，好强的作品意识。"

前面说过，产品和作品不一样。作品是表达自己，产品则是为了从市场拿回分数。

但实际上，人会容易管不住自己的手。就好像你爱上一个人，总会迫不及待地掏心掏肺对他好，都没来得及看清他到底需要什么。

比如，有家企业做手机，把自家董事长的照片设为开机画面。这其实就是作品意识——我拿出了我觉得最好、最真诚的东西，请你欣赏。

---

[1] 指独角兽公司的规模，即估值超过 10 亿美元。

可是，什么才算真正的作品？我们容易想到的都是大师的作品，像毕加索、凡·高的作品，但纵观整个人类历史，大师只有那几个。

所以，小米的重要方法论是：不要发挥，你自我欣赏、觉得真诚动人的东西，可能只会让人尴尬。

回到本质，做出最强的基础款，就是最犀利的锋刃。

麦当劳的巨无霸汉堡，就是最强的基础款。

任何一个品类，基础款一定是最大公约数。如果做不好基础款，却想通过做加法、做花活捞偏门，收割一些小众用户，企业或许也能赚到钱，但无法成为这个品类的核心。

雷军最初看到 iPhone 时说过一句话：iPhone 和传统手机本质上的差别是，iPhone 实际上是电脑。

所以，他决定做手机时，思考也很简洁，就是把手机当电脑做。

过去 30 多年，电脑市场上最有效的招数其实只有两个：高性能、高性价比。因此，雷军在手机江湖亮相的方式是：性能高一倍，价格砍一半。

小米 1 代采用双核 1.5GHz 高通芯片、1G 内存、4 英寸屏幕、800 万像素摄像头，待机时间 450 个小时。

十几年后的今天，看这样的配置可能没什么感觉。但在 2011 年，这样配置的智能手机价位基本都在 4000 元左右。

为了增强用户的直观感知度，雷军在发布会上拿出几家手机的配置和跑分[1]进行横向对比，接着放出 1999 元的价格。

那一瞬，满屏尖叫，台下欢呼如沸。

这里需要再提一下魅族。我们可以看到，魅族在发展后期才能拿到的高通芯片，小米从第一天就在用——这就是生而不同。

此外，小米在成立之初就引入了高通投资，让高通成为小米的股东。一直到 2018 年小米上市，高通依然是小米的几家核心基石投资人之一。

所以，如果说魅族黄章是硬件发烧友的圈内人，那么小米雷军则是产业的圈内人。

我们再看小米生态链的第一个产品——小米移动电源。

2013 年，小米已经有了 1.5 亿成熟且活跃的用户。雷军做过电子商务网站，当然深知如此规模的用户池的价值。小米生态开始探索，最早确定的是手机周边。第一个决定做的产品，就是移动电源。

移动电源的核心是三个部件：电芯、电路板和外壳。

第一个，电芯。当时的移动电源，用山寨电芯可以做到很便宜，用高品质的电芯价格则非常昂贵。

2013 年，小米的合伙人之一刘德注意到一条信息：IDC 和

---

1 指对手机性能的测评分数。

Gartner 两个市场调研机构同时宣布，联想集团成了全球最大的笔记本电脑供应商。也就是说，除了联想，全球其他主流的电脑厂商都在萎缩。

刘德和雷军聊起这件事，雷军立刻说："咱们的移动电源用 18650 电芯。"

笔记本电脑市场萎缩，那么市场上最常用于笔记本电脑电池的 18650 电芯必然会有大量的剩余。这种电芯性能优质，技术成熟，产能充沛。

开创性使用 18650 电芯，确保性能高于对手后，小米电源开始死磕金属外壳，因为金属外壳可以给用户直接的质感体验。

2013 年，有人提醒当时市场上的两家头部移动电源公司，小米要进入了。

这两家的反应都是，我们的行业很特殊，小米进来只会被秒杀。当时他们的旗舰产品为铝合金外壳，6000 毫安，售价 199 元。

2013 年年底，小米移动电源发售，铝合金外壳，10400 毫安，69 元。

性能高接近一倍，价格不到一半。所有移动电源公司都哭了。

小米移动电源第一年卖了 2000 万个。小米一举成为全球最大的移动电源出货商。

这就是当年周航看到的，一群已然成名的江湖高手去小米生

PART ONE　价值

价值故事

态学习的东西。[1]

观察小米和小米生态的成功路径，我们可以看到一个清晰的增长飞轮。事实上，从 2011 年到今天，所有的网红企业都在效仿这个飞轮，区别只是学到多少而已。

小米开创的网红飞轮共有三层。

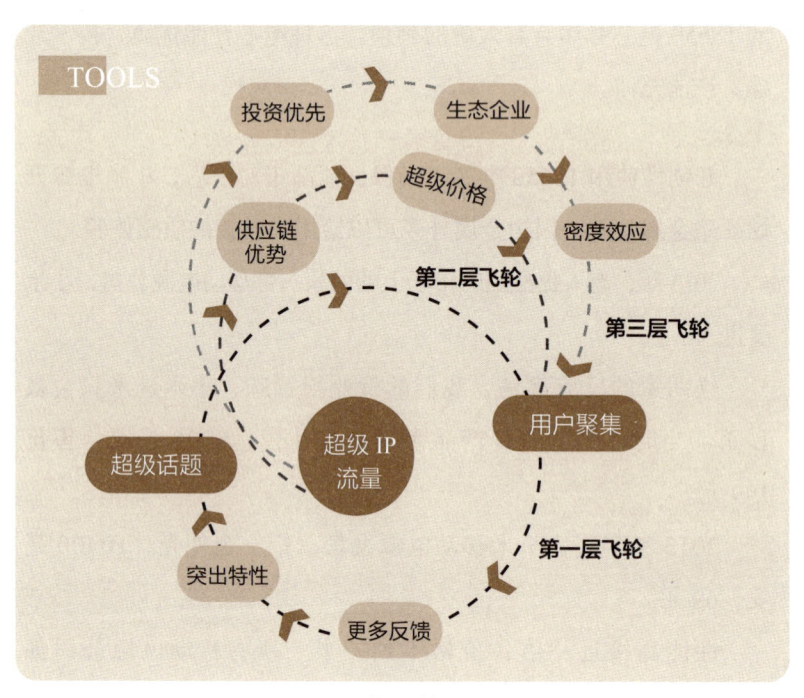

TOOLS

投资优先　生态企业
超级价格
供应链优势　密度效应
第二层飞轮
第三层飞轮
超级 IP 流量
超级话题　用户聚集
第一层飞轮
突出特性
更多反馈

网红飞轮

---

[1] 发散一下，造车新势力代表人物李想，做出一款奶爸车——理想 ONE，其核心思路万殊一辙：在一个超大赛道，采用被大厂打磨好的成熟供应链、成熟配件，做某品类的最强基础款。而李想自己曾谦虚地表态，他认为，10 年之内，用户不会为了"理想"这个品牌付费，所以理想汽车卖的就是产品力：性能高一格，价格砍一半。品类无敌。

飞轮的第一层，是第一个网红产品（或者个人）的飞轮，由个人的独特表现带来的新鲜感，引发超级话题。然后用户聚集、围观、打卡、消费。接着，用户反馈，然后根据用户反馈继续强化、突出特性，继续引发话题。

近几年的短视频网红，依然遵循着这一套路。

比如，健身网红刘畊宏，因其特性引发话题，引发关注，接着不断地根据反馈秀出新的健身玩法，让用户持续有新鲜感，持续聚集。

而有些网红则惊艳亮相，瞬间引发话题，但后续却不能持续根据反馈搞出新花样，于是飞轮就不能闭环，网红之路也就止步于此。

飞轮的第二层，是企业因为获得了关注度与用户量，在供应链侧拥有了包括议价权在内的种种优势，然后推出更有价格竞争力的产品。因为拥有了超级价格，所以企业可以聚集更多用户，进一步强化优势。

你会发现，近几年做电商带货的大网红，都在走这条路。进一步再看，你会发现得到 App 其实也有同样的飞轮。

罗振宇自己转动了第一圈。2012 年，罗振宇推出视频节目《罗辑思维》，聚集了大量的重度用户。他不断根据反馈做新内容，成为当时最头部的知识网红。

接着，他跟合伙人脱不花、快刀青衣一起推出得到 App，转动了飞轮的第二圈。他们打造了知识服务的供应链，与一批各个专业的头部老师合作，把以前要花很多钱才能听到的线下课以

PART ONE 价值

99元的超级价格推出，引爆了知识服务这条赛道。

小米的第三层飞轮，能做到的企业就不多了。

因为有产业关注度、用户池，以及供应链侧的优势，所以小米在相关性项目上有投资的优先权，并且有更高的项目议价权。

比如，小米投资的企业，可以复用小米的经验、流量、关注度、供应链优势，甚至可以请雷军直接带货。

到2020年，小米就已经投资了400家公司，其中有11家成为上市公司。

关于小米这家企业，有一个有意思的话题："小米"和"雷军"这两个IP，哪个更大牌？

当然是"雷军"更大牌。

我们可以用"小米"和"雷军"这两个IP来回顾一下之前讨论的"网红""老牌"和"大牌"几个概念。

你会发现，如果没有造车这件事，小米的IP其实正走在从"网红"到"老牌"的路上。

十余年前刚发布时，小米是妥妥的"网红"，浑身都是创新和锐气。

面对饥渴的市场，小米示范了专注做好一个产品所产生的巨大威力。那时的小米，非常有冲击力，或者说话题性，因为它点燃了市井雄心。我记得，那时几乎每个来找我聊的人，都说自己要做个××品类中的小米，比如"女生护肤品中的小米"。

十几年过去了，智能手机市场的饥渴早已被满足，身边的朋友们也没有了每年都要换手机的那种尝鲜欲。手机这个品类自身的新鲜感和话题度，几乎已经没有了。

而小米就像雷军欣赏的同仁堂，能够给用户保障感：买小米产品，不用担心被收智商税，售后服务一定有保障。这正是"老牌"的风范。

那么，小米 IP 为什么还不是大牌呢？

首先，小米手机产品没有形成自己的辨识度——将小米 1 到小米 11 一字排开，几乎看不到设计语言的连续性。没有辨识度，就没有彰显性。

其次，雷军对智能手机最初的洞察是"iPhone 实际上是电脑"，而电脑是工具，所以，小米对待手机一直是工具思维。可是，今天的手机早已成了玩具。孩子会对自己的玩具产生感情。感情、情感的偏好性，才是品牌的力量所在。

但是，雷军这个 IP 是大牌。

你会发现，雷军这个人有着强烈的辨识度和一致性。

他的思想、主张，在一个很大的圈子里有着真实且强烈的认同和共鸣。

所以，小米的独门绝技就是小米飞轮 + 雷军，这是别的企业所无法效仿的。

如果总结小米给中国产业的贡献，可以说，除了启发了一批创业者，把"产品为王"唱到深入人心，小米还有一样成就值得被书写——它和它的生态链企业，用它们的最强基础款，为产业标准构筑了一条红线。

有人说，追求极致性价比的小米，会毁了整个中国的创新，因为极致性价比就意味着没有利润，企业就不会有能力做高额的研发投入。

而雷军自己认为，小米的存在反而能够促进各行各业的健康创新。

前文讲过，以小米、红米为代表的一批高配低价品牌手机，接住了钱包不那么鼓的消费者的需求，从而让山寨机消失，这是良币驱逐劣币。

以此类推，品质不如小米、设计无美学可言、价格还要比小米贵的企业，在这个互联网消除了信息差的时代，有什么活着的理由呢？

正因为有这样一批提供了最强基础款的企业，在质量、价格、设计上构筑了行业的底线，所以后来者只有拥有更好的性能、更优美的设计、更动人的体验，才能拥有差异化的溢价和生存空间。

这才是新国货应该有的样子。

3. OPPO：玩具思维

一母同胞的OPPO、vivo和一加都是好案例。因为篇幅有限，我们这里只谈OPPO。

魅族、小米和 OPPO，可以说是同一个时代孕育的三个孩子，它们分别用不同姿态回应了功能手机更换为智能手机的时代需求。

1976 年生的黄章做作品，同为 1969 年生人的雷军和陈明永，一个做工具，另一个做玩具。华为手机的掌门人余承东也是 1969 年生人。

前文提到，小米用做电脑的思路做手机，以"性能加一倍，价格砍一半"的绝杀招数血洗了市场，并领导小米移动电源等生态链企业，以价格为刃，杀入各种各样的红海，重构了多个品类的基础样貌。

当时有一家小米生态链企业说过一句话："我不是来竞争的，我是来清场的。"

而 OPPO 的每个动作都站在了小米的反面。

小米手机高配低价，售价 1999 元。

OPPO 手机低配高价，售价 3000 元+。

小米不打广告，不铺线下渠道，不花一分多余的钱，只为了把价格之刃锻造得极致锋利。

而从 2011 年开始，OPPO 的广告几乎占据了当时国内所有收视率最高的电视娱乐节目——湖南卫视的《快乐大本营》《天天向上》，江苏卫视的《非诚勿扰》，东方卫视的《中国达人秀》，等等。OPPO 的线下渠道更是铺到了每一个县城的每一条商业街，售卖点超过 20 万个，即便是在鹤岗这样的城市，也有 5 家

PART ONE 价值

线下门店。

小米高调、犀利，常说的话是："把自己逼疯，把别人逼死。"雷军是公认的中关村劳模，30 年如一日，每天工作 16 个小时，十八般武艺样样精通。

OPPO 平和、低调，企业的故事中好像没有什么戏剧化的跌宕起伏。就是一个平平无奇的优等生，按部就班上学，按部就班考试，没有跳过级，也没有开过挂，一直稳定地拿到好成绩。

如果只讲一款 OPPO 的产品，我会选择一款老产品：2016 年的 OPPO R9。它被称为一代神机。

2016 年，OPPO 推出 R9，上线 80 天销售 700 万部，最终全年销售 2000 万部。在年底的统计数据里，2016 年中国手机市场销量的 TOP 5 分别为 OPPO 第一、华为第二、vivo 第三、苹果第四、小米第五。R9 的成功，为 OPPO 销量夺冠立下了汗马功劳。

如果再看一下当年的市场数据，2015 年，全球手机销量增长 10.1%，而 2016 年，全球手机销量增长只有 2.3%。

为什么增长放缓了？因为从功能手机到智能手机的换机潮结束了。

这一时期，大部分人已经有了人生的第一部智能手机。手机市场进入了存量市场。就在这个市场阶段更迭的时刻，出货量从来都跟在小米身后的 OPPO 和 vivo，实现了弯道超车。

为什么？这有点像买羽绒服。第一件羽绒服，大多数人都会选最强基础款。但如果再买第二件、第三件，所求的就不只是功能了。

神机 R9 有什么特点呢？

首先，它用联发科芯片；其次，它卖 3000 多元的价格。

所以，这个产品案例跟在魅族和小米后面，就很有趣。

在魅族的案例里，我们知道魅族因为万年联发科而被吐槽、被鄙视、被抛弃，而小米凭借雷军的纵横捭阖，起手就上高通的骁龙芯片，引发全场尖叫。

但 OPPO 的一代神机 R9，用的还是联发科，而且还把配备联发科 P10 处理器的手机卖到了 3000 多元钱的价格，经典的低配高价。

要知道，其他用联发科 P10 的魅族、小米等，都只敢在千元的价位上下徘徊。为什么 R9 可以贵一倍还多，而且还成为爆款？

这首先是工具思维和玩具思维的差别。

魅族、小米都是工具。工具讲求性价比。而性价比只有在推动交易、决定成交的一瞬间有力量。此后，在持有和使用工具的所有岁月里，当初的性价比都不会再给用户制造任何幸福感。

而 OPPO 是女孩子们的玩具。玩具更在意的，是无数次触摸、无数次使用中的那些小感觉。

R9 做了一个创新，把 1600 万像素的 CMOS（图像传感器）装到前置摄像头，而后置摄像头只有 1300 万像素。OPPO 是最早把前置摄像头的像素数做得比后置还高的厂商。

仅这一项，就打动了上千万喜欢自拍的女用户。

要知道，其他所有手机，当时前置摄像头基本上都是 800 万甚至 500 万像素。

此外，R9 还是第一款上市即支持支付宝和微信指纹支付的手机，而这件事小米近一年后才开始做。

接着，R9 推出 VOOC 闪充。"充电 5 分钟，通话 2 小时"这句广告词，瞬间击中无数人的心。而真正用起来之后，我只想说一句话："之前用过的所有充电器统统都是垃圾……"

然后，我们回到使用联发科芯片的问题。同样使用联发科芯片，为什么魅族会被自己的用户群嘲，而 OPPO 却完全不受影响？

因为魅族从一开始汇聚的就是发烧友。发烧友人群是魅族的核心圈与基本盘，而硬件崇拜是发烧友的特征。所以，当魅族无法满足发烧友硬件崇拜的需求时，他们的关系就无法维系，核心圈也会解体。

而 OPPO 一开始的定位是音乐手机，很快又转向了拍照手机，接着确立了以自拍为主打。此后 10 年，OPPO 一直在拍照这个模块深耕，搭建起了很高的技术门槛。

女性群体是 OPPO 的基本盘。而这个群体里，很少有硬件崇拜者。即使有发烧友吐槽 OPPO 采用联发科芯片，女性群体其实也不太在意。她们甚至不太会接触到发烧友的信息。

在这里，我要问个问题：

> QUESTIONS
>
> 手机用最新的、性能最高的芯片，到底是用户的需求，还是高通等芯片企业的需求？

事实上，我们几乎没人有机会把手机的 CPU[1] 性能用满。

2012 年的某天，我和一个朋友用 iPhone 4 玩小游戏——《愤怒的小鸟》。朋友忽然和我说："你知道吗？当年把阿波罗 11 号带到月球的那台计算机，CPU 算力和我们手里这台是一样的。"

他叹了口气，晃了晃手里小小的手机，说："它的算力，可以让人类抵达月球，而我们在用它干吗？用它消磨时间，打个小鸟。情何以堪啊。"

后来，每每在地铁上看到满车厢的人都在低头刷手机，我就会想起当年这个朋友的话。要知道，我们每个人都手持可以让人类登上月球的算力，可是我们用它做了什么呢……

说回正题。

最新的 CPU、更强的性能，确实可以引起发烧友的硬件崇

---

[1] 即中央处理器，是芯片的一种。

PART ONE 价值

拜，但是普通用户的感知度其实很低。

而更高清的自拍、更方便的闪充、更快捷的指纹支付，用户则每一天都会切切实实地用到、感知到。OPPO 正是通过这些功能，把手机做成了一个玩具，让用户在使用时有更多把玩的乐趣。

OPPO 和其他手机的另一个差异点是外观设计。

如果小米和 OPPO 两家授权店挨在一起，让一个 20 多岁的女孩去挑选，比来比去，女孩大概率会弃小米而选 OPPO。当然，OPPO 的销售能拿更高的提成，因此有更高的积极性去介绍，会起一定作用。像这样的原因可能还有很多，但其中有一点非常重要：将小米和 OPPO 分别握在手里，OPPO 的色彩、手感和线条感知度都更加细腻。

OPPO 更愿意在用户能够感知的地方花钱，而小米则更愿意把成本和精力聚焦在可以量化评估的地方。

对于小米用户来说，好手机基本上就等于跑分高。而对于 OPPO 用户来说，手机好不好，和跑分基本上没什么关系。

在手机案例开篇的时候，我们讲过，数字世界最大的分歧是开放还是封闭。结果我们发现，安卓的开放是对的，苹果的封闭也是对的。

在小米与 OPPO 的对阵里，我们依然会发现，小米的高配低价是对的，OPPO 的低配高价也是对的。

为什么截然相反却都是对的？什么是对？什么是错？

我们经常会提到一个词：升维。与之相关的还有高维视角、降维打击，等等。

什么是低维？什么是高维？

对做产品而言，最低的维度就是一个点——"我"。

意思是说，最初级的产品人，最高频提到的字眼就是"我"——"我认为""我觉得""我希望""我喜欢"。

这当然不是个好习惯。你可以自我评估一下，如果不是大师，就少提这个字。否则你做的就不是产品，而是作品。

比"我"这个点好一些的，是一条叫作"对错"的线。

至少，它跳出了"我"这个中心，获得了一个客观的视角。这条线上，如果一个方向是对，那么它的反方向就是错。

但人是三维生物。一个三维空间里，可以容纳无数的点、无数的线，还有无数的面。

所以，无论是一个产品，还是一家企业，其实都是在需求中不断汲取养分从而进一步延展的生命。

固守一个叫"我"的点，或者一条叫"对错"的线，其实都是对生命的束缚。

四、行业头牌：大宗师的样子

除了白牌、网红和大牌，其实还有一个概念，只有非常少数的企业可以抵达——头牌，一个行业的领导性品牌。

手机这个品类中，有所谓"御三家"，也就是三个头牌：苹果、三星、华为。

如果这三家里只谈一家，当然是苹果。

苹果开创了智能手机这个品类，乔布斯是产品经理的祖师爷。如今，乔布斯已经过世10余年，但所有的智能手机依然活在乔布斯定义的iPhone 4的延长线里。

通过前文的介绍，我们已经知道了手机这个产业中各阶层的生存面貌：高通等IP企业赚IP/专利的钱，"御三家"之外的手机企业，主要赚供应链效率的钱。

"御三家"与其他手机企业的差别，是它们以产业思维做产品。

三星和华为，都是从塞班阵营成功换船到安卓阵营，完成了时代的跨越，并取得了各自的突破。

曾经一直跟在诺基亚之后的三星手机，在诺基亚陨落之后，登顶成为一个新时期的全球手机销售冠军。是的，苹果开启了智能手机的时代，而智能手机的全球销冠并不是苹果。

华为是另一个值得学习的案例。

华为对手机这个品类的态度与操作，非常华为。从自知难度、坚决不入局，到顺水推舟为运营商做定制机，再到重仓10000名工程师开发智能手机，最终自研芯片成功，推出鸿蒙系统——从底层能力到表层体验，华为拥有了全链路能力，从底打到顶。

三星与华为这两家企业的共同之处，是它们自身都拥有成熟的产业集群。

如果说山寨机、网红机都拥有用户视角，那么这两家行业顶尖企业，除了拥有用户视角，还拥有产业视角。

比如三星有芯片、屏幕业务，华为有电信运营商业务。所以，它们眼中的手机，是一条巨大产业链中的一个整合终端。它们的触手里，除了手机，还有手机的前后左右。它们拥有的信息和能力，天然与魅族、小米、OPPO 不一样。

三星和华为的故事，我们暂且放下不提。

这一节，我们谈苹果，谈乔布斯，谈 iPhone。

既然这个大案例是在谈手机，怎能不好好讲讲大宗师，讲讲大宗师的样子。

1. 苹果气质

前面说过，网红卖的是新鲜感与话题度，而大牌卖的是辨识度和情感唤起。

PART ONE　价值

价值故事

　　把手机品类网红军团过去 10 余年出的手机一字排开，如果没有商标，我们很难感受到它们的辨识度。
　　但如果面前是苹果的产品，那我们一眼就可以识别出属于苹果的某种气质。

　　2001 年，苹果推出 iPod，同时推出的还有一款苹果耳机。
　　在苹果耳机之前，所有的耳机线都是黑色的。老用户应该知道，当时唯有苹果一家用了纯白色的耳机线。

　　那是北京的冬天，大家都穿着颜色深重的棉服。在地铁车厢里一眼扫过去，如果看到某人的胸前有一缕纯白色的耳机线，我们内心就会产生一种找到同类的感觉。有时，两个同时挂着白色耳机线的人擦肩而过，会目光相触，然后彼此点头一笑。这是一个密码——我们都是苹果用户。
　　微小的骄傲感油然而生，好像自己正是苹果 iPod 广告上的那个人物——

　　时隔多年，我们依然记得苹果 iPod 的那条广告。彩色的背景之上是一个黑色的人物剪影，你只能看到他口袋里半个纯白色的 iPod 和飘在胸前的白色耳机线。那是我们真实的样子，穿行于都市街头、行色匆匆的芸芸众生，每个人都面目模糊得如这广告一样，但是这条白色的细线，却暴露了彼此灵魂的某种相通。

　　很多用户与苹果的情感连接，就是从这一条白色的耳机线开始的。

2016 年，苹果拿掉了这根线。

从 iPhone 7 开始，苹果手机不再提供耳机插口。这一年，苹果发布了无线耳机 AirPods，这是一款定价 159 美元（中国定价 1288 元）的昂贵设备，也是第一款风靡全球的 TWS（真无线立体声）蓝牙耳机。

此时乔布斯已过世多年，他留下的企业又开创了一个新品类——TWS 耳机。在耳机这个已经 20 年没有创新的领域，AirPods 做到了颠覆式的创新体验：真无线，顺滑、简单的操作体验，超长的续航能力。

AirPods 成为文化现象，TWS 成为新的品类，又给了一堆企业模仿的方向，还让两家为 AirPods 提供代工的企业成为市值千亿元的上市公司。

2. 有所为，有所不为

这里我要提一个问题：

> QUESTIONS
>
> 苹果为什么没有做电视机呢？

你想想，是不是苹果之外的所有手机企业都生产电视机？小

PART ONE 价值

米有电视机，华为有电视机，OPPO 有电视机，三星更不用说。

技术难度、产业链成熟度、用户忠诚度，无论从哪个方面来看，电视机对苹果来说都是低垂的果子，没有任何难度。

这钱为什么不赚呢？

前面我们说品牌是生命的姿态，这话多少有点鸡汤、有点抽象。但是你看，几十年都放着电视机这种现成的钱不赚，这就是苹果的姿态。

前面我们说做品牌比做网红更难，因为做品牌就像一个人要回答"我是谁"。

人会怎样知道"我是谁"呢？在说"不"的时候。

苹果对多少事情说过"不"？

比如，用配置与价格来做营销卖点。乔布斯对此就明确说了"不"。

下面的内容，引用了很多话。有点长，但是值得看，因为这是在讲一个品牌如何找到自己的姿态，而这正是中国企业家目前普遍不会的东西。

2013 年，乔布斯去世两年之后，苹果公司公布了一段视频。视频里是 1997 年乔布斯在回到苹果、计划重振公司时发表的一段内部讲话，阐述了他的价值观。

1997 年，苹果市值大约 23 亿美元，那时还没有 iMac、

iPod，更不用说 iPhone 了。

网上可以看到这条短短 13 分钟的视频。视频中，穿着黑色高领衫、短裤和凉鞋的乔布斯说：

> 对我来说，营销讲的是价值观。
>
> 苹果已经是世界上最好的六大品牌之一，跟耐克、迪士尼、可口可乐、索尼在同一个级别。
>
> 但是一个再伟大的品牌，要保持地位和活力，都需要投入和关心。显然，过去这些年，苹果忽视了这一点，我们需要找回失去的东西，但找回的方式不是谈论速度和反馈，不是谈论 MIPS 架构和兆赫，也不是谈论我们比 Windows 系统的优越之处。
>
> 最棒的营销案例是耐克。……注意，耐克是卖商品的，它卖鞋子，但当你想到耐克时，你会觉得它和普通鞋厂不一样。它的广告也不怎么提产品，它从来不提 Air Sole 气垫，也不提它的气垫比锐步的好在哪里。耐克的广告在表达什么呢？它赞美伟大的竞技体育和运动员。这就是耐克，它表达了它是谁，它代表什么。
>
> 我们提的问题是，消费者得知道：苹果是什么？它代表什么？在这个世界上它处于什么位置？我们不是只是制造一些"盒子"，帮助消费者完成工作或者事情。
>
> 苹果不止于此，苹果的核心价值观在于，我们坚信有激情的人能让这个世界变得更美好。我们一直有机会和这样的

PART ONE 价值

价值故事

人合作，和软件开发者，和用户，和你们，或多或少地在改变这个世界。我们确信，人们能让这个世界变得更美好。只有那些疯狂到以为自己能够改变世界的人，才能真正改变世界。

很多事情都变了，如今的市场行情跟10年前完全不一样了，苹果的产品、制造、分销策略不一样了，苹果的市场地位也是如此。我们明白这一点，但苹果的核心价值观不能变，苹果核心价值观认定的东西，就是今天苹果坚信的和所代表的东西。

所以我们希望找到一种方式来传达苹果的核心价值观，然后我们做了一个营销广告，它感动了我。它赞美了那些改变世界的人，这些人有的还活着，有的已经逝去。

这次营销的主题是"Think Different"（非同凡想），我们要赞美能"Think Different"的人，他们是推进这个世界前行的人，我们应该向他们致以崇高敬意。这是苹果做的事，它触及了苹果公司的灵魂。[1]

视频在这里播放了乔布斯提到的广告，广告中没有展示或提及任何苹果产品，只是轮番出现一系列照片：甘地、毕加索、爱迪生、卓别林、爱因斯坦、约翰·列侬、马丁·路德·金、卡拉

---

[1] 译文引自微信公众号"精彩英语演讲"2019年10月4日文章《乔布斯1997年内部重磅演讲：什么才是真正的Think Different?（附视频&演讲稿）》。下同。

斯、鲍勃·迪伦……全都是具有反叛和革新精神的天才和伟人。一个又一个了不起的人像在音乐中浮现、淡去。最后，出现黑色的屏幕，一行简单的小字"Think Different"，下方是彩色的苹果logo。广告结束。

然后乔布斯继续说：

它阐述了我们是谁，我们代表什么，为什么在这个世界上，它还很重要。

我知道有些人会批评，为什么不讲讲我们有更好的"即插即用"功能，但是首先我们要让消费者明白苹果是什么。

广告里出现的几乎所有人，之前都没出现在广告里过，如果我们没有这么做，估计他们永远不会在广告里出现。我不认为这个世界上有另外一家公司能做成这个广告。

使用这些人的形象，我们需要得到他们本人或者他们继承人的许可。这对我来说，是一段奇妙的经历，这些人，无论是活着的，还是逝去的，都有过和苹果共鸣的言论。他们很愿意让我们拿来做广告。

非常感谢这个房间内外员工的奉献，大家一起来拯救这个公司。这个公司绝对会活过来。现在的问题不是能不能把苹果救回来，问题是我们能否让苹果再次伟大。

这段视频，这段讲话内容，非常的乔布斯。

一般人选择去做一件事，通常是因为自己会做，或者为了赚

PART ONE 价值

价值故事

钱；很多个性被动的人则是因为受到了别人的邀请或者要求。

而乔布斯绝不会因为这些去做一件事，或者不做一件事。

比如，如果让乔布斯选择是不是要写一本书、做一个作品，他会问："这是否将是一本重要的书？它将处于哪个社会位置或者历史位置？它的重要性在哪儿？它会被放置在哪个坐标系内被评估？它为什么重要？"

读《乔布斯传》的时候，我曾有个疑问：为什么乔布斯年纪轻轻就可以招募到那么多杰出的人为他工作？后来我想，也许是因为乔布斯会选择"重要的事"，而这些优秀的人，是受到重要的事感召，才会接受乔布斯的疯狂压榨、予取予求。

据这条广告的创意提出者 Chiat/Day 广告公司回忆，提案的现场，乔布斯在整个过程中非常安静。到他讲话的时候，他环顾遍布整个房间的"Think Different"广告牌，然后说："这是伟大的创意，这的确是伟大的……但我不能做这样的广告。人们已经认定我是个自大狂了，如果再把苹果的 logo 放在这些天才人物的身上，媒体一定会对我冷嘲热讽。"

整个会议室里鸦雀无声。

然后乔布斯停顿了一下，环顾四周，几乎是自言自语地大声说，"我这是在做什么？去它的。这是我们应该做的事情。这是伟大的广告。我们明天谈谈吧。"

就在几秒钟之内，在每个人的眼前，他来了个 180 度的大转弯。

3. 产品经理的神

这就是乔布斯，产品经理的神。该怎么描述他呢？

一个难以相处的人，天才与暴君；一个具备顶级的创造性与审美直觉的 CEO，在科技与艺术的交界处，为电子产品带来激情和优雅；一个嬉皮士兼瑜伽士，用禅的穿透与极简来重塑一切的大师。

他生于 1955 年，在 1976 年，也就是他 21 岁的时候，与 26 岁的沃兹尼克（Stephen Wozniak）一起在车库里成立了苹果公司，30 岁被董事会驱逐出苹果。

然后，1997 年，42 岁的乔布斯回到自己 21 岁那年创办的公司，发表了上述讲话，用 Think Different 这条广告将他的价值观昭告天下。

因为 Think Different，所以苹果一次又一次地造出前所未有之物：颜值爆表的 iMac、变革音乐产业的 iPod、2007 年的 iPhone，然后是 2010 年完美的软硬件一体化产品——iPhone 4。

有人说，苹果拥有两大竞争力：乔布斯文化与软硬件一体。

读《乔布斯传》，我们会看到，**做一个软硬件一体、臻于完美的产品，不是乔布斯在设计 iPhone 时的灵光一现，而是他的毕生追求——自创业伊始直至生命最后。**

开放与封闭是数字世界的最大分歧之一。

乔布斯坚定地站在了封闭的一边。而苹果的联合创始人、广

PART ONE　价值

受开发者尊敬的技术天才沃兹尼克，则站在开放的阵营。

黑客文化是硅谷精神的一部分，倾向于开放，几乎没有集中控制，人们可以自由地修改硬件和软件、共享代码、用开放的标准写程序、避开专利系统，有跟多种设备和操作系统兼容的内容和应用。

沃兹尼克设计的 Apple II 电脑就很容易拆开，而且预留了很多插槽和端口，让人可以随心所欲地使用。

Apple II 是苹果公司的开山之作，为苹果公司赚到了第一桶金。它开辟了个人电脑这个品类，作为一个大宗师产品，奠定了苹果公司在电脑产业的地位。

从 1977 年面市，到 1993 年 11 月正式隐退，Apple II 在市场上销售了整整 16 年之久，共售出了超过 600 万台，为苹果带来了每年逾 10 亿美元的收入。即使在 Macintosh 电脑上市数年之后，Apple II 仍然是苹果最主要的收入来源，堪称史上最著名的百亿单品。

然而，Apple II 如此成功，如此受到市场肯定，却并不是乔布斯的理想机器。

1980 年，乔布斯在一次演讲中阐述过他对软硬件一体化的想法。那年是他创办苹果的第四年。彼时的他还是一个 25 岁的年轻人。在那次演讲中，他说：

　　软件与硬件的融合日渐深入……昨天的软件很可能就会

变成今天的硬件。这两样东西正在融合。两者的界限越来越模糊。这就要求你有足够的洞察力预判科技走向，又能脚踏实地，抓住消费者的需求，并最终将两者合二为一。

然后，在 1984 年 1 月，乔布斯推出 Macintosh，就是它给了后续所有的苹果电脑 Mac 这个名字。

比起开放的 Apple II，Macintosh 就像是一个电器，硬件和软件紧密结合，无法修改。为了创造一种无缝而简单的用户体验，乔布斯牺牲了黑客精神。

之后乔布斯宣布，Macintosh 的操作系统不会供任何其他公司的硬件使用。

从 Macintosh 发布开始，乔布斯成了封闭系统阵营的开创者。

不出意外，Macintosh 名动江湖。它的广告《1984》是广告史上最经典的广告之一。Macintosh 有诸多精彩的创新：采用图形界面、鼠标、所见即所得的方式、优美的工业设计，等等。这一切是我们今天的日常，却是那个时代的前所未见。

然而，Macintosh 并未取得和 Apple II 一样的市场成功。原因有很多。比如，因为系统封闭，所以应用不够丰富；价格高；等等。

一年之后，1985 年，乔布斯被董事会驱逐。原因也有很多。

离开时，30 岁的乔布斯几乎出清了苹果的股票，只留下一股作为纪念。

PART ONE 价值

有关 Macintosh 的开创性与它的缺陷，以及乔布斯与董事会的冲突，是无数记者、电脑发烧友、果粉一咏三叹的往事。

乔布斯离开苹果之后，微软以相反的策略，授权 Windows 操作系统在各种机器上使用。这虽然没有催生出优雅的计算机，却帮助微软统治了操作系统世界。

1997 年，乔布斯回到苹果。还没做出任何产品，他就先做出了 Think Different 这条广告。

乔布斯说："我不认为这个世界上有另外一家公司能做成这个广告。"

即使只是一条广告，乔布斯也要求放眼整个世界唯有苹果可以做到——这是苹果的傲气、风格与魅力的来源。

这就是苹果精神，Think Different。

"因为只有疯狂到认为自己能够改变世界的人，才能改变世界。"[1]

2007 年，这条广告发布 10 年之后，乔布斯发布了 iPhone——改变世界的那部手机。

2007 年，金山上市，我们一群朋友聚餐为雷军庆贺。散场时，雷军送了每人一台 iPhone。

---

[1] 引自上述苹果广告片。原文为：The people who are crazy enough to think that they can change the world, are the ones who do.

那是我第一次拿到 iPhone。手感圆润的金属外壳，握在手里好像一条鱼。第一次见到没有键盘的手机，屏幕亮起，饱满的细腻色彩流动着，好像有生命，我有点手足无措，害怕把它碰坏了。

当时一个三岁的小女孩在我旁边，她抓着 iPhone，用胖胖的小手指一撑照片，照片就变大了，然后她用手指再撑，照片又变大了，好像哈利·波特电影中的魔法画框。小女孩"咯咯"笑了起来。我当时就膝盖发软，想跪。一款电子产品，让一个三岁的小孩凭本能就会使用，并瞬间获得了乐趣——这完全吻合人类的天然直觉，何等人性的设计与实现力啊！

那个瞬间，我们就知道 iPhone 是无敌的——能让三岁小孩瞬间着迷的东西，好像糖，好像音乐，没有人可以抵抗。

初代 iPhone 还没有应用商店。一年后的 2008 年 3 月，苹果发布了苹果应用商店。

苹果应用商店无疑是苹果封闭系统的重大里程碑，对比传统 Windows 系统上各类软件散乱的分布，苹果应用商店在 iPhone 上成为用户获取第三方应用的唯一入口，奠定了苹果软件帝国的未来基石。

同年 10 月，谷歌紧随其后，发布了安卓应用商店，后来演变成 Google Play。

封闭与开放两大阵营的对立再一次上演。上一次战场在电脑，这一次在移动互联网。

PART ONE　价值

价值故事

2008 年 3 月，与苹果应用商店同时推出的，有 500 款 App，它们是这个世界最初的 App。

2023 年，苹果应用商店的 App 总数为 187 万款，而 Google Play 的 App 总数超过 300 万款。以百万为单位的 App 增量，多么惊人。100 万个 App，背后是 100 万个团队。这就是移动互联网的创业创新大潮。

2010 年，去世前的一年，乔布斯发布了人生的最后一款作品——iPhone 4。我们称这款手机为手机的大宗师，因为之后的所有智能手机都在向它学习。

iPhone 4 在当年 6 月 8 日上市，三天销量 170 万部。无论在硬件、软件还是设计上，iPhone 4 都是一款实现了集中突破的划时代产品。

首先，是视网膜显示屏革命。它让手机有了一张生动细腻的脸。

在其他大厂手机还在使用 800 像素 × 480 像素的分辨率、视网膜显示屏技术还饱受质疑的关键节点，苹果突破技术难关，率先将 Retina 显示屏在 iPhone 4 上大规模商用。

只要用过 iPhone 4，人们就再也没办法接受像素时代那样的手机了。iPhone 4 之后，视网膜显示屏逐渐成为业界标准，几乎所有智能手机都把高清分辨率的屏幕作为首选。

先有电视，才有电视台；**先有了这样生动细腻的屏幕呈现，视频 App 和图片 App 才有了生存空间**。

所以才有了抖音这类基于短视频的超级应用，才有了拍摄短视频的网络红人，才有了我们今天在手机上看视频、看短剧这样的日常。

其次，是拍照革命。iPhone 之前的手机主要用来打电话，iPhone 之后的手机主要用来拍照和上网。

在 iPhone 4 诞生的那个年代，拍照参数强大的手机并不缺乏，但 iPhone 4 凭借出色的成像算法和不俗的硬件配置，成为当时成像最优秀的手机，即使在弱光环境下也能捕捉精彩影像。这是全世界第一款拥有前置摄像头的手机。**在 iPhone 4 之前，人类没有自拍这个动作。**

而拍照是为了记忆与分享。这个真实的需求，因为相机被整合进手机而释放了出来，于是一堆图片分享和视频分享 App 丰富了我们的生活。

因为拍照和分享变得如此一体，才有了小红书的出现。诞生于 PC 时代的微博形式是文配图，而诞生于移动互联网时代的小红书是图配文。这种视觉先行的表现形式，让感性与美的分享进入中国人的社交生活，让千万人感受到美的力量，又引发了此后中国产品美学的相互参照与持续升级。

再次，iPhone 4 给出了手机工业设计的美学标准。

iPhone 4 一改前作的圆润，采用前后双玻璃设计，引入棱角分明的金属边框。

PART ONE 价值

价值故事

在具体工业设计上，iPhone 4 将整个手机构造的核心和骨架，包括屏幕、电池主板及其他配件都固定在一个 CNC 不锈钢边框之上，无论是结构复杂度还是加工精度，都达到了领先世界的水平。而在保证质量之余，iPhone 4 的设计也处处体现着化繁为简、统一、完整、坚固、优雅之美。这种极具设计美感的造型，在发布会上一亮相就引发了现场观众尖叫。

如果说初代 iPhone 奠定了苹果手机经典的圆角矩形和 Home 键设计的话，iPhone 4 则给后世手机设计提供了一个美学共识。

iPhone 还引领了手机要做薄这一审美取向。

iPhone 4 厚度仅有 9.2 毫米，创下了当时全球最薄智能手机的纪录，令人惊叹。

这种保证质量之后对薄的极致追求，后来成为整个手机业界共同的理念。

另外，iPhone 4 首次采用自研芯片，深刻影响了芯片产业的格局。

iPhone 4 在硬件层面进行了大突破：第一次在 iPhone 上采用了前置摄像头和闪光灯，后置摄像头升级为背照式 500 万像素；为了让手机更好玩，引入了陀螺仪，内存升级到 512MB……

这些突破背后，是 iPhone 首次采用的自研芯片——A4 处理器的加持。早在 2010 年 1 月，苹果就率先在 iPad 上引入了 A4 处理器。乔布斯当时兴奋地说："这是至今为止我们所用的最高端的芯片产品，内部集成了处理器核心、GPU 核心、I/O 核心和内存控制器，所有这些功能都被集成在一块性能强劲的 A4 芯片中。"

正是因为这块处理器，iPhone 4 才在大幅变薄的基础上给出了 7 小时 3G 通话、10 小时视频播放、40 小时音乐播放、300 小时待机的优秀表现。

自此之后，历代 iPhone 无一例外都采用自研芯片。这也深刻地影响了芯片产业的格局。在随后几年中，高通、联发科、三星等各大手机芯片厂商你追我赶，让 PC 时代陷于停滞的芯片工业回到了久违的"黄金时代"。

2020 年，华为发布麒麟 9000，做出安卓最强芯，成为另一家从终端产品到核心技术全程掌握的企业。这也是对开创这一产品范式的乔布斯的遥远回应。

最后，iPhone 4 是一款完美的软硬件一体化产品。

在 iPhone 4 之前，苹果手机的操作系统叫 iPhone OS。随 iPhone 4 一起发布的操作系统，有了自己独立的名字——iOS 4。

1984 年，29 岁的乔布斯推出了 Macintosh——他软硬件一体化思想的载体，遭遇了挫折。

2010 年，55 岁的乔布斯完成了 iPhone 4 与 iOS 4 的灵肉结合。

iOS 4 是乔布斯和其设计团队的经典之作。它不但整体优美，图标拥有光影效果，增加了文件夹功能，使得**整个界面变得充满秩序**，更重要的是，它充分地支持每个苹果用户个性化地设置自己的手机，按照自己的喜爱调整图标、设置自己喜欢的壁纸，让

PART ONE 价值

每个人的手机与众不同，独属于自己，成为"我的手机"。

这就是 2010 年的 iPhone 4，一款大宗师产品的样子。

当一堆人都在摸索智能手机应该长什么样子、具备什么功能的时候，iPhone 4 给出了答案模板，而且精妙绝伦。**十几年过去了，大宗师还是大宗师，所有的手机依然活在 iPhone 4 的框架里，这就是行业领导力。**

2011 年，乔布斯去世。

2011 年 11 月之后，世间已无乔布斯。而手机品类的无数创业者接过了乔布斯的火把。魅族、小米、OPPO、vivo、荣耀等无数企业崛起、无数队伍集结，一起点燃了移动互联网的火，开启了移动互联网的世界。

一个 Think Different 的梦想家，激励了数以百万的梦想家，让大家有了某种参照和勇气。他让大家相信：曾经习以为常的东西，其实可以不一样。

此后 10 余年，数以亿计的开发者涌入，做出百万款 App，用于我们的沟通、社交、购物、用餐、出行、开会、游戏……无数伟大公司就此诞生。社会生活的每一个局部，都因手机和互联网而改变。

一生换一剑，人死剑留山。
世界被改变了。

五、尾声

手机产业的案例,就写到这里。

手机这个产品的存在,是因为人类对通信的需求。

通信二字,指信息的联通。

世界的本质,是物质、能量和信息。

一个人,也就 100 多斤、最多 200 多斤的物质和能量,和自然界中的那些大体量动物相比,非常渺小;而在感知力、速度、力量等方面,人类也不是自然界中的优势物种。

但人类和自然界中的所有其他物种不一样:其他物种主要需要物质和能量,只需要很少的信息;只有人类是信息的生物——人类源源不断地创造信息、消费信息,对信息成瘾。

稍微关注一下,你就会发现,今天"信息消费"在每个人生命中的比重都加大了。

开始,我们需要的是衣食住行等基础需求的满足,然后家里要有床、沙发、洗衣机、冰箱等物质。这些都有了之后,你的时间、你的钱都花在了哪里呢?刷短视频、逛社交媒体、看偶像剧、打游戏,都是在消费信息。

基础需求满足之后,买品牌。品牌本质也是一条信息。一个包包上打了香奈儿的 logo,就是一个物质叠加了一条信息。包包再请某偶像代言,再举办某个活动,于是叠加一重信息,再叠加一重信息。所以品牌如酿酒,都是在时间的加持下,来自生命的化学反应的复杂性的构建。

PART ONE　价值

人和人的差别来自哪里呢？其实和人在自然界胜出的原因并没有不同：因为所掌握的知识和经验不同。

知识当然是一条信息。爱因斯坦的相对论这么伟大的知识，也只是一条信息。

自然界中没有第二个物种，像人类这样把知识外挂出去，彼此之间可以学习，可以传播，可以代际传承。其他物种只能通过一代代繁衍中的基因变异来优化能力。而人类可以在有生之年，通过知识的改变，优化自己的能力。

凭借知识的网络，人类站在自然之巅，把自然界所有其他物种变成了食物或奴隶。

如今，人类开始把所有的知识献给 AI，让 AI 拥有超越任何人或者人类组织的知识储备与思考能力。

或许未来的某个时刻，我们的后代会装上脑机接口。到那时，不知道是通过 AI 升级了人类的知识和能力，还是人类把自己的肉身也献给了 AI。

然而，人对信息永无休止的贪欲，让这件事好像难以停下来。

上一次人类造通天塔的时候，上帝弄乱了人类的语言，使人类相互之间不能沟通，于是通天塔失败，人类各奔东西。

如今，全世界的程序员掌握了共同的语言，散布在地球各处的他们，用机器的语言协作。这一次，不知道通天塔 2.0 能否建成，人类是否会抵达上帝的居所。

PART TWO

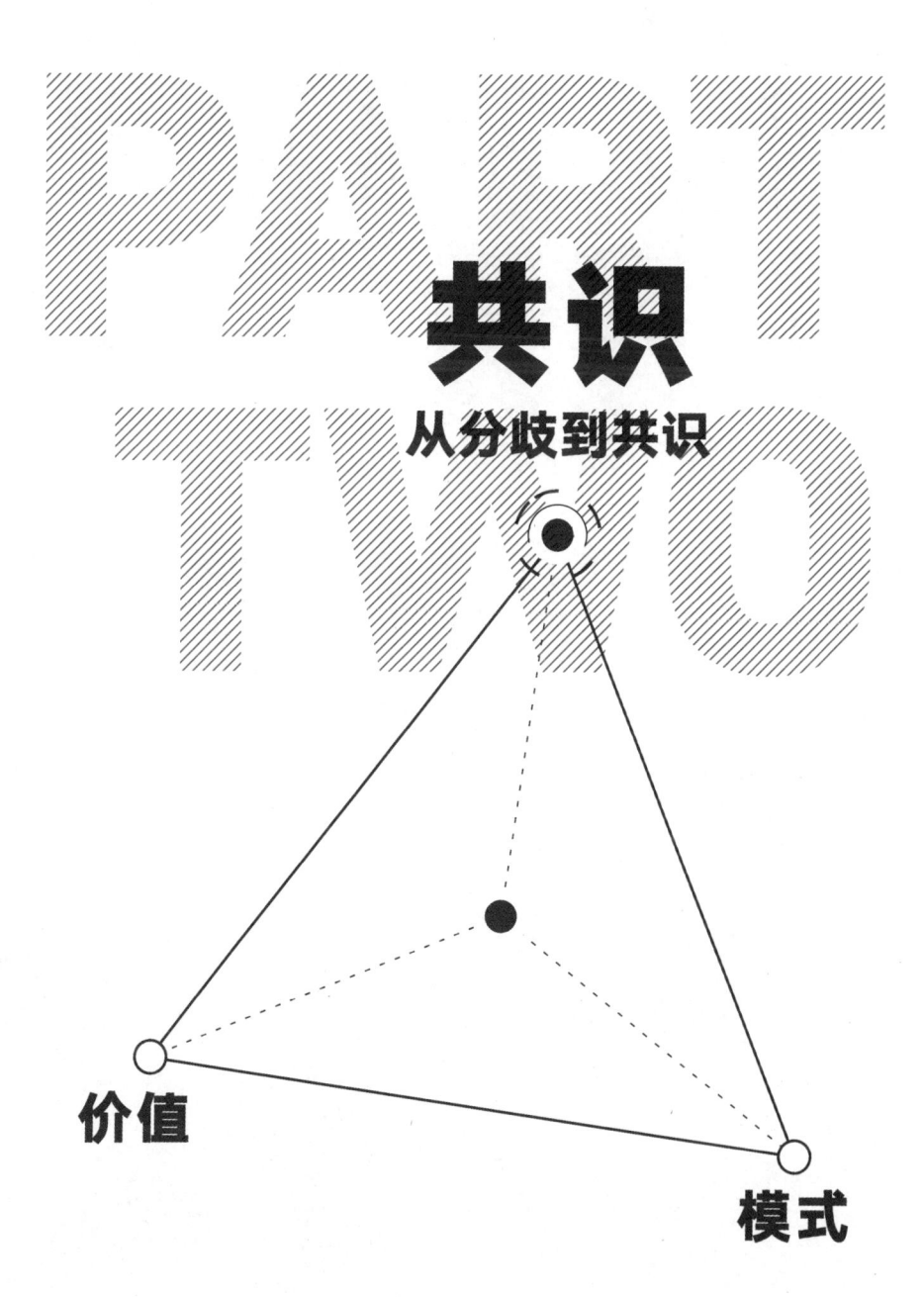

共识
从分歧到共识

价值

模式

商业创新者的核心能力，其实就两条：创造价值的能力和领导共识的能力。

共识的反面是分歧。
分歧激烈化是冲突，冲突激烈化是战争。而消弭战争、消弭冲突、消弭分歧，都要依赖共识。
所以领导共识的能力，也是领导力的核心。

分歧为什么存在？因为感知不一致、想象不一致、场景不一致、利益不一致。

如何从分歧到共识？共识不在当下，而在指向大家未来利益的延长线的交会之处。

商业创新者的核心能力，其实就两条：创造价值的能力和领导共识的能力。

如果有价值而无共识，事情做不成。

比如，要做某个产品，首先需要**内部共识**。如果团队没达成共识，就会陷在各种内耗里。或许没有人直接反对，但是每个人都有自己不积极响应、不积极投入的方法。六军不发无奈何[1]——这就是团队没达成共识时领导者的困境。

接着，产品需要**客户共识**，如果客户共识没达成，生意就不能成交。客户也有其自身的内部共识需要管理，如果内部不能达成共识，客户就不会选择你。

然后，产品需要**市场共识**，如果市场没达成共识，就意味着市场需要培育，需要在市场推进的每一步、每一个环节做大量的沟通、教育工作并等待。

最后，最容易被企业忽略的，是**社会共识**。有些社会共识以法律法规的形式出现，有些社会共识则是默会知识[2]。做与社会共识不一致

1　出自白居易《长恨歌》，指面对安史之乱，护驾的军队不肯出兵。
2　相对于显性知识而言，指经常使用却又不能通过语言文字符号予以清晰表达或直接传递的知识。

PART TWO　共识

的事，就要承受风险。

"皇帝的新装"，就可以看作一个有关共识的故事。

骗子抛出了一个洗脑包："有一件神奇的衣服，只有圣贤才能看见，愚人看不见。"

这个洗脑包生效了。

于是骗子索要了大量财宝，不断声称这件衣服多么华贵，多么光彩夺目。官员们都看不见这件衣服，然而为了掩盖自己的愚昧，他们都说自己能看见。每一位官员都是自带信用值的 KOL（关键意见领袖），他们的持续背书，让一个"说辞"不断升级为"共识"。

最后，皇帝穿着这件看不见的"衣服"上街游行。

皇帝当然是一个国家最大的 KOL。于是，街上和橱窗里的人们纷纷说道："皇帝的新衣真漂亮！多合身啊！"

当然，所有的人都"亲眼看到"皇帝没有穿衣服。

人应该相信"亲眼看到"，还是相信"权威所言"？比如，你亲眼看到太阳围着地球转，但是科学权威说，地球围着太阳转，你该相信谁呢？

社会是依赖共识协同的。当亲眼所见与既定"共识"冲突的时候，人会选择相信共识、依赖共识，因为比起自己的感知，KOL 或许更正确。**共识代表安全**。

从来没有哪个皇帝的衣服得到过如此一致的称赞，因为没有人敢发出共识以外的声音。

但是，忽然，有一个孩子说："他什么也没穿啊！"孩子的爸爸吓坏了，说："天啊，听听这个天真的声音！"你看，这位父亲也并没有第一时间确认，"我孩子说的才是真相"。

接着，人们开始交头接耳。

然后，后来，最后，所有的人发出了同一个声音："他真的什么衣服都没穿！"

孩子说"他什么也没穿啊"，是提出了一个"非共识"。

但这个认知并没有在第一时间达成——虽然它是一个事实，且人所共见。接下来，人们开始交头接耳，彼此观察，彼此印证。**这个交头接耳的过程，就是新共识达成的过程。**

所有的创新，起始都是"非共识"。

如是已然达成共识之物，还有什么创新可言呢？

创新非常艰难。探索新理论，研究新技术，开发新功能、新情绪、新资产，每一步都很难。

如果说，上述难度内化在自己的心智之内，内化在自己的资源范畴之内，那么**领导共识，比如让整个市场的用户开出新的心理账户，则需要打开大门，面对真实世界，面对众人，面对万千心灵，去推广、去感召、去传播，让一个新观念、新尝试，变成新习惯。**

每一次市场的变化，都需要穿越万千心灵，更是一个需要智慧的过程。

一个秉持"非共识"的理念、顶着当下的共识执拗前行的人，往往会被视为"天真"，或者"疯子"。

所以我们需要研究共识，去学习共识是如何达成的。为此，我们

PART TWO 共识

需要先了解共识的反面是什么。

共识的反面是分歧。

分歧激烈化是冲突，冲突激烈化是战争。而消弭战争、消弭冲突、消弭分歧，都要依赖共识。

所以领导共识的能力，也是领导力的核心。

而人和人为什么会有分歧？为什么会有冲突？

其实答案很简单，因为人和人**感知不一致、想象不一致、场景不一致、利益不一致**。

每个人都可以扪心自问，这个世上，有没有一个人，和你的感受、利益完全一致？

你会发现，一个都没有。生身父母、亲生子嗣、结发伴侣，这些至亲之人，尚且不可能和你感受、利益完全一致，更遑论合作伙伴、上下级、同事同侪，乃至交易对象、竞争对手。

有的时候，我们会有受伤的感觉。比如，忽然发现，本来以为会支持你的人，原来在做他自己的打算。但是，你想想，人家本来就有自己的利益、自己的感受、自己的想象啊。这就是世间的真相——**在这个人世间，没有两个人站在同一双鞋里、秉持着同一颗心，没有两个人利益完全一致。**

分歧无所不在，就如同地球的重力一样。

《斯坦福大学人生设计课》里提到，如果一个问题不能被解决，那么它就不是一个问题。它只是一种情况、一种环境、一种生活现实；

它像重力一样，是一个无法解决的问题。[1]

所以呢？所以我们需要做的，就是理解这种现实，然后学会使用它。

所以，领导共识，需要先看到分歧，清晰地知道分歧点在哪里，然后找到走向共识的方式。

这一部分的前四章，我们来分辨不同层面的分歧；后面两章，用案例讲述共识是如何达成的。

如果用一句话来概括**如何从分歧到共识**，那就是：
共识不在当下，而在指向大家未来利益的延长线的交会之处。

---

[1] ［美］比尔·博内特、［美］戴夫·伊万斯：《斯坦福大学人生设计课》，周芳芳译，中信出版集团 2017 年版。

感受是行为的内在指引。

我们做用户研究，更重要的是去研究、去理解用户为什么不行动。

自己产品的特性，在别人眼中可能是魅力属性、期望属性、必备属性、无差异属性、反向属性。

期望属性就是用户的核心需求、产品的核心卖点。所以，它的要求是必须确定性交付。
你承诺的，如果能确定性交付，用户就满意；不能确定性交付，就是智商税。

体验管理的核心是预期管理。

复购用户，才是让一个企业活下来的基本盘。

第六章
感知的分歧：特性与属性

我的一个朋友推出了一款产品——"不打抗生素的猪肉"，简称"无抗猪肉"。无抗猪肉，就是在养殖的过程中不添加和使用抗生素，肉质检测时没有抗生素残留。这对养殖中饲料管理、环境管理、健康管理等，以及屠宰分割的全过程都提出了更高的要求。

朋友在这件事上坚持了10年。说到自己的理念，说到自己如何把每个可能流入抗生素的环节都控制住，他滔滔不绝，脸上焕发着理想的光芒。没有人可以打断他，没有人忍心不称赞他。

但问题是，他的产品没有做任何用户感知设计。

所以，一个用户，面对这样的猪肉，看到这个概念，确实会被打动，会尝试一下。但是吃起来，这个价格贵很多的猪肉好像和普通猪肉差别也没那么大。吃了几次，好像也感受不到自己的身体变得有什么不同。于是，怀疑便在用户内心升起。

猪肉这个东西，现实里有众多的选项，用户一旦产生了怀疑，就难以坚定地持续选择这款无抗猪肉。于是，购买就变成了有一搭没一搭的事。

靠用户有一搭没一搭地购买，是没办法形成爆发性增长的。

所以，这种只能让用户有一搭没一搭地试试的产品，销量往往像

PART TWO　共识

一条虫子在地上爬，仅凭自己的肉身之力，推进一点，再推进一点，而无法拉起一条一飞冲天的斜线。

与匪兵甲和貂丁类似，**无抗猪肉也可以代表一个经典的产品问题——产品有价值点，但是用户感受不到。**

更糟糕的情况是，创始人一说到自己的价值甚至价值主张就 high 了，进入激情演讲模式，而根据社交原则，身边的人都会附和他的看法，给他点赞。于是，创始人就进一步相信自己没有错，然后继续被困在原地。

他是没有错，但是他只对了一半。他只交付了核心价值，而没有管理用户共识。 连用户共识的第一步——用户感知的设计，他都没有做。

感受是行为的内在指引。

一个新的产品经理，遇到自己的产品不受欢迎，容易自怨自艾，会反复强调自己产品的好。

但其实**我们做用户研究，更重要的是去研究、去理解用户为什么不行动。**

一、KANO 模型

我们用 KANO 模型这个工具来看，也许可以使问题清晰一些。

KANO 模型是由东京理工大学教授狩野纪昭（Noriaki Kano）提出的。它可以直观地呈现什么叫"吾之蜜糖，汝之砒霜"。

每一个产品，都是一套价值组合。我们把其中每一个可以感知到的点叫一个"特性"（features）。每一个特性都是我们主动做出来、花成本让它存在的。而属性是从用户视角出发的，是用户对产品特性的反应。

也就是说，特性和属性的关系是，特性是自身视角，是产品自己拥有的特征点，而属性是用户视角，是用户对这个特性的具体感知，是对手盘视角。

KANO 模型（见图 6-1）把产品的属性分为五种：魅力属性、期望属性、必备属性、无差异属性、反向属性。它们决定了用户对产品的满意度。

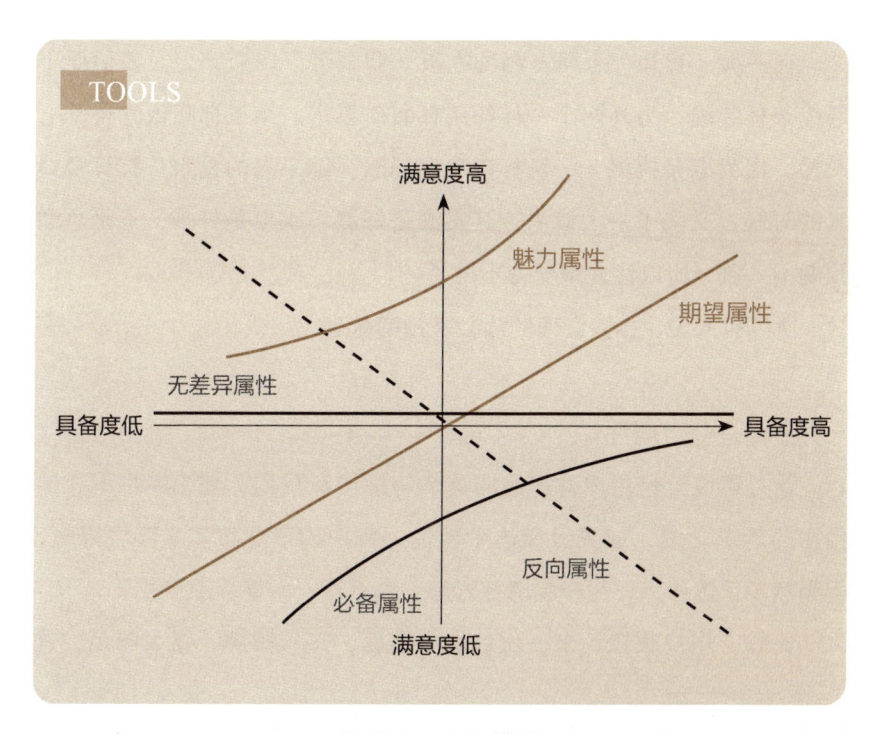

TOOLS

图 6-1　KANO 模型

PART TWO 共识

什么是期望属性？

期望属性就是用户最核心的诉求。能够确定性交付，用户就满意；不能交付，用户就不满意。

比如，干体力活的用户，到了饭点很饿，点了一份红烧牛肉面。

他的期望是饱腹感。量大味足，热气腾腾，吃完一头热汗，打个饱嗝，这就是非常棒的体验。

而如果你的交付像米其林餐厅或者怀石料理[1]那样，摆盘精美，口感层次丰富，但面条只给一点点，这样的面，能满足美食家赏味的诉求，而不能满足一个急着填饱肚子的打工人的期望。

体验来自预期。有的时候，体验差并不是因为东西不好，只是不符合预期。

有一次，我和一个朋友相约吃饭，朋友带了一瓶茅台。我们要了两个茶杯装酒，另外两个一样的茶杯装矿泉水。结果那顿饭吃得乱七八糟。因为老是搞混，一碰杯以为在喝酒，结果喝的是水；打算喝口水的时候，又喝了一大口酒。其实酒是好酒，水也是好水，只是总和预期不一致，所以让人难受得不得了。

所以有人说，**体验管理的核心是预期管理。**

什么是魅力属性？

魅力属性就是用户对产品的这个特性没有预期，这个特性不在他最初的诉求之内。如果没有这个特性，用户的满意度其实不会降低，但突然多了这一点，用户会有惊喜感，满意度、好感度就会提升。

比如，用户很饿，来一份红烧牛肉面，热气腾腾，量大味足，这

---

1 原为日本茶道中主人请客人品尝的饭菜，现已成为日本常见的高档菜色。怀石料理极端讲求精致，无论对餐具还是食物的摆放都要求很高。食物的分量很少，甚至被一些人视为艺术品。

是期望属性。

而面馆老板娘还很漂亮、很热情，这就是魅力属性。本来用户来吃面，并没有这个预期。老板娘相貌平平，或者老板、老板娘是否存在，都不影响一碗热汤面下肚的饱腹感。但是突然增加了这个看似没有也可以的特性，用户的满意度就会提升。

我们会发现，大量的网红店，都是在魅力属性上下功夫。

什么是必备属性？

必备属性是指，对于用户而言，这些特性、这些价值点，默认应该提供，是不言而喻的。

如果这类特性不达标，用户满意度会大幅降低，但优化了这个特性，用户满意度也不会得到显著的提升。这类特性，是产品立足的基本，也是产品必须具备的。企业需要注意不在这些方面减分。

比如，用户去吃一碗牛肉面，那面馆必备的属性就是卫生。桌面干净，碗筷清爽，这是食客默认的餐厅的模样。虽然我们常说出去旅游要吃"苍蝇馆子"，但如果走进一家餐厅，里面真的苍蝇乱飞，桌面还有泥垢和水渍，大家多半会面面相觑，然后说，要不换一家吧？

什么是无差异属性？

无差异属性就是用户感知不强，甚至根本不在意的特性，对用户体验影响极低，甚至无论提供还是不提供这些特性，用户的满意度都不会有太大改变。

在这类特性上玩命地优化，就是无意义的内卷、毫无价值增量的精益求精。

比如，用户去吃牛肉面，老板娘告诉他，面条是她用每天早上4点出城打来的山泉水煮的。出于客气，用户会说好厉害，但这绝对是客气话。如果山泉水煮的面条要让用户多花一元钱，那 99.99% 的用户是不会为此买单的。因为 99.99% 的人根本就吃不出来山泉水煮的面条和过滤自来水煮的面条有什么区别。

一碗牛肉面，最强的感知点是汤的味道、牛肉的口感，如果这些期望属性不能实打实地给到，任你用山泉水煮面条，也无法挽回用户的满意度。

什么是反向属性？

反向属性是指用户对这个特性没有需求，提供后，用户满意度反而会下降。

比如，用户点了一碗牛肉面，服务员热心地加了香菜，说这是老板最爱的调味料。

添加香菜，对某些人来说是魅力属性，而对另外一些人来说，就是反向属性，甚至有人会因为加了这点儿香菜，整碗面都没法吃了。

所以，**有时说一些产品乱加特性，我们会说：**"这又是一个乱放香菜的。"

二、用 KANO 模型看分歧

通过 KANO 模型，我们可以看到，自己产品的那些特性，在不同用户眼里，其实是不同的属性。

举个例子。一个朋友洞察到用户对掉头发的恐惧：洗头的时候一抓掉一大把，这是现实生活中的恐怖片。想让头发长得好，想少掉头发，这当然是真需求。于是这个朋友花了非常大的心思和成本，做出

第六章 感知的分歧：特性与属性

了一款定位为防脱发的洗发水。

这款洗发水有如下特性：

第一，中草药防脱。用中草药配方养护头皮，让头皮的微环境变好，头皮更健康，从而产生减轻脱发的效果。

第二，香气出众。其实是因为采用的中草药有药味，所以他们请了非常贵的调香师调制香气，压住药味。

第三，设计贴切。为了呈现自己中药的特性，专门花数百万元重新设计制造洗发水瓶子的模具。

第四，泡沫丰富。

……

做产品，没有一个特性可以不花钱。你看到的每一个特性都是成本，都是用钱堆出来的。如果没有花成本在这里，根本不会有这个特性出现。

但是，我们用KANO模型来看这款洗发水的特性与属性，会有另外一个视角的发现。

比如，花数百万元重新设计制造洗发水瓶子的模具，其实是一个无差别属性。

会有女生为了瓶子而买香水，但是几乎不会有女生为了瓶子而买洗发水。洗发水的瓶子如果过度丑陋，那可能是反向属性，会降低用户的满意度。但花几百万元去设计制造模具，对于初创企业来说是一笔极大的投资，用户却几乎毫无感知。

比如，泡沫丰富，这可能是一个必备属性。所有人都默认洗头发时会有泡沫，虽然泡沫过少会让用户觉得不妥，但泡沫丰富也绝不是

PART TWO 共识

卖点。没什么必要强调它。

再比如，香气出众。这很可能是一个反向属性。如果这款洗发水针对的是脱发困扰，那它的目标用户可能很多都是中年男性。但是，大多数中年男性并不会欣赏一款非常香的洗发水。香喷喷，对于一个男性来说，尤其是脱发的中年男性来说，并不是什么好体验。

接着再看最关键的期望属性。

我们说了，**期望属性就是用户的核心需求、产品的核心卖点。所以，它的要求是必须确定性交付。**

你承诺的，如果能确定性交付，用户就满意；不能确定性交付，就是智商税——无论你有什么初心与苦衷。

脱发这件事，到底是什么原因造成的？千人千面，个体差异极大，是无法确定性解决的。

这个朋友的初心，是做一款防脱的洗发水。这是一个对真需求的洞察，也是一个好的发心。他照此去做了，也努力做了很多工作。但是，"防脱"这个价值点，其实谁都没有能力做到确定性交付。如果脱发可以确定性解决，那么英国的王子们就不会秃——他们可是站在全球资源链顶端的人。

所以，**到底拿哪个点做期望属性，向市场、向用户承诺，其实是对这位朋友的内心所求的拷问：是想割一把韭菜就走，还是要在这个市场里博得一个长期的位置？**

如果是前者，那么以这款产品目前的形态与感知度，请几个明星代言，狂推"中药神方固发防脱"的概念，用成熟的网红套路，是有机会做一款爆品的。

因为有一种购买心态叫"试试"。有脱发焦虑的人，在营销鼓动下会愿意试试。中国太大了，少部分人试试，就是个大数字。

而我这个朋友最终的选择是后者，做长期：用好材料、好技术，做个好的日化品牌。

如果采取这样的战略，他就不能把防脱发作为核心卖点向用户承诺。他可以选择养护头皮、让头皮环境更健康这个点做期望属性。因为针对这个价值点，他们做了大量实验，是可以确定性交付的。

洗发水就像洗衣液、牙膏，是一个家庭的固定日用消耗品。如果除了把头发洗干净，还可以让头皮更健康，那么这款产品当然可以成为家庭囤货的选择。

用户第一次购买，是新鲜感，想试试；如果复购，就说明体验好，真的需要。我们前面说过，**复购用户，才是让一个企业活下来的基本盘**。

如果有一些用户因为头皮健康度提升，脱发问题也有所改善，那"防脱"就会成为这款洗发水的魅力属性。这是用户自己额外发现的，是民间的口碑，并非厂商的承诺。

三、用 KANO 模型看关系

交易与关系的底层都是需求，而达成并维持它们，则需要靠共识。

我们前面说，一个初级的产品人就好像一个情窦初开的年轻人，意思是，他们只会努力把自己的好摆出来，却没有站在对方视角，看看自己的特性在对方眼中是什么属性。

PART TWO 共识

我们拿"有钱"这个特性来看。

一般来看，有钱肯定是正面的特性，否则抖音上不会有那么多人炫富。对大部分人来说，有钱是魅力属性。谁不愿意和有钱人交朋友呢？

现实中不乏这样的人。对他们来说，交往对象有钱或者有经济基础，是必备属性。一旦发现对方没房没车没存款，即使明明被对方吸引，他们也会坚决离开。"势利眼"这个词，就是用来形容这种人的。

但是，王思聪却说，他交朋友从来不在意对方有没有钱，因为反正都没有他有钱。所以，"有钱"这个特性，对于王思聪这样的人来说，就是无差别属性。

我有一个朋友，是某地首富的女儿。出于安全的考虑，她出来玩都使用化名，也绝口不提自己家的事。

后来她喜欢上我的另外一个朋友，某青年才俊，真心想跟对方交往，于是向对方坦白：我其实真名是××，我爸是××，就是那个××的首富。

之后的剧情是，这位青年才俊立刻斩断了和这位富家女的交往，拉黑，再不联络。

多年之后，八卦时间里，我开玩笑地问这位才俊朋友：怎么一个真正的白富美站在你的面前，你却拉黑人家？

他说：因为她家太有钱了。以他们的财富和地位，我做的事情毫无意义。他们不会尊重我的工作、我的努力。

他又说：那女孩长得挺好看的，对我也挺好的。如果她是普通人家，那真的可以。但首富的女儿，还是算了。

瞧，"有钱"在某种场景下，成了一个反向属性。

"有钱"这个特性尚且如此，你有什么自信，觉得自己的一个价值点、一个特性，所有人都该喜欢？

所以，最容易达成共识的是什么呢？
是你的长项或者特性，正好是对方的期望属性。通俗点说，就是"长在某人的审美点上"，或者"正好是某人的菜"。

比如，一个女孩非常性感、美艳，这怎么看都是魅力属性吧？但是她自己说，追她的人很少。我不信，去问了几个人。这几位倒是回答都一致，说这女孩太漂亮了，觉得自己 hold（掌控）不住。所以，很意外，她的艳光四射在某些选结婚对象的男性眼里，成了反向属性。

另外一个男孩擅长厨艺，热爱做饭、做菜、烘焙，这怎么看都是一个美好家庭的期望属性或者魅力属性吧？可他女朋友是个健身控，只吃白水煮鸡胸，对他精心烘焙的糕点碰都不碰。所以，这个男孩的厨艺特性，在他的女朋友眼里，就成了无差别属性，甚至是反向属性——因为一次次拒绝他的食物，她其实是有愧疚感的，所以会产生压力。

究竟什么是好的关系？
好的关系，就是一个人的特性，正好是另外一个人的期望属性或者魅力属性；而他所认为的自己的弱点，在另外一个人眼中则是无差别属性。

比如，一个女生爱打扮，而男朋友总是能欣赏她的新造型；一个男孩爱做饭，而女朋友是吃货；一个男生不切实际，总是花时间做不赚钱的事，而女朋友可以欣赏此中的美好，对此毫无怨言；或者一个男生木讷寡言，永远不会表达赞美，但是女朋友可以从他的所作所为中感受到这个男人的珍贵。

这就是神仙眷侣。

人与组织为什么会做出改变？
不满情绪 × 愿景 × 第一步 > 改变的阻力
没有不满，没有清晰的愿景，没有可行的第一步，没人愿意做出改变。

用户画像，是刚需时代的工具。这个工具的假设是，用户需要什么，是因为他没有。
而用户人设，则是丰饶时代的工具。你会看到，一个人的长项，就是他的需求。越是强的点，他越会继续要、继续投入；而一个人没有的东西，则可能是他不想要的。

人设是人的自我设置和自我投资。
理解一个人的人设，才能进入他的故事。

人设 = 固定人物分类 + 记忆锤 + 外在形象特点 + 性格 + 特长

第七章
想象的分歧：用户人设

有一个深圳女孩，在微博上公开征婚。

她发了一条微博，讲自己的求偶条件：在深圳工作，年收入40万元以上，学历本科，年龄在28~38岁，中等长相，身高不低于178厘米，讲卫生，不打呼噜，性格好，作息规律，无不良嗜好的未婚男性。

一个网友做了测算，也发在了微博上：深圳常住人口1302万，其中男性有655万，28~38岁的男性大约82万，未婚男性约为30万，[1]身高178厘米以上的估计不到6万（深圳男性平均身高167厘米），有本科学历的按一半算，约3万，其中年薪达到40万元的约占1%，也就是说只有300人。而在中国有52.9%的男性吸烟，所以减去此项，最多还剩141人，而挣到这个钱还能作息规律的，至少要去掉80%，最后算出，全深圳符合要求的约28人。

这个女孩发的微博，其实是在给她的理想配偶做用户画像[2]。看到她做的用户画像和这个网友的推演，你觉得有什么问题吗？

---

[1] 以上均为事件发生时的数据。
[2] 对用户特征和需求的抽象描述，包括用户的基本信息、兴趣爱好、消费习惯、行为特征等。这种描述通常通过收集和分析用户的各种数据来实现，旨在帮助企业更好地了解用户，为用户提供个性化的服务或产品。

PART TWO　共识

在我看来，最大的问题是，这个女孩列出的 12 个条件，其实没有一个可以勾勒出目标对象真正的样子——他的个性，他的理想，他的兴趣爱好，他会欣赏什么样的人，他反感什么，他会希望与什么样的女子结为夫妻，他想建设什么样的家庭生活……

你可能会说，征婚启事不都是这样写的吗？

古时候可能是这样。因为在古代，家庭首先是生产单位，需要的是功能价值。夫妻首先是同事，男耕女织，彼此协作生存，靠生孩子来为家族增加新的劳动力。那时没有市场经济，没有公司，没有上班这回事。人，尤其是女性，一旦脱离家庭，是难以生存的。

而今天城市里的生产单位，是公司等外部组织。大多数城市人每天都要走出家门，去家庭以外的地方工作、劳动，换取报酬，以此为生。

家庭的功能价值，正在一层层地被商业剥离，并且实现得更加高效。

人不断涌向商业，而商业不断扩展着自身边界，几乎人生的所有功能需求，都被开发成了商业产品：吃饭、洗衣、打扫、收纳、生病照料，乃至心灵抚慰、出游陪伴，甚至生育、抚养、教育，都可以找到更成熟、更专业的商业产品。

对于功能需求，人天然会去比较，然后寻求更高效、更便捷、更低成本的方案，没有忠诚可言。

对于以功能价值为主的刚需品，拿用户画像这个工具来寻找用户和评估市场规模都非常有效。但是，在今天这个供给过剩、过度竞争的时代，"家庭"和其他商品面临着同样的问题——仅仅提供功能价值，是很难留住用户的。甚至，"拥有家庭"这件事本身，都已经不是刚需了。

如果用**产品价值 = 功能价值 + 情绪价值 + 资产价值**这个公式来观察，一个家庭的价值，可能包括如下这些。

FORMULAS

产品价值=	功能价值	+	情绪价值	+	资产价值
家庭	性需求		安全感		共享社交资源
	洗衣、打扫		陪伴、分享、慰藉		共同财富增值
	提供财务支持		炫耀感		共创其他财富

但是，不同的人期望不一样，想象也不一样。

从这个角度来说，对家庭的依恋，其实和对相伴多年的某款游戏的依恋是一样的。

今天家庭的价值，很大部分是这个家庭的成员所共建的情绪价值和资产价值。所以，比起当下的冷数据[1]，两个人想走到一起，更重要的是彼此真实的情绪共振和对未来的共识。

一个情感博主总结说，一个人是否会喜欢另外一个人，然后会走近还是放弃，主要看三点：是否有生理性喜欢，是否有熟悉感，是否有想象。

---

1 通常指那些很少变化、长时间固定的数据或属性。

PART TWO　共识

"生理性喜欢"这点，和我们在"情绪价值与情感需求"那一章谈过的"生理唤起"类似。有人颜值党，有人智性恋，有人慕强批，有人拯救欲，这都是真实的生理性喜欢。

"熟悉感"这点，我们在"品牌价值"那一章谈过。熟悉感可以带来安全感和放松感。对于一段长期的关系来说，如果两人能够放松、惬意地相处，是更有价值的。

这时，我们会发现，关系中最大的变量，其实是"想象"，或者叫"愿景"（vision）。

一、愿景的力量与撬动改变的公式

抗拒变化，几乎是生物的本能。

人和组织为什么会愿意做出改变？有一个撬动改变的公式可以帮助你理解。

> **FORMULAS**
>
> Dissatisfaction × Vision × First Steps > Resistance to Change
> 不满情绪 × 愿景 × 第一步 > 改变的阻力

这个公式叫贝克哈德 – 哈里斯改变公式（Beckhard-Harris' Change Formula），可以描述在面对可选择的改变时愿景的力量。它由美国组织变革专家理查德·贝克哈德（Richard Beckhard）和鲁本·哈里斯（Reuben Harris）于 1987 年共同提出。

第七章　想象的分歧：用户人设

这个公式的左边是乘法，也就是说，对当下的不满情绪、对未来的愿景和第一步，这三个数值，如果有一个为 0，那么改变就不会发生。

没有对当下的不满，人就不想改变；没有未来的愿景在召唤，人也不想改变；第一步做起来太难，人还是不想改变。

人性就是如此，对改变有天然的畏惧，所以公式右侧的"改变的阻力"这个数值一定大于 0。

只有对当下的不满、对未来的愿景，以及第一步的尝试同时存在，且其乘积大于改变的阻力，齿轮才会开始转动，改变才会发生。

我们用这个公式来看人与人的情感关系：生理性喜欢，应该是最初的惊艳。熟悉感这件事，也属于最初的识别。贾宝玉初见林黛玉就说：这个妹妹以前见过。一个陌生人却让你有熟悉感，是非常奇妙的好感。

生理性喜欢和熟悉感都属于"第一步"的好感，单身的人怀有对单身生活的"不满"（比如被父母催婚），这两项都大于 0，那么决定内心天平如何倾斜的就是：两个人对共同生活、共同未来的愿景，也就是想象。

随着时间积累，最初的好感可能增强，也可能减弱，而生活的琐碎必然会在关系中增加不满情绪。这时，**关系里起到定海神针作用的，依然是对未来的共同愿景**。它可以支撑两个人跨越所有生活的鸡毛和岔口。所以，为什么孩子高考后会是一个离婚高峰？因为"陪孩子高考完"，是这个家庭最后的共同愿景。

孩子高考结束，对未来的共同愿景就不复存在了。

PART TWO 共识

当用户复购一款老产品的时候，他买的是那份熟悉感；当用户要买一件新产品，企业要购入一个新设备、新系统时，他们买的，其实都是愿景。

如果用户购入的是一个以功能价值为核心的产品，那不需要愿景。因为功能是客观、切实的东西，参数与配置已经标定。

而以情绪价值和资产价值为核心的产品，则需要愿景，需要想象。**因为情绪价值和资产价值都有主观性质，都需要人的主观意愿参与构建。**

阿里巴巴有个 AI 虚拟模特系统，商家只需要给衣服拍个正面和背面照，上传至后台，选择想要的模特形象，就能生成模特图，还可以选择想要的模特的脸。

你可能会问，那为什么不能 AI 试穿衣服呢？把自己的形象输进去，然后就可以看到自己穿着衣服的照片。

因为**看模特穿着这件衣服，是愿景，而自己穿着这件衣服，叫现实。**

愿景让人产生冲动，而现实往往劝退冲动。

只有功能性产品才会买现实。比如，买矿泉水是为了解渴，买咳嗽药是为了治咳嗽。

其他任何产品，哪怕只是买件衣服，也是愿景在驱使行动，而现实只会打消冲动。

愿景的价值，就是对抗现实，并引领人穿越现实。

我们在经验和想象的指引下，应对一个个今天，开启一个个明天。愿景截然不同的人，即使会在今天相遇，也会在某一个明天彼此走远。

所以，**战争可以凝聚共同体**，因为打败共同的敌人是一个清晰的愿景、一个可以凝聚共识的想象。而战争结束，愿景就瓦解了。共识不复存在之后，曾经协同作战的人们将分别踏上不同的征途。

因为有"他们"的存在，有对手、敌人的存在，才有"我们"。

二、用户人设：一个人的长项，就是他的需求

用户画像，是刚需时代的工具。用户画像的特征是，一个人没有什么，就需要什么。 比如，单身，因此需要配偶。

而在今天这个供给过剩、人们有极大选择权的弹性需求时代，寻找用户可以用一个新工具：用户人设。

通过用户人设这个工具，你可以做完全不一样的需求洞察。你会发现，**一个人的长项，就是他的需求**。越是强的点，他越会继续要、继续投入。而一个人没有的东西，则可能是他不想要的。

在供给过剩的时代，一个人持续没有什么，是这个人持续回避的结果。

"用户人设"这个概念，是我的朋友曹楠洞察到并与我分享的。

曹楠是游戏策划人。他的工作需要设计一个个的角色，让用户代入自己。有一天，他说他发现了"用户人设"这个工具，能让他更好地与用户连接。

并不是他提供了什么角色，用户被动选择。而是用户自己有人设，在购买符合自己人设的各种产品。 用户在游戏中的消费，是在建设自己的人设，是在为自己的人设投资——在现实中的消费也是如此。

今天,"人设"是个热门词,我们还是花点时间从头来理解它。

"人设"是"人物设定"的简称,最早是日本动漫业所用的术语,指为了配合剧情需要,为动漫人物设计外貌特征、性格特点、标志动作、口头禅、价值观等,以求塑造出独一无二、令人过目难忘的形象。

接着,人设成了明星、艺人、网红等进行印象管理的策略。

在这个信息过载的时代,要记住一个人太不容易了。明星、艺人、网红,需要对自己的记忆点进行设计,制造差异,打造印象。比如吃货人设、耿直人设、高冷人设、学霸人设,还有笨蛋美女人设、独立女性人设……

所以,我们对"人设"这个词的了解,大多来自娱乐八卦内容,比如"卖人设""人设讨喜""人设崩塌"……

三、人设是人的自我设置和自我投资

我们审视自己的生活,会发现,不止明星有人设、网红有人设,事实上,每个人都有自己的人设。

微信朋友圈,就是一个人设场。

即使不承认自己有人设,或者确实没有就此规划过,但每个人发朋友圈的时候,内容都会有一致性,某种人设在其间隐约呈现。

比如,我们每个人的朋友圈都有这几类常见人设。

有钱人设:白富美、高富帅,人设内容是晒消费——高端场所、酒、收藏品;

有知识人设:高知、文艺青年、业界精英,人设内容是偶尔分享一些与行业相关的前沿分析，附上几句自己的观点或洞察，晒各种论坛会议、培训课程、晒出差、晒聚会、晒读书、晒话剧；

有意志人设：打卡（健身、学习、早起、减肥等）狂魔、养生达人，人设内容是晒打卡；

有意思人设：笨蛋美女、搞笑小达人、懒虫、菜鸟、学渣、节省、emo（情绪化），人设内容是晒自己的小糗事、小剧场；

有生活人设：猫奴、宝妈、美食达人、旅游达人，人设内容是晒生活。

我有一个朋友做了个实验。他是做钻石生意的，想推行一个观念：一个女孩的人生第一颗钻石，不应该是丈夫送的，而应该是世界上最爱她的那个男人——爸爸送的。

要推行这样的一个观念，你会发现，"用户画像"这个工具是无效的。用户画像可以帮你找到有多少男人有未婚的女儿。但钻石是非刚需品，没有钻石并不代表有购买钻石的需求。

在这个实验里，我们可以清晰地看到用户人设与用户态度的关系。

比如一些爸爸有"宠女儿"这个人设。识别出这样的人设，去跟对方沟通，会发现对方很容易接受这个观念，觉得自己确实应该给宝贝女儿买她人生的第一颗钻石。

而无此人设的爸爸接收到这个观念，感受到的则是"无差别属性"，甚至"反向属性"。他会觉得这是无良商家在PUA（精神控制）自己，因而心生反感。

人设有故事性。每个人都是自己人生故事的主角，当然有自己的人设。人为什么会按照自己的人设去发布信息，去购买商品，去做什么或者不做什么？

PART TWO　共识

你可以认为**人设是一种个人的愿景**。它是一种自我期许,以及沿着这种自我期许产生的行为逻辑。

小的时候在课堂上,老师会要求我们回答:什么是你的理想?这个问题一直都很难答。

但是每个人都会沿着某个内在模式持续地行动,持续在某些地方投入,持续回避某些地方,持续自我建设,持续堆积特征,与理想中自己的样子保持着连接。

刚需时代,我们非常理解所有人要什么,因为都是众人之所需。

非刚需时代,会产生**大量非本圈中人不能理解的消费与行为,那些是一个人在为自己的人设投资**——他在持续构建自己的人设,他想活成自己想成为的样子——不管当下的投入,在他人眼中多么不合理。

合理的部分是理性,不合理的部分是人性。

回到前面那个深圳女孩征婚的案例。这个寻觅在今天依赖用户画像无法完成,但用户人设可以给到很大帮助。

同样一个场景:微雪的天气,小屋子里烧个暖烘烘的火盆,温一壶酒,再配几个小菜,一个美女在等待一个人。

如果那个人是古龙笔下的浪子人设,进入这样的场景,就是浪漫故事发生。

如果那个人是武松,就成了潘金莲撩武二郎的名场面。

而武松是重情义好汉人设,面对如此场景,他对自己哥哥的感情有多深,对他信奉的秩序的认同有多深,对嫂子的违背秩序就有多厌恶。

无数个一瞬就是一生。我们很难撮合一个露营地作精和一个奉行经济实用主义的人一起生活，也很难想象一个追求安稳的保守主义者和一个爱冒险的梦想家人生作伴。

四、理解一个人的人设，才能进入他的故事

人生很长，长过大多数产品、公司、产业的寿命。人生是持续创造新现实的过程。穿越多个经济周期，漫长的岁月里，会有无数新基础设施诞生与退出，无数新事物涌现，无数熟悉之物消亡。

这样的长周期里，人需要家人。

什么是一家人？家庭是一个微型的共产主义社会。在一个共同体里，一家人各尽所能，各取所需，所有的好要与对方分享，也要在最坏的境况下去给对方兜底。

家人不但是尽其所能给你资源的人，更是为你兜底的人。

你的才华，给了公司，给了公众；你的欢乐时光，给了朋友或者娱乐场；你给了家人什么呢？生病时的照料、低落时的陪伴、危难时的不放弃。

商业关系，是付费和履约。你可以享受专业化的商业创造，享受最豪华的宴席、最精致的服务，家人无法提供这样的专业度；但是在你人生中最黑暗的时刻，依照中国传统的社会观念，只有家人对你责无旁贷。

征婚的例子中，女生给出的用户画像，全部是一个男生最好的一

面：好的年龄，好的外貌，好的收入，好的习惯。人生怎么会有这么多好同时铺陈而且不变啊。

只想摘取一个人的好，而不想接纳这个人的弱，这不是长期关系的开端。

所以，如果你是在寻找重要的关系，那么看到他的人设，理解他的人设，或许更为重要。

因为看懂了一个人的人设，你才能进入这个人的故事。

商业也是同样，因为看懂了一类人的人设，你的产品才能进入这类人的生活。

五、天猫时尚趋势中心——用户人设应用

天猫时尚趋势中心在 2021 年推出了一组时尚用户人设：

正在逃公主、稍普通青年

起居室艺术家、露营地作精

破次元 CLUB、考究派健身

茶水间凡尔赛、宅家三公里

潮流不街头、圈层俱乐部

它们不是传统的用户画像，不是用年龄、地域、收入等冷数据标签来框定的。

看着每一个用户人设，你都可以产生画面感，可以感知到个人故事的叙事逻辑，感受到这个人设的行为倾向。

比如正在逃公主。

这个人设自带故事感：她是一个公主，而她正在逃，逃到了普通人的世界，所以她需要穿普通人的衣服。但因为她的本质是公主，所以她身上总会有几样单品，显示她的不凡、特别、精致、文化……

这种自我设定与年龄无关，一个 45 岁的女性，内心也可以是正在逃公主。她也会买薄荷绿娃娃领上衣、网纱连衣裙、仙女风单鞋、斜挎马鞍包……

这些，正是大数据下正在逃公主人设用户会选的单品。

而正在逃公主人设用户眼中的这些产品的魅力属性，在另一些人设的用户眼里，或许是反向属性。

再比如，露营是这几年的时尚，在小红书等社交媒体的催生下，露营地作精这个用户人设就成熟了。对于露营地作精来说，露营不单是接触大自然，更是要在自然的环境中，呈现自身生活的精致和品位。

于是有了很多露营的子品类，比如"搬家式露营"，恨不得在营地构建一个完整的家。而露营地作精的心头肉，剁手也要配的必备属性产品——蛋卷桌、天幕、卡式炉等，在经济实用人设的用户眼中，则是无差别属性产品——都是没必要的东西。

2021 年年初，利用数据工具，可以观察到"斜挎马鞍包"这个关键词的搜索量和话题量都在增加，而现有供货并不多，所以可以判断，短期内实现供货，会有一波销量。

这时要考虑的是，斜挎马鞍包到底要做成什么样子？是粗糙一点无所谓，重点是便宜，还是要精致、有高级感、小装饰要有文化隐含，但价格小贵？

这时，如果理解斜挎马鞍包的用户人设是"正在逃公主"，就可以

PART TWO 共识

立刻判断，前者是无效产品，对于这类用户价值不成立。

同样，虽然露营成为新时尚，但如果不懂露营地作精的诉求和痛痒，做出的产品同样会驴唇不对马嘴、似是而非。

六、用户画像和用户人设的不同

我们来总结一下用户画像和用户人设的不同。

用户画像用于以功能价值为主的刚需产品，用户人设则用于以情绪价值、资产价值为主的弹性需求产品。

用户画像是冷数据标签，对于纯功能价值的刚需产品有意义。刚需的特征是需要用这个功能解决问题——因为没有，所以需要，有了就不再需要。

而某个人设的用户购买的所有产品，在另外一个人设的用户眼中，几乎都是没必要的东西。而且，他们购买的原因不是没有，而是有了还要更多。

使用用户人设来观察一个人的需求，我们会发现：
一个人的长项，就是他的需求。

一个人的长项之所以长，长到他可以拿来做自己的人设，被人记住，是他长期投资建设的结果。

一个露营地作精，已经有了一个蛋卷桌，又忍不住再买俩试试。

一个考究派健身者，明明已经有了可替换的运动服，还是要继续入手。

也就是说，一个人在某方面越擅长，对于该方面的投资就越主动、越舍得。

组织同样如此，华为每年研发费用超过 1000 亿元，并且每年投入 100 多亿元用于数字化建设。研发能力、数字化能力是华为的长项，也是华为的需求。

反之，一个人的弱项，则可能是他长期回避的结果。

所以，对于弹性需求产品来说，不能因为一个人没有，就判断他需要。

刚需产品和弹性需求产品的购买逻辑完全不同：刚需产品是因为没有，所以需要；而弹性需求产品，则是越擅长的人越懂得自己的需要，然后需要更多。

七、人设公式

既然人人都要立人设，这里提供一个人设公式：

> FORMULAS
>
> **人设 = 固定人物分类 + 记忆锤 + 外在形象特点 + 性格 + 特长**

立人设，其实是在社交空间里把自己简化、清晰化，从而让自己被记住，就是想让别人怎么记住你，怎么想起你。想到你的时候，他就知道你在他的哪个固定人物分类里，并且立刻在脑中唤起你符号性

PART TWO 共识

的几个特征：你的形象、你的性格、你的特长。如果做不到，那你的人设就是模糊的。

这个公式里面，特长和固定人物分类是功能性描述。性格和外在形象特点是感性认知，也是一个人可以自我渲染的部分。

最后，形成一个记忆锤。如果每次公共曝光，都是一次对着观众的记忆挥锤的机会，那么所有的落点指向哪里？如果被人记住只有一个原因，就应该在此处着力。

比如刘畊宏，"周杰伦的健身教练"这个标签，就是他的记忆锤。他的特长、性格、外在形象特点和固定人物分类，都在印证和强化这个记忆锤。你甚至会忘记这个人的名字，依赖搜索"周杰伦的健身教练"来找到他。

哈佛大学商学院副教授埃米·卡迪（Amy Cuddy）在一次 TED[1] 演讲中说过一句话：

假装你行，直到你成功。[2]

这几乎是人设江湖的 slogan（口号）了。

谁能呈现完全真实的自己呢？如果把社会比作舞台，那么每个人都是表演者。而人设是某种面具，用来简化自己、突出特征、赢得关注。

有这么一句老话：出门在外，身份都是自己给的。今天可以说成：社交网络，人设都是自己立的。

---

1 美国一家私有非营利机构，定期邀请各个领域的创新者和实践家来做演讲。
2 原文：Fake it till you make it.

第七章　想象的分歧：用户人设

"假装你行，直到你成功。"但某人如果一直在假装，最终却无法成功，不就会人设崩塌，使相信他人设的人上当受骗吗？

甚至，还有专门用人设来行骗的案例，这样的社会新闻层出不穷。

确实，人设是社交场里的表演面具。戴上面具，玩得尽兴。

比如在朋友圈发动态，会收到评论和点赞。为了收到更好的反馈，我们会挑选发朋友圈的内容，可能会对生活经历进行筛选、修改甚至虚构部分细节，来更加完美地呈现人设。于是，这就成为一种"过度表演"。

当美化过的人设与真实自我的差距越来越大，就会不断拉大"理想自我"和"真实自我"的差距。在拉开差距的过程中，我们很可能会沉浸在过度表演里，而越来越回避／厌恶真实的自我。此时，距离人设崩塌可能已经不远了。换句通俗的话说，就是"演不下去了"。

这就是我们在"价值"部分谈的 doing 和 being 之间的差距。

人设是社交的产物，社交是个舞台，而家庭生活、长期的合作共处，其实是上台前与卸妆后的练习场和休息室。浅层关系里，大家是 doing，因为有共同的事需要做，才有交集；而长期关系则是 being，大家要活在一起，长在一起。

人设是一个人与这个世界玩耍时戴的面具，只有你欣赏这个面具及这个人的玩耍方式，你们才能玩在一起，才会有工具化对接之外的更多相处。

接着，你们可能需要更多舞台之下，练习室、休息间里的时光，看到对方在真实的工作场景、工作关系中的样子，在休息时独处时的样子。这样，你们才会慢慢看到对方更多 being 的真实。

对一个产品而言，需要找到第一个能让自己活下来的具体"场景"。

市场和用户不是抽象的概念，不是模糊一团的整体。

那些具体存在于真实生活、真实工作流程中的真切场景，才是一个产品的立身并扎根之地。没有产品场景匹配（PSF），就没有产品市场匹配。

小产品靠口碑，大产品靠国民习惯。周期性出现的场景就是习惯产生的地方。

同一个产品，在不同的场景里，用户的感受并不相同。让用户感知度更强烈的场景，应该是更值得重视的。

场景更具体，产品更有力。

第八章
场景的分歧：产品场景匹配

很多产品经理的委屈，是自己的产品明明有价值，也收到了一些反馈说不错，但市场却总是无法启动。产品经理的美梦，是销售曲线如一朝化蝶，羽翼翩然，一飞冲天，然后收获好评如潮。可每天睁开眼，销售曲线却都像一条在地上爬的虫子，以孱弱的肉身在地面奋力蠕动。

这种情况其实挺常见的。

有一个围棋术语叫"未生"，是说一块棋还没有活，还有可能被从棋盘上连根拔去。这时棋手有两种选择：一种是"弃子"，放弃它，让这枚棋子死掉，让这块地盘消失；另一种是"治孤"，继续投入资源，不断创造可能性，让它活下来，把这块地盘保住。

活了，死了，两者中间的状态就是"未生"——没死也没活。

创业做产品，大概率都会遇到这种"未生"的局面。而这也是最煎熬的时候——坚持还是放弃，弃子还是治孤，继续打磨还是换赛道……诸多选择面前，最难的，是找到自己该相信什么。

一次，某创始人发给我一张微信群聊天的截屏，有一个人在群里@她，说她的产品很好。我知道她的诉求，她需要我夸她。但这真是

PART TWO　共识

难为我了——因为，真的夸不出来。

如果你的产品做对了，做准了，增长的用户曲线就会告诉你。

中国是如此之好的市场，14亿人口，9亿在城镇，10亿网民，统一语言、统一货币、统一规则。任何一个窄类的小产品，只要做准了一个小群体，就是一个大数字。

而你的产品，如果没有一条飞起的用户曲线，那就是有的地方做错了。

社交场的套路话，怎么能信呢？

但我能够理解这位创业者。我见过无数创始人被困在"未生"的状态里——因为相信自己的产品有价值，并得到了部分反馈，所以不死心，不甘心放弃沉没成本，不肯认输，所以一直在投入，一直在自我说服与说服别人。

尤其是第一次创业的人，还没习惯"认输"和"接受损失"。

承认自己错了，简直是某种局部自杀。

这个困境里的很多人会有说服症，逢人就讲自己的产品，不断地去抓那一点点正向的反馈，把它们当成弹尽粮绝时的一粒粒糖，不断用这一小粒一小粒的糖支撑信念，直到资源打光为止。

其实，如果价值不成立，最好的选择就是早死早超生。

而如果明明价值成立，市场却不动，那一定是感知、想象、场景、利益相关人这四个环节中，至少一个出现了卡顿，那么就需要对准用户，对准场景，继续打磨。

这一章，我们具体讨论场景的问题。

第八章 场景的分歧：产品场景匹配

一个朋友做了一种鳕鱼片零食，拿来给我尝，说他要做成海味零食的三只松鼠。

就感知来说，这款鳕鱼片是不错的：口感鲜甜、松软，高蛋白，低脂肪。

那它有机会做成另一个三只松鼠吗？没有。因为场景太弱了。

一天 24 个小时，一个人大约有吃三顿饭和两次零食的机会。

那么，这款鳕鱼片，你会在哪个场景买它、吃它、消耗它呢？是把它当成零食吃，还是当成蛋白质代餐吃？是一个人的时候吃，还是招待朋友分享吃？

你会发现，每个场景，在你心智中都有更顺理成章的产品可选择。

而三只松鼠的主要品类是坚果，坚果是逢年过节必备的零食，是强场景。"每日坚果"这个具体产品的场景就更强了。你非常知道什么时候买它、吃它、消耗它。

三只松鼠是网红品牌出身，走的是原材料/供应链模型。随着坚果品类的成熟，三只松鼠也逐渐从网红变成了老牌。

强场景，又是品类头部，叠加中国的统一大市场，就可以诞生一个百亿规模的上市公司。

2018 年，曾经的网红雪糕品牌钟薛高，凭借 66 元一支的"厄瓜多尔粉钻"雪糕，新鲜感和话题度出圈，以高端国货冰激凌的人设出道。

接着，创始人按照相似的产品逻辑和品牌方法论，推出了速冻水饺品牌理象国，继续采用高概念、贵食材、高溢价的模式，并且复用了钟薛高的冷链能力和销售终端。看上去，怎么都应该再赢一次。

但如果落到具体的消费场景来看，理象国水饺一盒 16 个，均价

100 元。一个小伙子，一顿至少吃 30 个饺子。是 200 元吃速冻饺子，还是几十元叫个外卖？如果朋友来我家，煮 5 盒理象国水饺，500 元，不管再怎么解释这是高端水饺，看着都很寒酸，显得我一点都不热情。但是 500 元，可以叫到很丰盛的外卖。

这就和上文说的鳕鱼片零食一样——**仅就产品来感知，的确有可称道之处，但是要把它落到一个生活的具体场景中，怎么放都不合适。每一个场景，都有比它好得多的替代方案。**

理象国水饺刚上市的时候，钟薛高还红得发紫，一晃连它也已成明日黄花。

这两个例子的共同特点是，产品独立感知都不错，但是没有适配的强场景。

事实上，**因为没有具体的场景可放置，用户就无法形成某种使用习惯。而所有产品要想做大规模，都需要能够进入某种工作或者生活的常态场景中，成为用户习惯。**

能把产品感知打磨好的人，都有难得的天分，却因为没有找到好的场景匹配，一直把自己困在小规模里，这让我觉得很可惜。

一、产品场景匹配

1998 年，初创的腾讯公司准备开发一款名叫 OICQ 的即时通信软件。第一次技术讨论会上，马化腾提了一个问题："我们的用户会在哪里上网？"

这是一个关于用户场景的问题。

第八章 场景的分歧：产品场景匹配

而这个问题，是一个核心洞察，决定了 OICQ 产品的技术选择，划清了 OICQ 与 ICQ 及其他所有类 ICQ 软件的分野。

1996 年，三个以色列青年做出了一款软件——ICQ（I seek you 的谐音）。这款软件用一串数字做用户 ID（账号），用户可以通过 ID 添加好友，然后好友之间可以发送消息、传递文件。到 1998 年，ICQ 在全球拥有 1000 万用户。

在腾讯开发 OICQ 之前，中文世界已经有了三款仿 ICQ 的软件：台湾资讯人公司的 PICQ、南京北极星公司的网际精灵、广州飞华公司的 PCICQ。但是马化腾的这个问题——用户会在哪里上网，从来没有人问过。没有人关心过场景问题。

看到国外的成功产品，理解它们的用户价值，同时基于对中国用户特性和情境的深入理解，来重做价值组合和体验设计，是腾讯的重要技能点。

1998 年的美国，个人电脑已经比较普及，很多中产家庭、白领都有自己的电脑。而当时的中国，个人电脑普及率不到 1%，全国 240 万网民，七成以上是 25 岁以下的年轻人，几乎没人有自己的电脑。而与此同时，1998 年的中国有 1 万家网吧，这是中国年轻人接触互联网的主阵地。所以，中国的网民，大多数都不知道自己下一次上网会在哪台电脑上——这是中国用户的使用场景。

使用场景不同，使用操作等用户需求必然不同，产品的模式及外部形式必然要进行与之匹配的调整。

以色列人做的 ICQ，把所有的信息，比如用户的聊天内容、好友

PART TWO　共识

列表等，都存储在本地主机上。

而腾讯基于对用户场景的核心洞察，第一个技术路线选择是，让用户把所有的信息都存储在后台的服务器上，从而避免用户信息和好友列表丢失。用户用任何一台电脑上网，都能够无缝连接。所以，OICQ 是中国第一个云服务软件。

OICQ 继续观察用户场景，选择了大量与 ICQ 不同的功能分岔。

比如，ICQ 只能与在线的好友聊天，只能按照用户提供的 ID 添加好友。而 OICQ 则提供了离线消息功能，可以添加在线的陌生人为好友，还有公共聊天室等。因此，ICQ 只是一款通信工具，而 OICQ 则演化为社交平台。

年轻人的社交动力，推动了 OICQ 的快速增长。2000 年 11 月，腾讯推出 QQ 2000 版本，OICQ 正式更名为 QQ。

研究产品的人都知道，有个概念叫 PMF（产品市场匹配）。

这个概念是由网景公司创始人马克·安德森（Marc Andreessen）提出和推广的。他给 PMF 的定义是，产品和市场达到最佳的契合点，你所提供的产品正好满足市场的需求，令客户满意。安德森的意思，不是为产品找到一个市场，而是先找到一个好的市场，然后用产品去匹配。当市场与产品匹配时，很多化学反应就会发生。

但是，实际要做一个新产品的时候，就会觉得"市场"这个词的颗粒度太大了。**对一个产品而言，需要找到第一个能让自己活下来的具体"场景"。**

有了具体的场景，才会有一个产品在具体生活、具体工作中的实感，才会有竞争的实感。

那些具体存在于真实生活、真实工作流程中的真切场景，才是一个产品的立身并扎根之地。没有产品场景匹配，就没有产品市场匹配。

任何一个产品要发挥价值，都需要落在工作、生活的具体场景里，如果找不到一个清晰的场景，那么它可能只是看上去有市场——就好像天价速冻饺子一样。

比如市场需要一个即时通信工具，那么台湾资讯人公司的 PICQ、南京北极星公司的网际精灵、广州飞华公司的 PCICQ，以及 ICQ 本尊，都可以说做到了产品市场匹配。但只有腾讯的 OICQ，做到了产品场景匹配。

而这种即时通信工具又很残忍。它属于基础设施模型，有强大的网络效应——用户越多越好用。用户会帮助 OICQ/QQ 发展用户，直到把所有用户全拉过来。而所有与腾讯对线的竞争对手，则早已尸骨无存。

二、场景穷举与识别

"场景"这个词源于电影概念。"场"是时间和空间，"景"是情境和上下文。**特定的时间和空间里，特定的情境下，人的情绪和行动会被触发、被裹挟。**

上一章我们谈了人设，谈了社会生活是某种程度的表演，而所有的表演都是在一个又一个的具体场景中进行的。

产品使用，也落在生活中的一个个具体场景中。想判断一个产品是会增长还是会衰落，只要看看它的场景是在扩大还是在收缩，就可见一斑。

PART TWO 共识

2016年，一个网友整理了他对爱奇艺的需求场景（见图8-1），仅仅几年之后，我们看到，大量场景都被抖音、快手、微信视频号吃掉了。

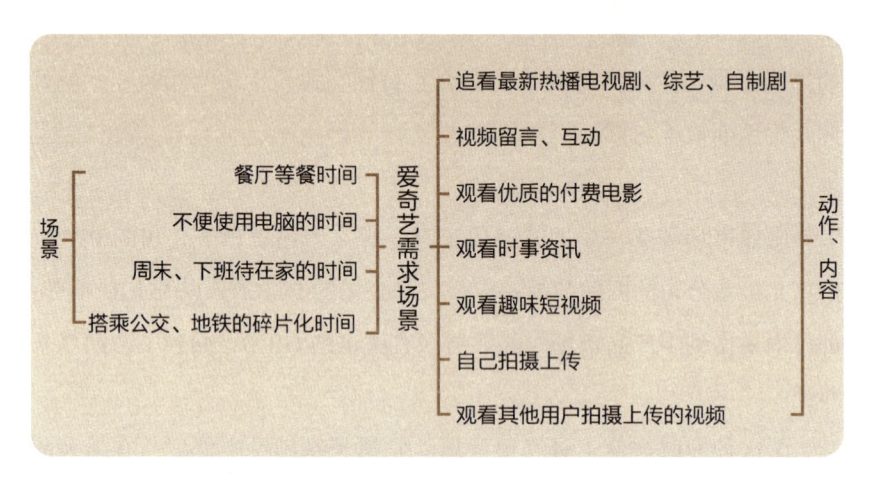

```
                    ┌ 追看最新热播电视剧、综艺、自制剧
         ┌ 餐厅等餐时间      爱  ├ 视频留言、互动
场  │ 不便使用电脑的时间  奇  ├ 观看优质的付费电影        │ 动
景  ┤                       艺  ├ 观看时事资讯              ├ 作、
    │ 周末、下班待在家的时间  需  ├ 观看趣味短视频            │ 内
         │                       求  ├ 自己拍摄上传              │ 容
         └ 搭乘公交、地铁的碎片化时间 场  └ 观看其他用户拍摄上传的视频
                                 景
```

图8-1 2016年网友在简书发布的爱奇艺体验报告

长视频要死守的最后一个场景，可能是吃饭时的伴饭剧，因为这时候两只手在吃饭，没办法刷短视频、打游戏。

产品的竞争，并不是大手一挥，天下归心，而是一个场景一个场景地具体运作，在每个场景里步步为营、步步逼近。

每一个产品，拿下一个场景，才在现实世界里踩下了一脚，有了立足之地。

像微信这么强悍的基础设施，依然有钉钉和陌陌作为其竞争对手。钉钉占据的是工作的刚性关系场景，而陌陌占据的则是陌生人社交场景，这让它们各自成了独角兽。

我们需要不断深化对用户场景的理解，这是对用户的生活/工作的具体化认识。

第八章　场景的分歧：产品场景匹配

市场和用户不是抽象的概念，不是模糊一团的整体。

比如，经常有人对我说，他要做大学生市场。

我就问他，你怎么做？

很多人多半就是做一个产品，然后进行投放。这么模糊地做事，肯定不可能做成。

王兴当年是怎么做大学生市场的呢？做校内网的时候，王兴只有 20 多岁。当时，他们先模仿 Facebook（脸书），做出了校内网这个网站，然后识别了一个强场景——放寒假，学生要乘火车回家。

王兴包了几辆大巴车。所有注册校内网的用户，可以免费坐大巴车到火车站。不用倒车，一站抵达，还免费。从学校到火车站普遍需要一个小时以上，可以在车上组织大家演个节目打发时间，然后对大家说，这辆车上都是校内网用户，有你想联系的人，可以去校内网上找他。

通过数据可以看到，开始大部分人去注册，只是为了免费乘车。但是很多人会在到家后的很短时间内，回到校内网，传照片、完善资料、发动态。

那是王兴最早的创业，距离创办美团还有很多年。但你可以看到，他做事非常具体——识别了一个非常强的场景，然后做了有效的动作，不但完成拉新，而且实现了之后的用户激活。

如今拥有 3000 万月活用户的 Keep，也是从大学生用户开始的。其创始人王宁说，Keep 最初的产品设计，是所有的动作都可以在一张瑜伽垫上完成。

PART TWO 共识

这就是王宁的用户场景：一个在校的大学生，没有钱请私教，有的只是宿舍里两张床之间放一块瑜伽垫的空间。就在这样的场景里，让自律给一个人自由。

所以，每当一个朋友说他要做一个产品时，我都会问：会在什么场景里用呢？

比如一个朋友做酸奶，是在商场开网红店，卖点是柜台全部是身高185厘米的小哥哥。那他的场景就是闺蜜逛街，对手则是满街都是的连锁茶饮。而如果他改成在写字楼开店，那他的场景就可能变成代餐——白领用一大杯酸奶代替午餐。

两个场景的差别，是复购。闺蜜逛街场景，很难追求复购，而白领代餐场景则有着清晰的复购模型。

再比如，另外一个朋友做管理数字化系统，是to B的软件系统。

我还是问他：管理者会在什么场景用呢？

他说每周的经营例会前，管理者肯定得看。

我说：能不能找到一个场景，做个小服务，让管理者每天打开一次？

于是他就做了一个"午餐tips（技巧）"小服务。管理者每天中午吃饭前看一眼，午餐时就有了议题。

然后我又问：能不能再找一个场景，再做个小服务，让管理者每天看两次呢？

最后，这哥们儿直接跑到董事长办公室安装了一块显示屏，做成了一个管理者使用最高频的场景。

面对一个新产品，如果还没确定到哪个场景去发力，我们应该做

第八章 场景的分歧：产品场景匹配

的事情，是先进行"场景穷举"，再进行"场景识别"。

场景穷举，就是先把所有可能的场景打开看一看。可以通过团队头脑风暴，或者工作坊，把用户可能会用到这个产品的生活/工作的具体场景穷举出来，直到再也想不出还有什么场景为止。（见图8-2。我在图上打了一个"年龄"的提示，因为在不同年龄阶段，产品肯定会出现在不同场景里。）

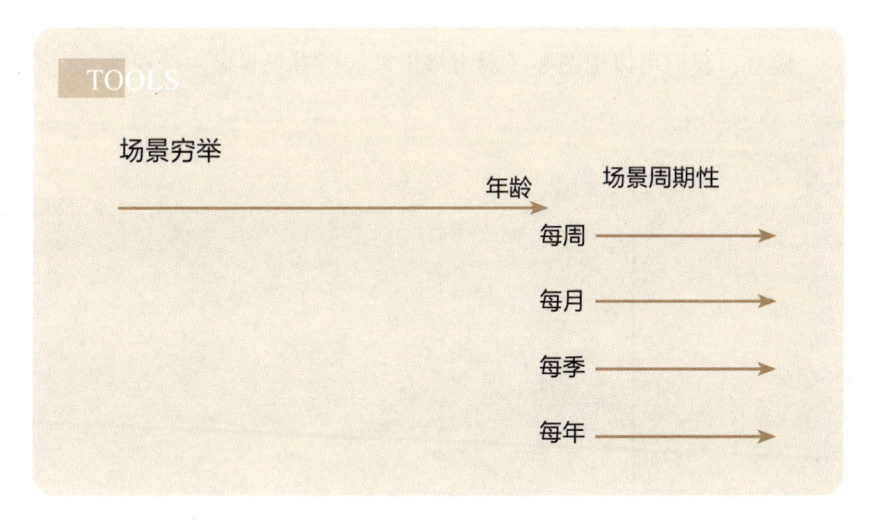

TOOLS

场景穷举 ——————→ 年龄   场景周期性

　　　　　　　　　　　　　每周 ————→
　　　　　　　　　　　　　每月 ————→
　　　　　　　　　　　　　每季 ————→
　　　　　　　　　　　　　每年 ————→

图8-2 场景穷举

接着，找一找有没有周期性出现的场景，看一看最高频的是哪个，想一想如何让自己的产品进入这个场景。

比如，我们做过一个面对大学生的产品机会洞察，首先做场景穷举，把一个大学生从收到录取通知书到毕业离校这个时间段内，遇到的所有学习、生活、社交等场景都列出来，然后看所有场景中有哪些机会。

因为很多场景的出现都有周期性——新生入学一年一次，考试两个月一次，自习一天一次，而看课程表一天好几次，那么选择场景，就是选择与用户产生连接机会的频率。

再拿坚果这个品类举例：每日坚果肯定比年货坚果好。这几年大热的消费品，无不具有清晰的场景。

我们前面说过，**小产品靠口碑，大产品靠国民习惯。周期性出现的场景就是习惯产生的地方。**

接着，我们可以用图 8-3 对穷举出来的所有场景做一个识别。

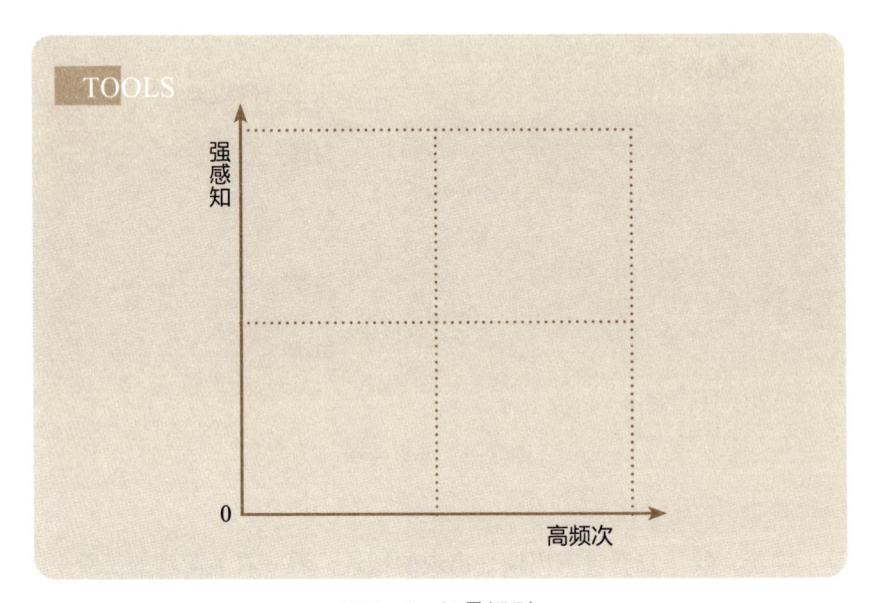

TOOLS

（纵轴：强感知；横轴：高频次）

图 8-3　场景识别

所有场景中，哪个感知更强？比如，军训完喝冰可乐，感知就高于平时；而吃火锅配冰啤酒，感知也高于一般情况。

把所有场景写在图 8-3 的不同位置，我们会看到，同一个产品，在不同的场景里，用户的感受并不相同。让用户感知更强烈的场景，应该是更值得重视的。所以，**我们应该在高频出现，且能形成强感知**

的时刻打磨产品，就如同精心打扮去赴重要的约会。

如果能找到黄金场景，那就值得拿出 200% 的力气去打磨、呈现。什么是黄金场景？比如，对一个演员来说，可能就是春晚的舞台。

三、场景更具体，产品更有力

一个朋友开了一家亲子游泳馆。

从本质来看，它首先是一家游泳场馆。

而我们知道，所有的功能价值都过度竞争，所以这个朋友也需要观察游泳馆的用户场景是什么：有偶然来玩水的，有游泳健身的，还有学游泳的。

通过场景筛选后，这个朋友发现，最高频、稳定的客源，是家长付费，让小朋友学游泳。

在这个客群里继续细分，他又识别出一个最强场景——爸爸带孩子学游泳。

于是，这位朋友改造了游泳馆的整个服务体系，开始做"爸爸带孩子学游泳"的专项服务。

这门"爸爸带孩子学游泳"的亲子课，卖得非常贵。

销售的场景大概是这样的：有年轻的妈妈前来咨询，销售会告诉对方，我们这家游泳馆的门槛不是学费，而是所有的孩子都要由爸爸陪着学游泳。您先生能不能每周拿出两个小时陪孩子学游泳呢？两个小时大概包括了往返路程、45 分钟的课程，以及穿脱衣服、洗澡的时间。

销售会带着年轻的妈妈推开游泳馆的门，让她看一眼上课的场景——满场都是爸爸在带孩子。

大多数年轻的妈妈看到这一幕，都会立即上头，下决心让自己的丈夫也加入这个爸爸带孩子的场景。

为什么这个瞬间可以让一个年轻妈妈这么上头？因为在中国家庭里，大多爸爸都不擅长陪伴孩子。

抖音上经常出现爸爸带孩子的短视频，基本上是各种熊爸爸大合集。这当然是一种刻板印象，但它也有因果。

妈妈照顾孩子的时间多，因此熟练程度越来越高，也越来越能感受到与孩子互动（掌控孩子）的乐趣。所以，妈妈更擅长带孩子，从而照顾孩子的时间更多。

而爸爸照顾孩子的时间少，因此不熟练，应对孩子的需求和状况的技能差。所以，爸爸会被家人唠叨，从而产生回避心理，带孩子的时间更少。

而这两条因果链都首尾相连，形成了增强回路。所以，总是妈妈来照顾孩子，而爸爸越来越回避带孩子，成了被锁死的路径（见图8-4）。

事实上，所有的爸爸都爱自己的孩子，他们想回避的只是挫折感和被唠叨、被指责。

而这家亲子游泳馆收了非常贵的学费，有利润空间增加服务人员，把支持服务做到位。在这里，有专业人员带着玩，提供服务，让爸爸"不会玩""不懂娃""不会处理"的所有痛点全部被解决，可以全然投入地带着孩子在水里纵情玩耍。

这当然是彼此非常享受的美好亲子时刻。

同时，游泳馆会拍摄大量的过程视频和照片。这些视频和照片，

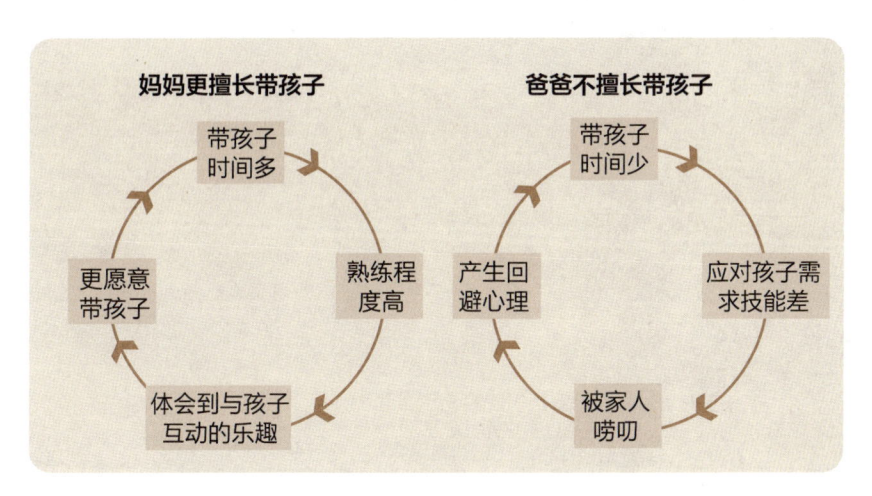

图 8-4　带孩子的因果链

也必然是这个家庭最美好的共同回忆和愿意对外晒的社交货币。

于是,这家游泳馆每开到一个城市,几乎都可以快速切入这个城市的社交人群。因为几乎每个报了这门亲子课的家庭都会在社交圈里晒:晒的不仅仅是自己的消费能力,更是自家爸爸每周去带娃——这是更值得其他家庭羡慕的。

一家游泳馆,把场景切细,找到一个感知最强的场景,在这个场景中把体验打磨到极致,就成了有犀利竞争力的新物种。

这就是产品场景匹配的过程。

强产品从强场景开始。

一件事能做成，是因为它本来就该成。
任何一件事能成，一定是受益者驱动。同理，一件事能做大，是因为受益者多。

新手用力，而高手谋局。

一个人的利益，就是他的态度。换句话说，一个人的态度，就是他的利益。

控场能力是怎么形成的？利益链完整了，压力点到位了。

纵观所有的舆情与公关危机，你会发现，战争几乎是同一场：弱者聚集讨伐强者——因为强者傲慢。
强者可以调动市场资源，而弱者天然占据道德高地。

第九章
利益的分歧：利益驱动

一件事能做成，是因为它本来就该成。

任何一件事能成，一定是受益者驱动。同理，一件事能做大，是因为受益者多。

如果一件事因为你的努力和付出才存在，离开你的努力和付出就不存在，那它一定是一件小事。

所以**新手用力，而高手谋局**。

一、利益相关人地图：把分歧摊开

介绍一个非常简洁的工具，"利益相关人地图"，非常好用。过去20多年，我和我的朋友们用它解了无数题。

这个工具非常简单，一横一纵两根轴，搭成一个象限图（见图9-1）：

横轴是利益，从原点向右，从没有利益，到有利益，然后利益从小到大；纵轴是影响力，从原点向上，从没有影响力，到有正面影响力，然后正面影响力从小到大。

当然，还可以有反向延长线。横轴的反向，就是利益为负，表示在这个区间有人利益受损。纵轴的反向，就是影响力为负，表示在这

PART TWO 共识

个区间,有人发挥负面的影响力。

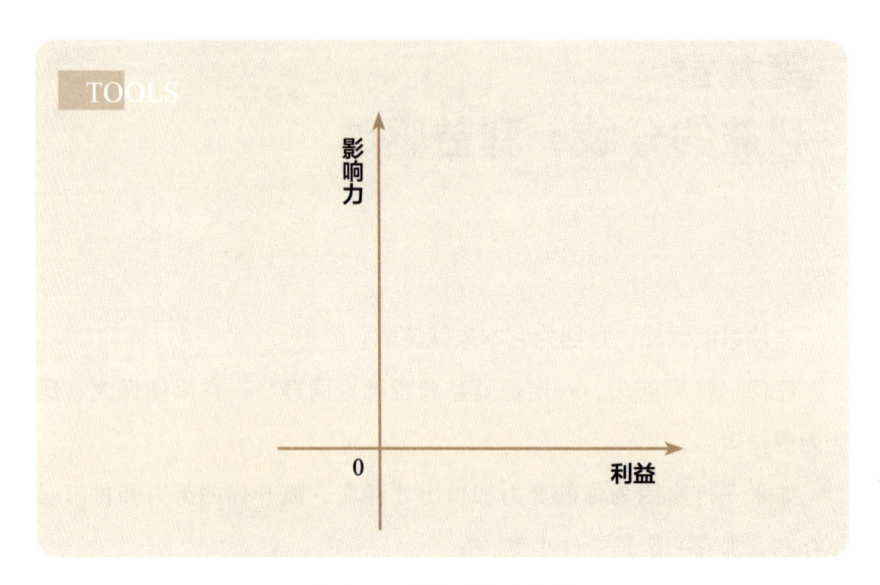

TOOLS

[图:纵轴为"影响力",横轴为"利益",原点为0的坐标系]

图 9-1 利益相关人地图

一件事,看上去相关人众多,千头万绪,但如果把每个人都摆放到这张地图上,就会产生一种简洁的直观。

比如,结婚比恋爱难。因为恋爱只要两个人感受一致就可以,而结婚是两个家庭的选择,甚至多个家庭的利益相关人都要表态,如果不能取得共识,婚约就难成。

如果是大人物的婚姻,那么利益相关人地图上要摆放的人,还要多得多。

比如,肯尼迪会与谁结婚,有个影响力巨大的角色,就是肯尼迪家族的族长、肯尼迪的父亲老肯尼迪。他是一个立志把自己儿子送入白宫的野心人物,他的标准不是哪个女孩更美,而是哪个女孩更像能配合自己儿子的第一夫人。

杰奎琳识别出了老肯尼迪的影响力。于是,在众多取悦肯尼迪的女子中,她成了被老肯尼迪认可的那个人。

领导共识,从来不是一次激情演讲、一次表演性的大手一挥,而是扎扎实实地获得一个又一个影响力人物的首肯。

而一个人的利益,就是他的态度。

换句话说,一个人的态度,就是他的利益。

二、内部共识:利益即态度

有一个朋友要做一个内部创业项目,找我讨论。

听说项目还没有最终立项,我便建议他先画内部的利益相关人地图,结果识别出一个关键岗位——"合规"(见图9-2)。

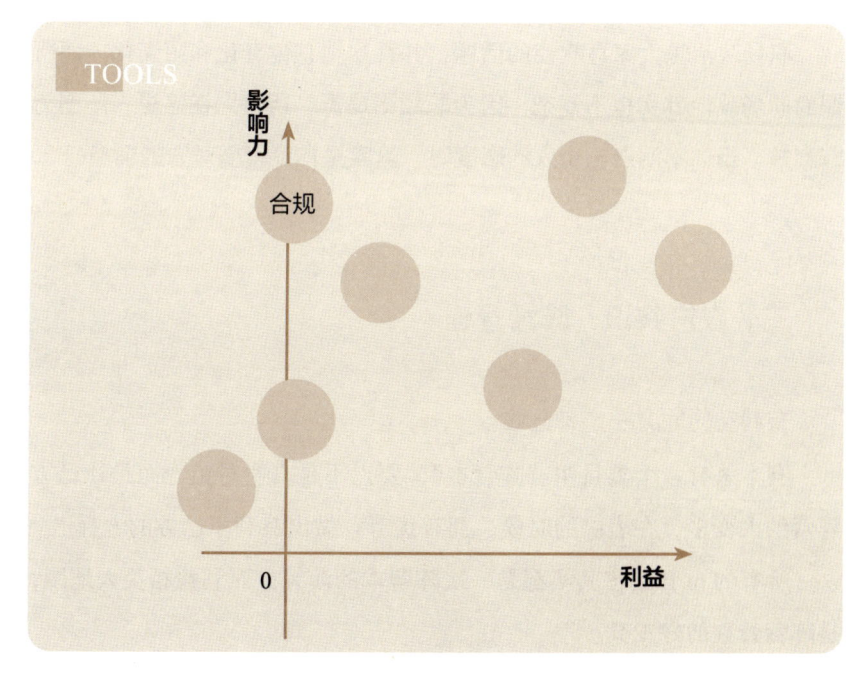

图9-2 内部利益相关人地图

合规这个岗位，在公司内部话语权很高，而他这个项目，不能给这个岗位带来任何利益。

这件事只要做，对合规这个岗位而言就是增加麻烦。而事情即使做成，也不会给这个岗位带来任何好处。所以，不难想象，人家有什么理由支持这件事呢？

很多朋友的项目都是这么夭折的。他们满心想着如何做业务、如何对外，却从来没有认真看过自己组织内部的关系和态度。

一个朋友问我，如何能提升老板对自己这件事的关注度和投入度。其实，办法依然是画利益相关人地图。

要相信，**一个人的利益，就是他的态度**。希望提升老板的关注度，就要先想想如何提升老板在这件事情中的获益。

职场政治是大家喜欢谈的话题，并喜欢把它传奇化和阴谋化。而所谓的职场政治其实也不复杂，因为**职场不是家，所有人在这里，所图无非利益。当你不明白一个人的态度时，其实是你没读懂对方的利益**。

三、客户共识：阵营管理

有利益的地方一定有分歧。

剧本杀有一个类目叫"阵营本"，要点不是真假对错，而是让己方阵营的人变多，在表决的时候，拥有优势，做出有利于己方的选择。

所有的 to B 销售其实都是一次阵营本的演练。而利益相关人地图，是阵营管理的好工具。

第九章 利益的分歧：利益驱动

我有一个朋友做 AI 客服产品。

这当然是个老故事。AI 客服在电商场景中用得已经非常多。商家在与消费者沟通的时候，常规问题由 AI 客服自动应答，特殊问题转人工。这样可以减少企业的客服人员数量，同时可以保证 7×24 小时常规客服。

但是我这个朋友发现，企业购买他们的产品后，应用深度不够，AI 客服的效能没有充分发挥。

如果说 to C（面向用户）企业的要点是"用户体验"，那 to B 企业的要点就是"客户成功"。

没有"用户体验烂"却还能风靡的 to C 产品。同样，没有"客户不成功"自己还能大获成功的 to B 企业。

怎么办？我们还是用利益相关人地图（见图 9-3），识别出了该企

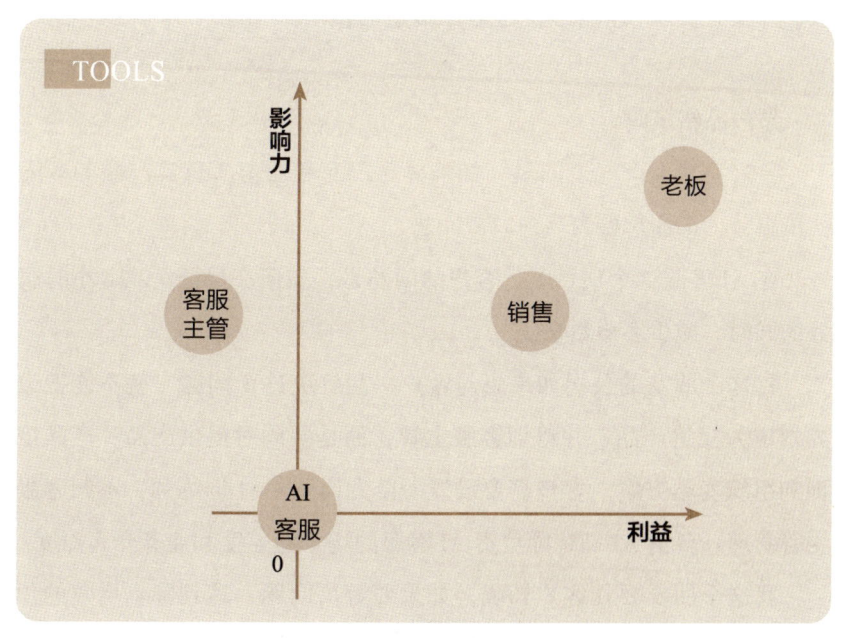

图 9-3 客户利益相关人地图

PART TWO　共识

业缺少一个关键岗位——"AI 训练师"。

AI 可以做到自动应答，但需要有人把客户经常遇到的问题和常规的答案不断告诉 AI。这个过程就是"训练 AI"。做这个工作的人，可以被称为"AI 训练师"。

之前，朋友是和企业老板签协议，然后对客服部门做培训，把系统交付给客服部门。AI 训练这个工作是由企业的客服部门，或者说客服主管在做。

但是，把相关人放到利益相关人地图上，我们就会发现，客服主管与 AI 训练之间，利益是冲突的。

客服主管把 AI 训练好，结果是公司不需要雇用很多客服，客服主管的权力和利益就都会被削弱。在这样的冲突面前，客服主管是没有动力做好 AI 训练的。反映到朋友这里，就是他的 AI 客服产品效能一般，并没有实现大幅减少企业客服数量的预期。

是产品错了吗？

经常会有人问一个问题：如何界定产品和服务？其实产品的本质就是服务，二者都要为用户解决问题。

在 AI 客服这个项目上，客户的问题是，如何在保证 7×24 小时服务的同时，减少客服数量。

我这个朋友的公司如果想与客户一起解决这个问题，就不能把边界划定为交付产品，并培训客服主管，而是要同时提供产品、产品培训和组织变革方案。客户需要设置一个专岗——AI 训练师，不归客服主管管理。要由 AI 训练师负责 AI 客服的场景涵盖度和业务介入深度。

我这个朋友要让客户知晓，如果要解决问题，达到降本增效的预期，需要付出的财务成本是什么、组织成本是什么。

第九章 利益的分歧：利益驱动

AI 客服这个案例很小，但是典型性很强。大量功能强大的 to B 产品，都是以同样的方式折在没有画清楚利益相关人地图上——己方阵营不清晰，不够强大，不能领导组织的内部共识，因此项目无法推进。

比如，一个业界大名鼎鼎的 AI 大咖，做了一套非常强的识别算法。基于这个算法，可以把逛商场实体店的人数字化，建设一个真实的商场数字孪生。

电子商务可以超越实体商场，很重要的一个原因是，电商网站所有的用户都是数字化的，所有的行为痕迹都可视、可统计、可查找规律、可优化。因此，电商网站的所有决策，都有数据依据和数据反馈，可以根据反馈不断迭代，不断精细化运营，实时优化转化率。而实体商场的经营则模糊得多，运营调整也要慢得多。

现在，有了这位大咖的技术，有了精准的数据，逻辑上，就可以用数据驱动优化商场的运营，让商场的运营效率上一个大台阶。而事实上，这个项目推不下去。

这是一个投资过亿元的项目，但是推不动的原因和那个小小的 AI 客服产品并没有区别，还是没有画清楚利益相关人地图。

一个商场，什么品牌能进，什么品牌不能进，哪家店在哪个位置，是这个商场管理层的核心利益。凭什么你一个理工男搞个 AI，弄几个数据，就要让大家放弃运营了几十年才得到的权力？

这不是大咖技术的问题，而是领导变革的经验不足。**这不是技术问题，而是阵营问题**。

这也是大量企业向往数字化却又只能叶公好龙的原因——只想付出财务成本，不想付出组织成本。

于是重金引进的大杀器，就成了鸡肋。

PART TWO 共识

四、市场共识：驱动利益链

领导市场共识的案例，我们还是用可口可乐。

今天是中国企业大出海的时代，当我们来到一个新城市、打算启动一个新市场的时候，不妨回忆一下 50 年前可口可乐重返中国市场的动作。

可口可乐在 200 多个国家有售。作为世界最大的饮品公司，这个超级单品已经走过了 130 多年的历史。

在今天的中国，即使是最偏远的山村、最小的超市，也可以买到可口可乐。这是市场共识的结果。

它在中国市场上是怎么开始的呢？

可口可乐早在 1927 年就进入了中国。20 世纪 40 年代末，中国成为可口可乐在海外的最大市场。1948 年，可口可乐离开中国大陆。

1976 年，可口可乐开始探索重返中国的路径。它与中国驻美联络处沟通，赠送可口可乐，邀请中国驻美联络处官员到亚特兰大的总部参观。1977 年，可口可乐提出在中国设厂的方案。1978 年 12 月，可口可乐与中粮集团达成协议，向中国的主要城市和旅游区提供可口可乐，成为新中国成立后进入中国市场的第一家外资企业。

1981 年 4 月，可口可乐在中国的第一个瓶装厂建成投产。最初，可口可乐只供应给旅游饭店。1982 年，经商务部同意，可口可乐供应涉外饭店后剩余的产品，开始由北京糖业烟酒公司系统在北京投放市场。1983 年，可口可乐得到了可以内销的批示。

从 1978 年签约，获得许可进入中国设厂，到 1983 年得到内销许可。5 年的培育之后，可口可乐才算正式进入中国市场，可以卖给中

第九章 利益的分歧：利益驱动

国的所有消费者。

1986年10月，可口可乐第一条中国电视广告同时在中央电视台及全国18家电视台播出。

当时，英国女王首次访华。英国广播公司（BBC）拍了一部纪录片。中央电视台想买这个片子播放，但缺乏经费，于是找到了可口可乐公司，希望对方能提供20万元的赞助费，回报则是在纪录片前后播放可口可乐广告。

当时的央视不允许播放外资企业广告，可口可乐如果答应此次赞助，即可获得通过权威媒体直接面对消费者的机会，实属难得。

权衡利弊之后，可口可乐做出决定——用一年多的利润来交换一次在央视露面的机会。

1986年，电视还是稀缺商品，央视在中国百姓心中是绝对的信用权威。可口可乐继成为第一家进入中国的外企之后，又成为第一家借助央视背书占据消费者心智高地的品牌。

当时，普通人一个月的工资才几十元，而买一瓶可口可乐要花四毛多，是奢侈的消费品。可口可乐成为一种送礼的佳品。据可口可乐老员工回忆说："可乐一出手，事情就好办了。老婆生孩子，给护士的礼物是两瓶可乐，护士当时就乐了。"

但是，可口可乐的雄心，远远不是作为一个低频消费的礼物，它要的是进入中国人的生活日常。它的第一个重点城市，是上海。

所谓的生活日常，是由一个又一个的场景构成的。可口可乐选的场景是吃火锅。

为什么？因为这个场景下感知强烈，也就是我们前面说的强感知

PART TWO　共识

场景。热腾腾的火锅，配一瓶冰凉清爽的可乐，直接上头。那个时候，吃火锅配可乐能够引起的氛围感，和今天吃海鲜配茅台类似。

可口可乐找到了这个强感知场景，并且做了广告投放、市场教育，"吃火锅配可乐"这件事就会发生吗？用户会根据广告，自己买可乐配火锅吗？不会。

接着，可口可乐与上海高档火锅店合作，为火锅店免费配置冰箱，提供大量赠品。这样，可口可乐才进入了一家家火锅店的真实场景。

场景就绪了，消费者"吃火锅配可乐"就会发生吗？不会。

那个时候下馆子，绝大多数是为了请客。当时大多数中国人都没有喝过可乐，请客的人，会贸然地让自己的客人尝试没有喝过的饮料吗？万一不习惯怎么办？

服务员会向客人推荐可口可乐吗？不会。因为那时候的中国餐厅全部都是国营的，服务员没有利益也没有义务去推销一个美国饮料。

可口可乐可以绕过餐厅老板向服务员提供激励吗？当然也不能。

所以，即使已经在央视播出广告，即使已经找到了强感知场景，即使所有的货品已经在场景中摆放到位，**如果利益驱动没到终端的末梢，消费者依然不会行动**。

可口可乐在这个场景里又为中国市场创建了一个新角色：酒水促销员。他们受雇于可口可乐，在餐厅进行推介，卖餐厅库存的可口可乐。也就是说，可口可乐出人，出促销品，帮餐厅老板卖货。

直到这个利益承接点到位，可口可乐通向市场末梢的利益链才算完整，才能够开始顺滑地运转。可口可乐才开始从一个奢侈的礼品变成生活场景的日常。20 年后，可口可乐在中国组建了最大的地推团

第九章 利益的分歧：利益驱动

队，拥有 5 万名地推员，确保在最偏远的山村、最小的超市，都可以买到可口可乐——而且不是假货。这是何等强大的控场能力。

控场能力是怎么形成的？利益链完整了，压力点到位了。

所以，可口可乐的核心竞争力根本不是它的神秘配方，那已经是 100 多年前的东西了——今天的反向工程能力那么强，分析出具体的配方实在不是什么难事。可口可乐真正强大的，是它领导市场共识的能力和控场的能力。

我们来看看它最初一战的利益相关人地图最简版（见图 9-4）。

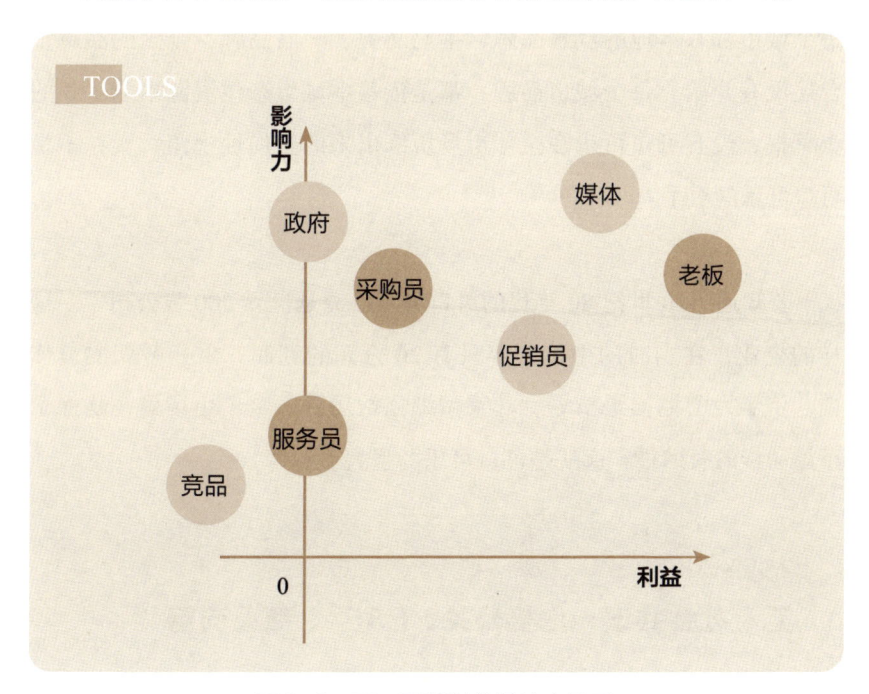

TOOLS

图 9-4 可口可乐利益相关人地图

这一战中至少有 7 个角色：政府、媒体、火锅店老板、火锅店采购、服务员、竞品、促销员。

我们可以看到，通过可口可乐的持续沟通，持续贡献税收，政府

PART TWO 共识

对可口可乐的态度从中性偏负面转向了中性。

媒体呢，有高影响力，而且可以从可口可乐的成功中获益。所以，媒体可以持续成为可口可乐的牢固伙伴。

火锅店老板可以免费得到一台冰箱，并且作为可口可乐的零售终端享受销售毛利，是乐享其成的。

服务员有影响力但是没利益，所以没有动力，但也不会阻止客户消费，所以是中性。

而竞品，比如曾经的国货品牌、价格只有可口可乐 1/3 的北冰洋汽水等，肯定是利益受损的，但是它们影响力极低——当时的中国，每个城市都有本地的汽水品牌、牛奶品牌、啤酒品牌，全国的品牌整合还没有开始。每个城市品牌，都是依赖本城生态位资源本能生长的小草根，没有可口可乐在全球市场历练出来的全局性视角，实在不是可口可乐的对手。

要知道，20 世纪 80 年代的可口可乐已经是世界 500 强公司了。这样的企业，在当时的中国一年只有 20 万元的利润。**但它却如此具体地、步步为营地推进市场，非常精细化地运营一个个小场景，确保了市场动作的有效性**。这就是可口可乐的强大。

五、社会共识：危机公关、ESG[1]、商业向善

今天的商业领域非常社会达尔文主义——强者生存，弱者淘汰，

---

1 Environmental, Social and Governance 的首字母缩写，意为环境、社会和公司治理。

是圈内的共识。行业每年都在淘汰不够强的企业，企业每年都在淘汰不够强的员工。变强、变得更强，似乎是每个进入商场之人的单行道。

但是，千年以来，我们的社会逻辑一直是颂扬善者。所以，到底是强者生存还是善者生存？

答案其实非常清晰，**生存是没被淘汰的结果。**

市场淘汰弱者，社会清洗恶者。

市场是社会的一个局部，而今的网络社会，使社会与市场可以瞬间切换。

企业会因为一个善举忽然间被网络社会放大，从而获得市场的奖励。

比如，2021年7月21日，老牌企业鸿星尔克官方微博发文，说公司通过郑州慈善总会、壹基金，紧急捐赠5000万元物资，驰援河南灾区。有网友发现，鸿星尔克2020年巨亏，却花了5000万元驰援灾区。随后，这一消息在网络上不断发酵。

为了支持鸿星尔克，大批购买者涌入其天猫官方旗舰店直播间。曾经观看人次不足1万的直播间，7月22日观看人次直接突破200万，上架一款抢空一款。网友齐刷刷点赞留言，并呼吁"上最贵的"。鸿星尔克总裁呼吁大家理性消费，被网友留言说："你们野性捐款凭什么要我们理性消费""我们是野性消费"。

企业也会因为一个错误面对汹涌的舆情，受到市场的惩罚。 这种例子就数不胜数了。

PART TWO 共识

纵观所有的舆情与公关危机，你会发现，战争几乎是同一场：弱者聚集讨伐强者——因为强者傲慢。

慕强是人类的本能，同时毁神也会激发人类最大的快感。所以在互联网上，造神和毁神成了某种真人游戏。每掀起一次舆情，都会引发一次毁神行动——在网络上对着一个大家伙、大企业、大人物群起而攻之，如同游戏里打大 BOSS（首领）一般刺激。

而那个走上强者之路、被塑造成神的人，往往忘记七宗罪的第一条是"傲慢"。

强者可以调动市场资源，而弱者天然占据道德高地。

强者力大，而弱者人多。这是社会系统的天然平衡。傲慢的强者必被弱者群狙而低头，也是所有舆情和危机公关的共同结局。

中国的修仙小说中有句话：人要成仙，天诛地灭。修仙者需要经历一次次的劫难才能脱胎换骨。

成为强者的道路，就是劫难重重的道路，而成长的契机往往会在遇劫之时显现。

2018 年的星巴克种族歧视危机，是一个危机公关的经典案例。

2018 年 4 月 12 日，美国费城的两名非裔男子因没点东西就坐在星巴克里，遭店铺经理指控他们"非法入侵"并被警察逮捕。他们被上铐带走的过程，被人录下上传到了社交网络，引发轩然大波。视频短时间内播放了数百万次，推特[1]上还掀起了"抵制星巴克"的运动。

费城警察局局长在媒体面前表示，警察们的做法没毛病。他说星

---

[1] 现已改名为"X"。

巴克的员工打电话报警，称这两名男子进入星巴克想去洗手间，而根据星巴克公司的规定，没有点东西的顾客不能进入并使用洗手间。但这两名男子拒绝离开。警方到达后，曾三次要求这两名男子离开星巴克，但他们仍拒绝离开，所以才会被捕。他强调，两名男子在被捕时并没有受到任何伤害。

这个警方发言没有帮到星巴克任何忙。

抗议者直接聚集在这家星巴克店外示威。带头的非裔牧师乔登（Jefferey Jordan）说："已经 2018 年了，我们还在忍受这种乱象。这个国家是靠黑色与棕色皮肤的人打造的，但现在星巴克仍把我们当成次等人。"

4 月 14 日，星巴克官方社交媒体账号发出了简短的道歉信：

> 对被逮捕的两位和关注此事的星巴克顾客，我们深表抱歉。星巴克将认真处理和正视此次事件。我们将重新审视我们的规章制度，保证此类情况永不发生。

从成文上说，这则道歉简短而完整：第一句话表达态度——道歉；第二句话表达反思——自己的规章制度需要审视；第三句话有承诺——绝不再犯。

然而，道歉动作做了，却毫无效果。

为什么没有效果？

因为争议有两种，一种是就事论事，一种是借题发挥。能够引起舆情的，一定是借题发挥。

也就是说，社会上已经存在的某种情绪、某类问题，遇到了一个合适的闸口，于是，本来便在推动此类社会议题的人，就有了发表言

PART TWO 共识

论的舞台。

以就事论事的态度来回应别人的借题发挥，当然是无效动作。

费城市长肯尼（Jim Kenney）直接表态，批评星巴克的行为是种族歧视，称他对此感到心碎。

4月15日，星巴克时任CEO凯文·约翰逊（Kevin Johnson）在官网发出一封几百字的道歉信，向两名被捕男子表达深切歉意，并表示了整改、预防类似事件再次发生的决心，以及明确表达星巴克坚决反对种族歧视。

CEO的道歉信还是没有用。

抗议的风潮已经蔓延到了美国其他地方。不少大城市的星巴克门口，都能看到举牌抗议、高呼抵制星巴克的人。事态发展其实已经不受控制了，种族歧视在全球范围内，尤其是美国，真的是一个天大的问题。

接着，在4月16日的《早安美国》节目上，凯文·约翰逊接受连线，真人现身公开道歉。他表达了五层意思：第一，对当事人道歉；第二，不甩锅，自己有不可推卸的责任；第三，再次检讨，事件本不应该发展成这样，占用了公共资源，对公众道歉；第四，希望见到两位"绅士"（注意这个措辞）；第五，优化规章制度培训，绝不再犯。

这是一个有效的行动。

主持人称，这位CEO的此次回应在众多危机公关发言中脱颖而出，简直是教科书级别：CEO出面道歉，着装得体，不打官腔，不推卸责任，诚恳和歉意写在脸上。

也正是因为此次在传统媒体上正式且诚挚的露面，舆论风向开始改变，这也是星巴克走出危机的起点。

接着，4月17日，CEO再次接受CNN（美国有线电视新闻网）采访，当然还是先诚挚道歉，然后利用CNN的平台宣布了一个扭转局面的关键决定：在一个多月后的5月29日，全美的8000家星巴克，将关店半天时间，进行员工反种族歧视培训。

并且，他强调这只是整改和规范的第一步。随后，他们将与美国前司法部部长及全美有色人种协进会、反歧视诽谤联盟等合作。

据悉，这个决定涉及8000家门店、17.5万名雇员，关店带来的损失预计将达到1670万美元。

之后星巴克和费城分别宣布了补偿措施：

星巴克支持这两位被捕的青年上大学的在线课程。费城向两名青年支付1美元的象征性赔款，并遵照二人的要求创建了20万美元的年轻企业家项目。

汹涌的弱者聚集，就是要让强者低头，给弱者尊重，让巨兽表示自己接受束缚。

星巴克的这个动作为什么值得推荐？

"种族歧视"是一个巨大的社会议题。**作为一家将长期存在的企业，在这个同样将长期存在的社会议题里，星巴克想成为一个什么样的案例？是时不时被当成负面案例拿出来鞭笞一下，还是成为代表某种进步行动的存在？**星巴克做出了正确的选择。

这不是偶发事件的澄清问题，而是对一种社会阵营力量的认知问题，以及与其的长期关系的处理问题。

PART TWO　共识

当我们看这个案例的时候，你觉得，星巴克遇到这个危机，是偶然还是必然？星巴克以亿元人民币的代价，让8000家门店关店半天，进行员工反种族歧视培训。这个动作是被动的还是主动的？这笔钱是损失还是投资？

一次公关危机，就是一次遭遇战。

而星巴克遇到的"种族歧视"议题，是社会正在形成的新共识。企业如果没有与此对齐，就会导致系统性风险。

星巴克的关店培训，目的在于让企业与社会新共识对齐，是对系统性风险的主动性防御，是企业必须做的风险管理。

当前越来越热的ESG，从环境、社会和公司治理三个维度评估企业经营的可持续性与对社会价值观念的影响，强调企业要注重生态环境保护、履行社会责任、提高治理水平。

这也是正在形成的社会新共识。

2024年4月12日，上海、深圳、北京三大证券交易所正式发布了《上市公司自律/持续监管指引——可持续发展报告（试行）》（后文简称《指引》）[1]。该《指引》于2024年5月1日生效，旨在引导和规范上市公司发布ESG报告。这是A股首个统一、标准、实用的ESG披露准则，对中国上市公司在ESG等可持续发展信息披露方面做出了明确的规范。

读中国古典小说，经常能看到一个词——"积德"。"积德行善"是

---

[1] 各交易所的文件名称略有不同。

第九章　利益的分歧：利益驱动

对中国古代大户人家的称赞，这其实是中国古人的生存智慧。积德之家，必有余庆之绵长，用今天的话讲就是可持续发展。

ESG 可以说是一个有标准、有具体要求的企业"积德系统"。

今天，中国企业出海成为新的潮流，新一代中国企业家纷纷前往制度和文化各种各样的地域开展商业活动。大家在捕捉世界各地商机的时候，也在熟悉来自不同制度与文化的风险。

没有生态会欢迎生态的破坏者，无论是市场生态、社会生态，还是自然生态。所以，商业不但要强，而且要向善。强者可以抢夺，而善者会兼容与滋养。

未来，新一代中国企业家在谈论自己又开辟了哪些新市场、获得了多少新用户、赚了多少钱时，还可以说说，自己在那里积了多少德。

QUESTIONS

星巴克这场危机处理中的利益相关人都有谁呢？请画出利益相关人地图。

如何构建新共识，让市场接受一个新品类？需要一场认知战。

认知战有五个要点：信息操纵、情绪操控、认知引导、舆论导向、心理操作。

一个人不会做出他内心不存在的决定。

一个重大决定的做出，只能依赖于对方是真的想做这件事。

要能够操作这一切，需要一个更高的视角，一个跳出当前冲突平面的视角，这样才能看到全貌，持"枢"，找到枢纽，看到事物自身发展的动线，站到历史正确的一方。

第十章
认知战：从新主张到共识

老产品做营销，可以沿着已经形成的用户认知惯性去做强化。而新产品，尤其是新品类做营销，则需要一场认知战。

认知战，全称为认知领域作战，是指为了达到某种目的，操纵信息、情绪和认知过程，影响人们的思维、认知和态度，从而影响个体或群体的行为和决策。

什么是一场认知战的胜利成果？就是新共识的诞生。

一、媒体认知战的五个要点

农夫山泉矿泉水进攻以娃哈哈为代表的纯净水，是认知战的一个经典案例。

1996年，钟睒睒创办农夫山泉。当时市场上的瓶装水产品主要是纯净水。纯净水是指通过蒸馏、去离子化等过程生产出来的瓶装水。娃哈哈、怡宝等是当时纯净水市场的头部品牌。

瓶装水具有典型的功能价值，是刚需标品。所以，核心比拼的是供应链的控制力和效率。娃哈哈的掌舵人宗庆后持盘扎实，把大渗透、大分销玩得明明白白，领先于行业形成了严密的线下经销网络；品牌推广方面，娃哈哈上过央视和报纸头版，请当红明星代言，能在短短

PART TWO　共识

一周内把一瓶纯净水卖到山间村头。

做农夫山泉，供应链的控制力和效率依然是必答题，但是这两个方面要想在短期内超过娃哈哈，应该说非常非常难。

所以农夫山泉的选择是砸对手的锅。

农夫山泉在 1997 年生产的饮用水，100% 是和娃哈哈一样的纯净水，到 1998 年，调整为 50% 是纯净水。1999 年，钟睒睒决定停止生产纯净水，全部投入"天然水"，开创一个新品类。

市场已经接受了纯净水，**如何构建新共识，让市场接受一个新品类？需要一场认知战。**

一般来说，认知战有五个要点。

第一，信息操纵：信息操纵是认知战的核心，即通过选择性、扭曲性地传播信息，塑造目标群体的认知和观念。这可能涉及偏颇的报道、谣言的散布、夸大或缩小事实等手段。

第二，情绪操控：认知战往往利用情绪操控来影响目标群体的心理状态，进而影响其决策和行为。这包括引发恐惧、愤怒、焦虑等负面情绪，或者激发希望、喜悦、团结等正面情绪。

第三，认知引导：认知战的目的之一是引导目标群体的认知过程，使其形成与自己意图一致的观念或信念。通过重复、强化特定信息或观点，影响目标群体的认知模式，使其对特定话题产生偏向性的认知。

第四，舆论导向：认知战往往利用舆论和公众舆论导向来塑造目标群体的观念和态度。通过掌控媒体、网络平台等舆论阵地，引导公众对特定话题的讨论和看法，以达到自己的目的。

第五，心理操作：认知战还可能涉及心理操作，即通过对目标群体的心理弱点或心理需求进行针对性的刺激和操纵，使其更容易接受自己的观点或行为建议。

这五个要点可以分成两组：一组是信息操纵和舆论导向，换成今天的营销用语，相当于制作物料和投放；一组是情绪操控、认知引导和心理操作，也就是针对目标对象的主观意识，层层深入地改变其态度、反应、意识和行为。

这里面，情绪操控和心理操作的区别是什么？

我们来看两个词——"情绪冲动"和"心理阴影"。能不能感受到差别？一个短期一个长期：情绪是瞬间迸发的火星，可以说上头快下头也快，而心理操作，则是植入潜意识，长期地、潜移默化地影响目标对象的心理状态和行为方式。

比如，"啊！他是个英雄，好崇拜！"这是情绪。"我是一个弱者，我需要被强者保护。"这是心理。

我们来看看农夫山泉是怎么做的。

2000年，农夫山泉正式宣布停产纯净水，同时展开一场关于天然水和纯净水的认知战。

农夫山泉这场认知战的目标，是把"天然水优于纯净水"这一观念，打到用户的眼里、脑里、心里，形成对市场认同天然水的新共识。

它选择的攻击点是纯净水的特性：过于纯净，不含矿物质。

而含有矿物质，正是天然水的特性。

原来在用户的心中，喝水是为了解渴，有没有矿物质本来是个无差别属性。而农夫山泉将这个曾经的无差别属性拎了出来，想把文章做大。

为了制造用于传播的信息，农夫山泉做了三个实验，其中一个是水仙花的生长。

水仙花在纯净水和农夫山泉天然水中的生长状况为：7天后，纯净

PART TWO　共识

水中的水仙花根须只长出 2 厘米，而天然水中的长出了 4 厘米；40 天后，纯净水中的水仙花根须重量不到 5 克，而天然水中的超过了 12 克（见图 10-1）。

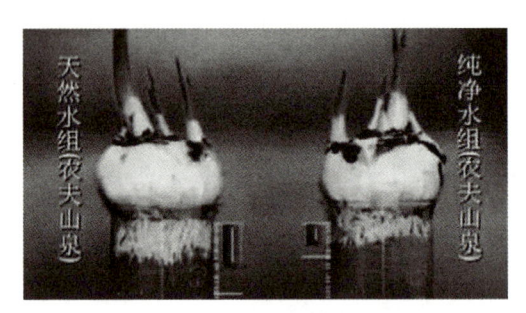

图 10-1　农夫山泉的水仙花实验

水中有没有矿物质，用户一般都是无感知的，而农夫山泉让这种用户无法基于自身味觉、体感建立感知的特性，通过科学实验、对比数据和对比强烈的画面，在视觉和认知里创造了用户感知。

实验的结果在媒体上公布后，就成了一组强有力的信息包，引发了舆论场和社会的强烈反应。

这一举动直接打击了纯净水这个品类，是公然与全行业为敌。之后，娃哈哈、乐百氏等近 70 家企业统一行动，集体讨伐农夫山泉。最终农夫山泉败诉，因"不正当竞争"被罚款 20 万元。

同时，纯净水方也给出信息来进行对抗。

据说宗庆后看到水仙花这个实验之后说：粪水里的水仙花长得也很快，能说明粪水就更健康吗？

宗庆后还说过，娃哈哈的纯净水纯净度很高，是长年给各大医学实验室做实验用的水。

纯净水协会发布了中国水污染地图,指出天然水水源地污染问题,并且说,事实上,人体补充矿物质主要靠的是食物而非饮用水,饮用水里的矿物质含量是非常低的。

认知战的第一个要点,"信息操纵",需要选择强有力的信息包,尤其是有画面感的照片或者视频信息。为什么?

一张照片,一段视频,鲜活、具体,是直接的视觉信息,不需要经过语言的编码和解码过程。

一个画面可以立即传递复杂的情感、情景和信息,而语言需要逐字逐句地被处理和理解。一张表达悲伤的面孔或一幅壮丽的风景画,可以立即引发观者的情绪波动,而语言可能需要更多的描述和时间才能达到同样的效果。

而且,视觉信息容易与情感记忆联系,使人们更容易记住那些具有强烈视觉和情感冲击的画面。

此外,视觉信息还会激发人的想象,让人的想象自动在大脑里延伸。

在认知战的**信息操纵和认知引导**里,天然水方给出了强有力的信息包,而纯净水方只有自我辩解,**没有给出任何有力的信息来瓦解那组水仙花的画面所引起的想象**。

接着,在利用舆论和公众舆论导向上,纯净水方的利益相关人地图也没画对。

用户相信科学,相信专家,相信权威媒体。生活中两个人吵架,都要找第三方来评评理,尤其是要找在社区内有威望的人,也就是如今的KOL、KOC(关键意见消费者)。

PART TWO　共识

在发起对纯净水的进攻战之后，农夫山泉第一时间在权威媒体上来了一波广告：常喝纯净水危害一代人健康。它在央视和电梯广告投下大量资源，让这个声音传递，让猜疑持续，让恐慌蔓延。

这是在利用信息战的另外三个要点——"**舆论导向、情绪操控、心理操作**"制造心理阴影了。

而纯净水方的做法是在行业网站上发起谴责，要求农夫山泉道歉。

到这里，我们不看后面的数字，就知道纯净水方必然会输掉这场认知战。

天然水方为什么要发起这场认知战？为了形成新共识：天然水优于纯净水。

共识的反面是分歧——感知的分歧、想象的分歧、场景的分歧、利益的分歧。

之前纯净水坐拥天下，这些分歧其实从来没有被拿到明面上过。而这一仗里，挑战方天然水针对所有分歧，大刀阔斧地主动推进。

感知的分歧

天然水方：放出水仙花实验视频，直接展现天然水对生命更有利，感性冲击。

纯净水方：人体补充矿物质主要是靠食物而非饮用水，饮用水里的矿物质含量是非常低的。这是理性的声音。

想象的分歧

天然水方：大量广告，宣称常喝纯净水危害一代人健康。

纯净水方：行业网站上发起谴责，但没有给出己方引导的公共想象。

场景的分歧

天然水方：大量广告，以日用品为主要场景，宣称常喝纯净水危害一代人健康。

纯净水方：娃哈哈的纯净水纯净度很高，是长年给各大医学实验室做实验用的水。这是一个小场景，面对日用品这场大仗其实帮不上忙。

利益的分歧

天然水方：天然水方这一仗获益者多。大量广告和营销活动给媒体和专家带来了利益，新品类给渠道带来了新利益。

纯净水方：很委屈，明明农夫山泉是以偏概全，纯净水很可靠，为什么没有媒体和专家站出来主持正义呢？

我们在"利益相关人地图"那一节说过，一个人的利益就是他的态度，一个人的态度就是他的利益。

在生死攸关的战场上，不清楚对方的利益和态度，而指望根本不认识、与己方没有关系的力量来充当救世主或者白衣骑士，为自己扭转局面，指望顾客自身的理性，其实都是机会主义者的侥幸心理。

到 2023 年，农夫山泉在瓶装水领域的市场占有率达到了 23.6%，为行业第一，而娃哈哈的市场占有率为 5.6%，排名第四。

二、近距离认知战——说服的 12 个步骤

"认知战"是个新名词，但其实是个老套路，中国的古话"攻心为

PART TWO 共识

上"讲的就是这个。而战国纵横家们的老师鬼谷子,就是一位认知战的大师。

最早记载鬼谷子其人的是司马迁的《史记》。《史记·苏秦列传》中说:"苏秦者,东周洛阳人也。东事师于齐,而习之于鬼谷先生。"传说鬼谷子有四个学生——庞涓、孙膑、苏秦、张仪,都是战国时期纵横飞扬、左右局势的大人物。

鬼谷子被称为"谋圣"。"纵横家"是他创立的学术流派,指一个独特的谋士群体,可以说是中华上下五千年中最早也最特殊的外交政治家。

放在今天的社会生活里,其实每个CEO、销售人员、营销人员、市场推广人员、BD(业务拓展)专员都是纵横家,因为大家要做的工作都一样,就是"说服"。

《鬼谷子》这本书,据说是鬼谷子的作品。里面共有十四篇文章,其中最后两篇失传,也就是第十三、第十四篇——《转丸》和《胠乱》。

今天来看,这本书依然是优秀的近距离认知战框架,也就是说服的框架。虽然时间过去了两千多年,心理学、传播技术、沟通方法多有发展,但是总体的框架感,并没有超越这位两千年前的祖师。

为什么?因为鬼谷子教出来的学生,要去说服这个世界上最难说服的人——一国之君。

普通人资源有限,利益相关人有限,角色风险也有限,所以其实是比较容易被打动的。但君王很难被说服,因为他的利益相关人极多,一举一动的延长线极远,角色风险极高,所以猜疑极深。

《鬼谷子》剩下的十二篇,把一场复杂的说服划分为十二个节点。

第十章　认知战：从新主张到共识

把它们和最后单列的一篇《持枢》一起画出来，就是一幅说服君王的用户旅程图（见图 10-2）。

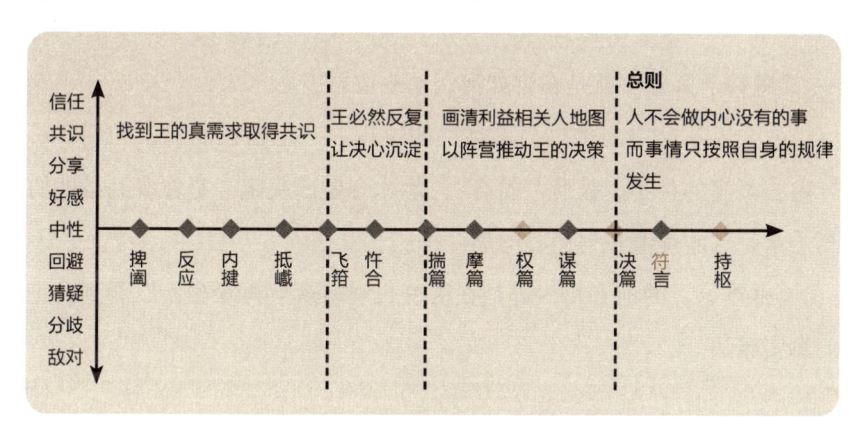

图 10-2　说服君王的用户旅程图

这十二个节点的中心是哪里呢？是第十一，《决篇》——让君王做决定，让共识达成，让基于共识的行动发生。

因为认知战的目的，就是改变对方的认知和行动。前面十个节点，是不断去试探君王真实的想法到底是什么，然后谋划局面，让种子发芽，让君王表态，让国家行动。

放到今天，就是我们去销售，去说服，最后让对方决定购买我们的产品。

以终为始，一切以推动最后的"决"来谋布。

我们接着再看，《鬼谷子》全书最核心的一个字是什么？是"符"。

今天很多日用而不知的字词，都来自古人深入的思考。比如"符合"这个词。古代君主传令给自己的军官，军官怎么知道这条命令是真的？传令人拿着一个符，和军官手里的符一对，两个能合上，就说明命令可信，军官的力量可以被持符的传令人调遣。

273

PART TWO　共识

所以，符就是操纵、调遣、控制。这就是为什么中国的道士也用符来调遣鬼神等神秘力量。

《鬼谷子》全书就是在讲如何调动一位君王。
一个人不会做出他内心不存在的决定，一定是你的勾引钩到了对方内心真实的种子，彼此"符合"，他才会做出决定。是你拿到了他的真需求，这才是藏在他内心的那个符。

《鬼谷子》的前五篇，都是在讲怎么观察观察再观察，以看到君王的真实想法。

《捭阖》篇：捭是敞开，敞开心扉，直言陈词；阖是关闭，冷静观察，沉默不语。在这篇里，鬼谷子反复强调："**不要表态！不要表态！不要表态！**"开始接触的目的是最大化地观察别人，**一旦自己表态，对方就会以你表达的态度来对接你，让你从此失去看到其他立场和视角的机会。**

《反应》篇：这篇里面，鬼谷子谈了"钓言之道"——**交谈的重点不是说，而是听**。我原来以为做销售的人都能言善道，后来认识了几个超级大销售，发现他们都是不爱说话的沉默人。他们善于反应，善于观察，然后把握对方的真实意图。

《内揵》篇：这篇是鬼谷子的交际之道。经过《捭阖》的观察、《反应》的进一步收集信息，到这里才开始交际。南朝学者陶弘景题注说："上下之交，必内情相得，然后结固而不离。"或动之以情，或晓之以理，不外"情理"二字。以"情"为核心，以"德"为辅佐，以"谋"为变通。**交际的核心，是情绪价值，而不是功能价值。彼此内情相得，聊得来，玩得来，才愿意更多地相处。**

《抵巇》篇：巇是缝隙、大山开裂的地方，也就是分歧。这里，就是我们上一章反反复复谈的利益相关人地图。**要想取得共识，先要了解分歧，并且要到达分歧的根源，也就是"巇"那个位置。**如果能够从一开始就弥补分歧，就不会有后面逐渐加深的裂痕，甚至激烈的冲突。

《飞箝》篇：到这里，就是拿住了。抓到了君王藏在心里的那个真需求，可以激发他行动的那个内心的符，然后就"可箝而纵，可箝而横""可引而反，可引而覆"[1]。

这时，你会说："哇！这不就大功告成了吗？为什么不到这里就结束？"全书十四篇，这才是第五篇，甚至还没到一半，才走了三分之一的路。

《飞箝》篇之后是第六篇《忤合》。这一篇呈现了鬼谷子作为"谋圣"的精妙和老到。

普通人可以冲动行事，而**一个君王冲动地向你袒露了他的内心之后，一定会懊悔。偶然袒露了内心是一件事，取得信任、坚决地握手是另外一件事**，两者间还有一段路要走。

所以就会"忤合"：忤，抵触、背逆；合，顺应、符合。忤合就是反复。而鬼谷子和他的弟子都明白，反复必然到来——这是人心的法则，是一个说客必然经历的过程。

你想，钓一条鱼，都需要与这条鱼来回博弈，一个君王怎么可能袒露了内心就被拿住呢？

君王向你袒露的想法是真实的，但君王的利益关系很复杂，他的内心每时每刻都在动荡。

---

1 指可以灵活地控制或引导对方的行为和思维方向。

PART TWO 共识

所以，鬼谷子就明明白白地写了，**整个说服的过程里，要最大化地观察，要情感相融，要拿到对方的真实想法，接着还要做好准备，并接受事情还要反复，还要"忤合"好几次。**

忤合就是以反求合的意思。

君王反悔了，说话不认了，怎么办呢？忍耐，后撤，不能逼迫。越步步相逼，越适得其反。如果这颗种子在君王心中是真实的，那就给他时间确认自己内心的种子，然后给他台阶。恋爱中"后撤"的策略，其实和鬼谷子的"忤合"是同一逻辑。因为，**一个重大决定的做出，只能依赖于对方是真的想做这件事**。姜太公钓鱼，愿者上钩。因为姜太公所谋者大，所以只有对方——那个关系的上位者，真的想做这件事，才会主动咬姜太公的钩。否则，作为关系的下位者，姜太公是钓不到这么大的鱼的。

你必须给出时间和空间，让种子萌发。

接着是第七篇《揣篇》，第八篇《摩篇》，第九篇《权篇》，第十篇《谋篇》。今天我们常用的两个词语，"揣摩""权谋"，就是出自这里。

这四篇讲什么呢？

讲运营局面。就是把利益相关人地图画清楚，把利益相关方安排妥当，让局面倾向于自己。

以《忤合》为节点，前六篇的重点工作，都集中在搞明白君王的态度上。而之后的四篇，则是对利益相关人位置和态度的运营。

这就是"谋圣"对事情理解的深度。

一般人到这里就会抱怨，该处的感情都处了，该做的沟通都做了，彼此的心意也明了，你为什么还不表态，还不做决定呢？

一件事，该做而没有做，一定是因为有难处。

第十章　认知战：从新主张到共识

如果你看不到对方的难处，或者你于对方的难处无能为力，那么也就到此为止了，大家算是"知音"，但不是合作伙伴。

要成为合作伙伴，不是动动嘴皮子、陪着玩得开心、了解对方的想法就够了，而是能真正进入对方的真实处境，帮到对方。

前面我们谈了《鬼谷子》的两个关键词，"决"和"符"，以"符"求"决"，或者为了求"决"而求"符"。这四篇，就是鬼谷子的第三个关键词——"权"。

"权"字本指天平的砝码，可以撬动平衡。阿基米德说，给我一个支点，我可以撬动地球。

《揣篇》《摩篇》《权篇》《谋篇》这四篇，讲的就是如何找到每个人的利益和态度的因，然后撬动平衡，改变利益相关人地图的局面。"凡谋有道，必得其所因，以求其情""相益则亲，相损则疏""事贵制人，而不贵制于人。制人者握权也，见制于人者制命也"。

厨师说，盐是百味之君，但是如果菜没备好、没下锅，盐这个百味之君又往何处着落呢？

只有局面排布好，有人倡议，有人附和，有人支持，才能到"决"。

你可能又会说："这不就真正大功告成了吗？为什么还没完？为什么《决篇》之后还有《符言》，还有佚失的《转丸》《胠乱》？"

作为教出了无数纵横家的"谋圣"，放在今天就是所有顶级销售的老师，鬼谷子当然知道"售后服务"这件事。《符言》是说，君王做出决定后，要再次给君王肯定感，继续提供情绪价值，这时，彼此的关系才能升华。

而《转丸》《胠乱》从字面来看，有点像《周易》的结尾。《周易》一共六十四卦，倒数第二卦是"既济"，水火既济，大功告成。但最后

PART TWO　共识

一卦，也就是《周易》的收尾，是"未济"，事没干完，事情没有结束，还要继续。

这是中国人的智慧和看事情的态度：永远没有圆满，月满则亏，循环不已。

我们看到，《鬼谷子》的十二篇给出了一个总框架，很像今天我们常讲的"用户旅程图"，勾画了一次说服的全过程，以及过程中必然出现的若干波折。

之后，鬼谷子单列了一篇——《持枢》。

持枢，谓春生、夏长、秋收、冬藏，天之正也。不可干而逆之，逆之者，虽成必败。故人君亦有天枢，生、养、成、藏，亦复不可干而逆之，逆之者，虽盛必衰。此天道，人君之大纲也。

全文很短，短到似乎不应该单成一篇。但古人写东西，喜欢意在言外。

所以，"枢"是《鬼谷子》全书的第四个关键字。

"枢"字本义是传统建筑中门的转轴或承轴臼，是连接流转、转动的事物的那个不动的点。

"持枢"是讲，要抓住所有变化的事情中不变的东西。

什么是不变的？

所有的当下永远在变化，所有的感受、所有的利益，包括对未来的想象和预期，都在变化。所以，基于当下，就没有共识的可能。

前面那幅用户旅程图里，纵轴有相反的两个方向。

人和人初相见，或许是中性的，不好不坏。但接着，可能产生好感，愿意进一步接触；也可能对方开始回避。

这时需要做的是什么？要知道，关系不会停留在原地：要么积极争取建立信任，那么就要积极去分享信息，让对方有参与感和掌控感；要么听任对方回避，自己也回避，那么关系中就会滋生猜疑。

建立好感之后，主动分享，才是通向更多信息披露的一步。只有对方袒露更多，才能抵巘。抵达分歧的根源，才有共识的着手点。

而如果听任对方回避，无视分歧的存在，分歧就会发展成敌对，走向信任的完全对立面。

让我们总结一下。

作为一种当代提出的心理战术，认知战旨在影响人们的思维、认知和态度，以达到某种目的。其实中国古人常说的攻心战，所思所讲也是如此。

鬼谷子对于攻心，讲了最核心的四个字：符、权、决、枢。

首先需要有清晰的"决"，有清晰的作战目标，想让对方做出什么样的态度转变、决定和行动。接着要设计信息物料"符"，能够对准受众内心的渴望或者恐惧，因为一个人不会做出他心里完全没有的决定。

接着，需要局面的运营"权"，并进行舆论的构建，因为人是环境的产物，会被环境裹挟，难以脱离自己的环境一意孤行。

要能够操作这一切，需要一个更高的视角，一个跳出当前冲突平面的视角，这样才能看到全貌，持"枢"，找到枢纽，看到事物自身发展的动线，站到历史正确的一方。

说服民众和说服君王，难度有高低，本质没有区别。

关系可以分成四个次第：需要、喜欢、认同和归属。

需要具体又明确，刚性又冷漠，是最容易被商业化的关系。

和需要相比，喜欢有了倾向性。但喜欢里没有忠诚。

认同是一道分界线。认同是忠诚的开始。
喜欢是广泛接纳、雨露均沾，而认同则开始不能接受异类，排斥非吾族类。

归属感，是你愿意为之而战。
需要、喜欢和认同，都是以自己为中心的——我需要、我喜欢、我认同；而归属是把自己献出去，是对方大于自己，对方优先于自己。

第十一章
关系：共识的成果

这一章是"共识"这个部分的最后一章。

今天，互联网已经是认知战的主战场，所有的共识与非共识都在这里交战。

而赢得认知战的最终目的是什么呢？是构建关系。

认知战本身，包括共识本身，都不是目的。认知战与共识的目的，都是和对方达成一致，然后去形成某种协同和关系。

一、关系的四个次第：需要、喜欢、认同和归属

和用户的关系可以分成四个次第：需要、喜欢、认同和归属。

我们先看这四个次第的区别。

需要

我们每个人都懂这种关系，具体又明确，刚性又冷漠。需要是最容易被商业化的关系，比如企业每天都要消耗电，家庭每天都要消耗盐。

需要是最容易被商业化的关系。在单纯的需要里，一切都是工具。

所有的工具都随时可被替换，只要替代品更高效，或者更具性价比。

比如，员工只是需要一份收入，那么哪家公司给的工资高，他就去哪里；或者哪家公司事少钱多离家近，他就去哪里。企业对于他，只是一个兑现自己时间价值的工具。

喜欢

和需要相比，喜欢有了倾向性。

我们都有填满无聊时间的需要。有人会用这些时间来盛放自己的兴趣爱好：打游戏，摄影，听歌，打开社交媒体或者视频网站浏览。

每个人都会有几首喜欢的歌，几个喜欢的歌手、喜欢的演员，几本喜欢的书，几道喜欢的菜，几种喜欢的饮料口味。你会记住他/它们的名字，会有选择的倾向性。

但是，喜欢里没有忠诚。

比如，我喜欢黑咖啡，但是也乐意试试不同的新口味；他喜欢王菲，同时也愿意听听周深、阿黛尔、Lady Gaga 及综艺里出来的新人的歌。

认同

认同是一道分界线。认同是忠诚的开始。

《飘》这部经典小说里，卫希礼喜欢青春洋溢的郝思嘉，却坚决地与自己的表妹结了婚，因为"她是像我的，是我的血统的一部分，我们能互相了解的……除非两个人彼此相像，否则结婚就决不能有平稳的日子"[1]。

生物总是和自己的同类一起生活。情侣为什么要穿情侣装？这是

---

1 ［美］玛格丽特·米切尔：《飘》，傅东华译，浙江文艺出版社 2021 年版。

第十一章 关系：共识的成果

明晃晃地认同"我们一样""我们是同类"。而情侣对自己信息的积极分析，其实也是认同对方，并进一步同化对方的重要行为。

只是，我们往往需要走很长的路，在很多年以后，才清楚自己是一个什么样的生物，谁是自己的同类。

在"品牌价值"那一章我们谈过，大牌一定有忠粉级别的核心用户，比如苹果。我在"中国手机30年"部分讲到，我们这些苹果用户，在21世纪之初，戴着苹果耳机在地铁里彼此相认，这就是一种认同——不但是对苹果内在的乔布斯精神的认同，也是我们这些忠诚用户彼此之间的认同。

而作为一个组织，你的核心员工对你是需要、喜欢还是认同，差别就更大了。

联想把新员工培训叫"入模子"，这是一种筛选同类和塑造同类的方式。

"入模子"的意思，是联想要成为一个坚硬的模子，新员工必须被嵌入进去，成为联想的理想、目标、精神、情操行为所要求的形状。

联想构建了完整的培训理念和培训体系，不仅让新入职的员工认识和认可联想，把员工培养为遵守联想规章制度、符合联想行为规范、令行禁止的士兵；还通过宣传联想精神代表人物的故事，让具备联想精神的人现身说法，讲他们的故事，让联想的理想、目标、规章制度的指导思想具象化，然后让年轻人"见贤思齐"，甘愿融化进这个模子里。

20世纪90年代，联想有一张宣传照——一群穿着深蓝色西装的青年，簇拥着创始人柳传志一起向外走。虽然那是一张静态的照片，但那种集体性的蓬勃自信洋溢在外，堪称斗志充盈。

PART TWO　共识

我的一个朋友看到这张照片，忍不住拿起来端详，然后说："这家公司厉害。"

当时我在联想上班，深为自己属于这样的一个集体而感到骄傲。联想是我大学毕业后的第一家公司，当时的我是充分融入的好员工。而很多和我一样的老联想人，都对联想有一份类似于对母校甚至对家园的强烈情感。

后来，我离开联想创业，办了一家芝麻大的小公司，然后发现，我在联想学的套路，对于在江湖中辗转谋生，很多都派不上用场。

比如，在联想的时候，我和我的同事接到艰巨的任务，会拼搏到底、抵死不退；而我自己办公司时，给一位同事交代了一个困难的任务，这位同事直接就辞职了。对他来说，工资就这么多，换个地方打工也一样，为什么要做这么苦的事？

错愕之后，我理解了。联想的同事们曾经的那种工作态度，是联想筛选和训练的结果，大家对联想的情感是认同甚至归属；而此刻，我这位同事，只是需要一份工作和工资，对我这家芝麻大的小公司应该连喜欢都谈不上。

归属

那什么是归属呢？归属感，是你愿意为之而战。

需要、喜欢和认同，都是以自己为中心的——我需要，我喜欢，我认同；而归属是把自己献出去，是对方大于自己，对方优先于自己。

"饭圈"就是粉丝圈。它是网络社会的一种现象。那些粉丝众多的明星，与其相关的微博、抖音、豆瓣等内容里，处处可以感受饭圈女孩[1]的

---

[1] 饭圈有女孩，也有男孩，但是以女孩为主，所以大家通常用"饭圈女孩"来代称饭圈。

战斗力。她们是在为自己的归属感而战。

我们将在后面的"网络社会新关系：饭圈"一节具体讨论这个话题。

在这里，我们先讨论和自我体会一下，什么是归属感。

归属感是种会带给人幸福感，同时又非常复杂的东西。

中国每年以春节为中心、前后 40 天的春运，客流量高达 90 亿，堪称地球上规模最大的人类周期性迁徙，给世界示范了什么叫"归属感"。

春节是中国人的感恩节，是一年一度，大家用相聚来表达在意。

可是，中国式教育，让大部分的家长和子女并不亲密。

中国的学校教育是给出"模范"，所以家长努力配合学校，让孩子成为模范的样子，或者焦虑于孩子不符合模范。孩子天性里那些自由的根须和触手，喜欢的、向往的、好奇的、畏惧的、抵触的，统统都要被斩断，或者被压缩进模范里。所以，"原生家庭"成了一个口袋罪，一切心理问题都可以扔进这个口袋。

那么，一个孩子长大之后，经济独立，不需要父母养育，与父母共同的喜好也不多，甚至不认同父母的行为处事方式，为什么还会对自己的父母有强烈的归属感？

都说父母对孩子的爱是无条件的，其实，孩子对父母的爱才是无条件的。

强者不能理解弱者。父母作为强者，不懂得弱者的迁就、自我割舍和奉献，是因为孩子认为父母的感受优先于自己的。

所有这种强者和弱者、上位者和下位者、父母和孩子、领导和下属的关系里，只有强者有表达权，而弱者没有表达的机会，甚至没有

PART TWO 共识

表达自己的习惯。

强者只认为弱者所做的一切叫听话，叫服从，不知道那是弱者的爱。

所以，父母只记得自己骂了孩子多少年，却不知道那个总是惹自己生气的孩子，爱了自己多少年。孩子已经用了自身成长的全部时间，持续关注父母的情绪。**持续地投入关注，就是爱**。这已经成了生命的惯性。千里迢迢，万里归途，带着年礼回家去，是一个孩子不能停止的爱。

所以，归属感是件很复杂的东西。

需要很简单，归属很难。

让我们回到"共识"这个部分开篇那个征婚广告的案例。一个人要找到什么样的人成为伴侣、组建家庭？对方的情感诉求是需要、喜欢、认同，还是归属？

有的人短暂在一起然后分开，是因为当时彼此需要，实则并不喜欢。有的人结婚多年然后离婚，也许是因为彼此成长的步调不一致，已经无法沟通；也许是因为最初只是彼此需要与喜欢，但其实并不是同类。也有的人相处多年，却迟迟无法走入婚姻，其实是于对方没有归属感。

所以，总是有人问我：如何让他对我有归属感？

归属感确实很特别，因为占有欲／控制欲、超额投入和归属，这三者几乎是三位一体的，然后循环增强。如果没有占有欲／控制欲，就不会有超额投入，也不会有归属感。

我们每个人都可以问问自己：我能说出"我的"什么呢？我能笃定地说出归属于我的，有什么呢？

我很羡慕李娟，她能说出"我的阿勒泰"。

戈壁、草原、森林、雪山、湖泊、云块、风、泥巴灶，在这些亘古不变之物面前，李娟只是时间中匆匆的过客。然而她在此间全然打开自己，让生命沉浸于此，一切生生不息，一切息息相关，全然交付，全然接受。

她以自己的投入和接受，完成了对阿勒泰的占有，也得到了自己的归属感。

所以，归属感很玄妙。人是以付出自己的方式，获得归属感。一个人付出和投入了自己的爱，才会获得归属感；**一个总是不肯全情投入的人，也是一个没有归属感的人。**

二、网络社会新关系：饭圈

简单地说完需要、喜欢、认同和归属，就会发现饭圈是个好案例。

饭圈是现代娱乐业的商业产物，堪称用户关系的极致。我们能从中看到需要、喜欢、认同和归属。

饭圈的成果是流量明星，或者说流量明星的流量来源是饭圈。

大众对流量明星的浅薄认识，是他们拥有流量，只要他们出现，就会有粉丝聚集，会有巨大的点击量和评论数。

而事实是，**流量明星不是拥有流量，而是拥有关系——与他粉丝群体的关系。** 从泛泛欣赏到路人粉，到为他而战的战斗粉，流量明星拥有依次递进的粉丝关系。而大量粉丝视他们的群体为归属，愿意为之而战。

PART TWO　共识

流量明星的代表人物王一博、肖战，有着惊人的网络影响力。

比如，"上热搜"，代表一件事被热议，或者一次营销活动极为成功。如果自己办的一个活动上过热搜，是可以被写入简历的。

而王一博吃一个冰激凌就可以上热搜，肖战一个微笑，则可以在热搜上挂三天。

鸭鸭羽绒服的工作人员说，在官宣王一博作为首席代言人后，品牌一天的商品交易总额超过 2 亿元。而肖战官宣代言 TOD'S 品牌之后，售价 10600 元的同款腰包，10 分钟之内全球断货。

大家崇拜流量，因为流量等同于金钱。

但他们流量的来源、他们可以牵动的饭圈——那些为"顶流"制造所有的网络传播数据和营销买单量的活生生的人，却常被冠以"乱象""疯狂""怪力""畸形"等形容词。

王一博的微博粉丝超过 4000 万人，肖战的微博粉丝超过 3000 万人。其中每天会去王一博、肖战的微博超话打卡的"活粉"达到几十万人，超过很多独角兽 App 的 DAU（日活跃用户数量）。

一切现象的背后，都是需求。

王一博和肖战主演的《陈情令》，2019 年 6 月 27 日在腾讯视频播出，8 月 14 日大结局。不到 50 天，王一博微博新增 747 万粉丝，肖战微博新增 830 万粉丝。之前两个在娱乐圈接近小透明的存在，因一部网剧成为"顶流"。

高颜值、青春勃发的生命力就是荷尔蒙的味道，是直接的生理唤起。他们的存在本身就是高情绪价值。回到 2001 年，高颜值偶像剧《流星花园》也是一枚荷尔蒙核弹，同样瞬间火遍亚洲。而在更久远的

第十一章 关系：共识的成果

1987 年，费翔在春晚舞台唱了两首歌，表演时长 7 分钟。7 分钟之后，他就成了全中国的偶像，掀起的那一场追星狂潮让很多人至今难忘。

小游戏、短视频、网剧，是今天提供情绪价值的赛博小糖果、电子榨菜。每个人都会偶尔需要，用来放松一下，打发时间。

漂亮的面孔、协调的身体、青春的荷尔蒙，谁不喜欢呢？

而王一博和肖战能够成为断层"顶流"，依靠的不只是需要和喜欢。根据 2024 年 5 月的抖音数据，流量男明星中，肖战和王一博的数据值分别排第一、第二，比第三名高一倍以上。

人喜欢一个明星，一个不属于自己真实生活的人，其实喜欢的是对他的想象。所以，**比起拥有美貌、拥有才艺，甚至拥有作品，更吸引人的，是拥有"秘密"。没有比秘密更能激发想象的东西了。**

高曝光和神秘感，几乎是不可能同时做到的事，神奇的是，王一博和肖战做到了。这两个人的 CP 粉[1]超过了 600 万人。这是一个去中心化、网友自发传播达成共识的现象，是研究网络时代传播、认知战与共识凝结的非常好的案例。

这无法证实与证伪的 CP，使他们成了拥有秘密的人，而秘密成了他们致命魅力的一部分。秘密带来的好奇心、探究欲、想象空间、话题空间，甚至二创空间，会呈几何级数增加。而其他没有秘密的明星，则难以在关注度、讨论度，即网络热度上望其项背。

今天的社交媒体让同好连接，所以万物饭圈化。所有的流量明星都有饭圈，甚至熊猫都有饭圈，企业家们也在打造个人 IP，积极建立自己的饭圈。

如果归纳一个路人变成粉丝，直至成为饭圈中人的路径，可以看

---

[1] CP，配对。CP 粉指粉丝将某对情侣或角色配对，并热衷于关注他们的关系。

PART TWO 共识

到，依然是需要、喜欢、认同、归属这几大台阶。

认同是消费者和粉丝的分界线，归属则是散粉和饭圈核心的分界线。

需要

因工作或生活压力大，需要一些娱乐和消遣。通过观看综艺节目或影视作品来缓解压力和寻找快乐。

喜欢

开始喜欢某个偶像，专门搜有关他的信息。而今天的算法平台，只要你敢暴露你的喜好，就会快速给你定点投喂，编织一个信息茧房，让你把时间都耗在里面，以延长自己的用户时长。所以在这些偶像的抖音评论区，很高频出现的一句话是"把抖音刷成了他的专场"。

好奇、考古、上头

需要和喜欢，都是消费行为，以满足自己为中心。而考古，是情感投入的开始。

"考古"是饭圈女孩口中经常出现的一个词，是指搜索、回顾偶像早年的综艺、采访、照片等资料。开始做这个动作时，她们就已经不是在简单地消费和享受偶像的工作成果了，而是希望了解这个人，获得有关这个人的更多信息。

对于这个过程，饭圈女孩的基本描述是"上头"：满网找物料，刷得停不下来，天天熬到夜里两点，熬到头秃……熬夜刷偶像的物料和熬夜打游戏，都是多巴胺加速分泌的体验，而人是很难拒绝多巴胺的，就如小孩子很难拒绝糖。

上头是一种类似于恋爱的状态，之后有三种可能：

或者是上头对应的下头；

或者是一段时间后，多巴胺恢复正常，曾经的物料不再能唤起自己的情绪，转为平淡；

还有一种，就是饭圈女孩说的"越考古越喜欢，垂直入坑"——成为粉丝。

认同、入坑

我的一个朋友给我讲她是怎么开始粉王一博的。她说了一个非常具体的瞬间：某个综艺，有帅哥 A、B 和王一博。帅哥 A 对帅哥 B 说，你瘦了。帅哥 B 很高兴，转脸问王一博：一博，我瘦了吗？

镜头里，王一博明显在思索，然后他问：我们以前见过吗？

朋友说，就是这一瞬间，她对王一博产生了认同。

她说，这是一个很明显的社交场合的套路，见面夸你瘦了，就和见面说你好一样。而这群人作为爱豆[1]，每天都要称体重，自己瘦没瘦还要问别人吗？B 明显情商很高。他把话题抛给别人，想把人拉入谈话，是一种示好的行为。而在这种明显的社交套路里，王一博却想认真交流，就显得很尬。

朋友的结论是："我也是一模一样啊！"

看到认同和喜欢的区别了吗？

喜欢是因为看到优点。

认同可能是因为看到了任何一个点：或许是优点，或许是缺陷，或许是内在更深处的某种相似。这种遥远的相似性，是何等隐秘而熟悉——一片黑茫茫里，有人与你遥遥相应，那是何等的欣喜。如果对

---

[1] 偶像的音译。

方还是社会资源比自己多的同类,那就没有办法不去关注。

而且,还有一批同好,以这个太阳为核心彼此相认,开始了以太阳为中心的交流,然后,壁垒产生了,分割出圈内人与圈外人。

认同是忠诚的开始。

因为喜欢是广泛接纳、雨露均沾,而认同则开始不能接受异类,排斥非吾族类。

认同代表着分类和分界,有同类就有异类。同类之间会分享只有同类才能理解的信息,于是每个饭圈都有属于自己的"黑话",那是她们自己的语言,代表她们的集体记忆,是她们与同类彼此秒懂、心领神会的感觉,也成了越来越难以向圈外人解释的信息分界。所以,认同伴生着"排异"。

所以,有的人拥有强大的网络号召力,不只是因为有人需要他,更重要的是有一群人认同他、长期追随他。他的一言一行,会在网络上被迅速转发。因为对于这群人来说,他的话,就是我的话;他的事,就是我的事。

被许可的付出、战斗、成就感、归属感

"入坑"是网络用语。最早我们把开始写一部网络小说连载叫"挖坑"。而选择在连载的阶段就开始阅读追更,叫"入坑"。因为如果作者每天不来更新情节,被吊住胃口的我们,就会好像在坑底靠自己的力量爬不出去的人一样焦灼、绝望。

后来,饭圈女孩把成为粉丝也叫"入坑"。确实,都是去参与某种进行时。

追过大坑的都懂,那段参与是自己生命某个阶段很具体的希望与

陪伴，也是对自己生命的同期塑造。比如，"哈利·波特"系列图书的第一部出版于1997年，最后一部出版于2007年，长达11年的大坑。很多人入坑时还是小学生，出坑时已经上大学甚至毕业工作了。"哈利·波特"IP的全球影响力和粉丝深度，与这11年的共同成长密不可分。

2014年，小米公司出过一本书——《参与感》，道出了**粉丝经济的内核：用户和粉丝的区别，不是喜欢的程度不同，而是他们到底是作为消费者还是参与者。**

这是网红经济、流量明星与传统品牌、传统演员不同的地方。传统品牌、传统演员需要距离感和神秘感，而网红经济、流量明星则需要设置环节，给自己的粉丝参与自己事业的机会。

有这么一个说法：追星是被商业许可的单恋。

饭圈女孩约10%是初中生。情窦初开的年龄，如果喜欢自己的同学，可能会成为一场被嘲笑的单相思，而喜欢一个比同学颜值更高的明星，却是可以公开表达的爱意。

很多饭圈女孩一开始，抱持的就是"喜欢一个人并为他做点什么"这么单纯美好的付出欲。然后，进入饭圈，基本上都是先做"数据粉"。

不同互联网平台上有着各种各样的榜单，有带头打榜的大粉对"数据粉"进行动员，话术大同小异——先是强调数据的重要，再感慨偶像的努力，最后归结于"粉丝不能拖偶像后腿""数据是一切的底气"。只要替换一下偶像的名字，这套话术逻辑就适用于每一个"数据粉"。

除了催数据，更进一步的催氪金、催集资等，话术也是同一逻辑。

PART TWO　共识

竞争永远存在，被压制的恐惧就永远存在。每个流量明星的粉丝团体，都有堪比军队的组织度。安利自己的偶像、打榜、控评、反黑、举报……几乎 365 天全年无休地在网络上开展认知战，参与塑造公众对自家偶像的认知和想象。

前面我们讨论过，战争可以凝聚共同体。在战争面前，"反击对手"的共识最容易达成；战争如果不能瓦解共同体，就会进一步强化共同体的凝聚力。

正是在这样一场又一场永无休止的认知战里，饭圈凝聚成了共同体。

她们有清晰的共同目标，就是支持和推广她们所喜欢的明星。围绕目标，她们构建了高度的组织性和明确的分工。然后，在共同的目标和组织分工里，她们频繁互动，交流信息，有说不完的共同话题，干不完的数据劳动。随着时间和情感的投入、成就感的积累，归属感也在不断积累。

被需要的**满足感**，在一个组织中并肩作战的**燃感**，哥哥需要我来拯救的**使命感**，终于让自己偶像的数据高于对手的**成就感**，甚至做一个战斗粉那种**攻击性和宣泄感**，都是一个普通女孩在日常生活中难以得到的情绪体验。

就这样，每个饭圈都不断地内生自己的文化——特定的语言、行为规范、应援方式等。只有圈内人才能听懂的"圈内梗"成为一种标识，饭圈女孩相互一看，就能认出彼此。

用这么大的篇幅讲饭圈，其实是因为，这些发生在网络上、层次分明的需要、喜欢、认同、归属，其实是一种网络社会的新关系。

爱这件事，曾经只能一对一；如今，社交网络开始让一个人享受无数人的隔空之爱。

被大众批驳的饭圈乱象的另一面，是一群鲜活的饭圈女孩，为了自己的归属感，真情实感地在付出、在战斗。她们在这里付出了自己的爱、时间和金钱，有自己的心路历程和故事。她们的偶像，以及她们与偶像的关系，是在她们具体的生活里真实且重要的存在。

这让我想起 1998 年，我的朋友刘韧来找我，带我看新浪网的第一个页面。

他说："我开始害怕互联网了。"

我问："为什么？"

他说："互联网会让我不再需要喜欢自己身边的人。"

附一

把流量还原成人

"流量"这个词,堪称互联网上使用最高频,同时意义被遮蔽最深的词语。

这个词原本用来描述江河的水流;现代社会用它形容道路交通:车流量、人流量、客流量;互联网的工程师们,则用它来形容网络上传输的数据量、页面的访问量。

最初,我们这些古早码农用到"流量"这个词,基本上是在吐槽——"流量太大!带宽不够了!服务器崩了!!"那时对我们来说,大流量是欣喜,更是成本。

在今天的语境里,流量有一堆相关词组——"流量密码""流量法则""流量池""流量操盘手""流量洼地""流量红利"……所有人提到流量,语气都是贪婪的。

所有现象背后都是人的需求,而把这一切概括为"流量",并且只停留在"流量"这个概念上,不是蠢就是坏。

1998年,世上有了谷歌。谷歌开辟了流量变现的模式,其推出的AdWords广告系统,使广告主能够基于关键词竞价投放广告,就是国内用户熟知的百度的做法。每当有用户点击广告时,广告主都需要支

MONEY

恭喜发财　　财源广进

真需求才能赚到钱

赚到钱才是真需求

八方来财　　招财宝进

COME

第十一章 关系：共识的成果

付一定费用，也就是按点击付费（PPC），这直接将搜索流量变现。

2003 年 3 月，谷歌第 18 号员工苏珊·沃西基（Susan Wojcicki）提出一个天才的营销方案，被命名为 AdSense。她想让博客和其他商业网站把搜索流量导给谷歌，由谷歌完成广告变现后，再与网站进行分成。由此，第一个互联网广告联盟（简称"网盟"）诞生。这意味着，不但有全职销售人员的大网站，流量可以变现，没有销售队伍的小网站、个人站、个人博客，流量也可以变现。

从那一刻起，流量就是钱的时代开始了。有关流量的词变成了"买流量""蹭流量""精准流量""自然流量""付费流量""垃圾流量""流量入口""流量分发""引流"……于是"流量"又成了形容词，犹如"黄金"成为形容词一样。

于是又有了"流量明星"这类词语。

微信公众号、短视频中那些"大师"，言必称"流量"，天天拿流量概念博眼球。他们的潜台词是，构成所有流量现象的不是人，不是那一颗颗真实的心，而只是屏幕上滚动的数字，是可以操控的情绪与钱包。

比如"私域流量"这个词，就有某"大师"给出了一个操作公式。当时，读到他言之凿凿的公式，我心里不禁想："做个人吧。"引诱别人加你的微信，然后用一个公式进行收割，以赚钱为目的操弄人心，不会觉得道德有失吗？而且，操弄人心难道就这么简单吗？

真正能够领导舆论、领导共识的人，则了解每一个舆情节点的人心，了解是什么样的需求和理由，导致了局中每个人对此事的关注，又是什么样的传导，让彼此不同的利益节点产生了共振。而能够抵达众心之心的，是真诚，是理解，是关怀。

附二

饭圈女孩：原子社会[1]的真人游戏

我最开始对饭圈好奇，是 2021 年去广州出差，有半天的空闲，就想做指甲。于是我便通过 O2O 平台约了美甲师上门，一边做指甲，一边跟她聊天。

美甲师是个 28 岁的江西女孩。她说她一个人在广州生活，租一间小屋子，平时待在出租屋里，靠 O2O 平台接单赚钱。她在广州没有亲戚，没有同事，没有同学，只有几个偶尔见面的老乡。和我聊天，是她今天第一次开口说话。

不知道在广州或者类似广州的其他大城市里，有多少女孩像她这样原子化孤绝地生活着。

我问她是否孤独，闲暇时会做什么事让自己开心。她说追星。她的手机里，家人都是很久才会互问一下情况，她每天看手机，就是为了查看 O2O 平台上的订单情况，以及为偶像做数据。

我问她追星是不是要花钱，她腼腆地点头说，是的。她的出租屋里摆了很多偶像的周边、棉花娃娃。她说，因为偶像演的电影上映，她活到 28 岁，第一次进了电影院。我问，如果不是为了支持偶像，你会进电影院看电影吗？她摇摇头。

---

[1] 指由彼此联系薄弱的独立个体构成的社会。

第十一章 关系：共识的成果

女性经常是被动的群体，需要引领和陪伴。而她们一旦选择了，又会非常投入和坚持。

有一次，和一个女性创业者聊天，我问她为什么选择现在的这个项目。她说自己之前在一家世界500强外企工作，非常想创业，只有这个项目的董事长向她发起了邀约。

我说，男人创业不会这样选。每一个找我聊创业的男性，关注的都是什么是当下最好的机会，或者如何能更好地变现他的资源和能力，不会有人以被邀约作为最核心的抓手。

但是，我相信女性会这样，就像很多女孩会等着心仪的男生主动表白。女性需要在知道自己被人需要中获得安全感和成就感，即使她们为此所做的付出有时看起来不是个人价值的最优解，甚至不那么公平。

有人找你工作，和有人带你玩，都是真实的需求。而随着年龄渐长，或许还有人找一个女性工作，但是找她玩的会越来越少。而女性彼此陪伴去探索世界，则变得越来越多。比如，闺蜜一起去旅行，一起去打卡网红餐厅。

翻阅社交媒体，偶像的物料底下，饭圈女孩的发言甚至有一点点女性解放的感觉。这些女性，从上初中的年龄到五六十岁，以一张明星的照片或者视频为由头，轻松地在网上聊着天，用她们熟悉的圈内语言，彼此抛梗、接梗，开着明星的玩笑，逗着闷子，秀自己的幽默、才艺，晒自己做的梗图、手绘，甚至还讲黄色笑话。这么多的女性，在网络上如此自由地表达着自己，这也是前所未有之事吧。

299

PART TWO　共识

而社交网络上的一步一圈,让信息茧房的感受更为明显。

比如,某日发生一起经济事件,无数大V慷慨陈词。看这些大V视频底下的留言,你会觉得世界就要毁灭了,经济就要崩塌了。这时,你打开一个偶像的视频,看同一天、同一时刻,这里的人在关心什么。你会忽然发现,在世界的另一个角落,依然岁月静好、海清河晏。天底下的任何事,都抵不上今天我家哥哥微微一笑。

广场舞大妈和饭圈女孩,是当下中国的两大现象级女性群体,加起来人数应该过亿。出现如此体量的人群,是因为她们的需求未能在别的地方得到安放。

脑白金认知战

脑黄金、脑白金都是史玉柱的产品。[1] 脑黄金死了，脑白金活了。

脑黄金之前，市场上出现过三株、太阳神；脑白金之后，市场上出现过中华鳖精、权健。

2023 年，中国的保健品市场规模超过 3000 亿元，有超过 300 万家中国企业注册的经营范围包含保健食品。

这么多产品，这么多企业，野火烧不尽，春风吹又生，此起彼伏，是因为需求一直在召唤，从未被填满。对日渐衰老的恐惧一直都在，对比同龄人年轻的较劲一直都在，对永葆青春的妄念一直都在。从秦始皇到格子间的打工人，千年以降，人同此心。

而脑白金的操作，是经典作业。

---

[1] 史玉柱出生于 1962 年，浙江大学数学系毕业。1991 年，他在珠海成立巨人公司，推出"M-6402"桌面中文处理系统，并为其取名为"巨人汉卡"。1992 年，巨人汉卡的销量击败了联想、四通和北大方正等公司的产品，一跃成为全国第一，巨人公司成了中国当时成长性最好的高科技企业。此后史玉柱陆续将业务扩展至房地产、服装、保健品等领域，先后推出脑黄金、脑白金。

PART TWO 共识

一、脑黄金与巨人之败

1995 年年初，33 岁的史玉柱雄心勃勃，计划推出"百亿战略"，通过一系列市场运作，让巨人公司规模腾飞。

商业成功学里有句老梗：一切商业模式的本质，其实都是金融模式。史玉柱在 33 岁以前就已经悟出这一点。所以，此次百亿战略的操作要点为：

盖巨人大厦，卖楼花[1]向公众集资，然后把集资拿到的钱，用保健品这一高毛利商品去市场上放大，再用放大回流的资金，把 70 层的巨人大厦盖起来。

1995 年 5 月，"巨人健康大行动"轰轰烈烈开始。两个月的时间里，巨人公司向市场投放了超过 6000 万元的广告。

1995 年的 6000 万元，体感上接近今天的 60 亿元，甚至密度的压迫感有过之而无不及。因为在那个电视尚未普及的时代，中国只有很少的报纸媒体，人们的信息渠道非常有限。

那时的人，淳朴、单纯，对媒体极度信任。这个当量的广告投放，绝对是饱和式攻击，是让人透不过气来的信息轰炸。

脑黄金，是"巨人健康大行动"的主打产品之一。

它的广告语套用了一个名句："让一亿人先聪明起来。"

---

[1] 指预售房屋。购买楼花的消费者在支付一定比例的房款后，待房屋建成并符合交付标准时，即可获得房产所有权。

并且它有具体人群、具体场景。它发布《告学生家长书》，向家长喊话，让孩子动心——"考考考，先健脑"，而且做出了极具诱惑的具体承诺——"四盒见效"。

这样的广告密度，这样直指具体人群的真实妄念，让脑黄金瞬间大卖，全国断货。

巨人脑黄金的核心成分是 DHA（二十二碳六烯酸）。

关于 DHA 的信息，你可以自行搜索。今天依然有大量的保健品以 DHA 为主要成分。

DHA 或许真的有价值，然而这种价值难以被用户感知。吃一份 DHA，很难感知到自己变聪明了、记忆力变好了。所以巨人脑黄金承诺的"四盒见效"，根本无法兑现。贩卖无法交付的承诺，就是收智商税。

我们管这类操作叫流寇战术。

你会发现，这个世界上，有人擅长劳动，有人擅长争夺。当然，更多的人，既不擅长劳动，也不擅长争夺，只是默默跟着。

巨人卖脑黄金，高当量的信息轰炸，直指人心妄念的功效承诺，这是什么呢？

这就是现代的流寇作业，以抢钱为目的，打认知战。

只要能够拿下你的心智，你的钱财就是我的。只要能够拿下一城人的心智，这一城人的钱财就是我的。漫天的广告与营销人员的说服，是远程攻击的炮火与地面部队的近身搏杀。

而对营销人员来说，拿下一城就是一城的钱，让他们充满了

PART TWO　共识

成就感。至于把钱交给他们的用户未来如何，这一城相信了他们的人未来如何，则与他们毫不相干。完成了攻打与收割，他们就完成了任务。

这就是流寇心态。因为他们也不知道自己明天会如何，只想着今天能多抢一点就多抢一点。

当然，我们知道巨人保健品这一仗败了。

带来的连锁反应是，1996年8月，巨人大厦的楼花到期，却无法交付。墙倒众人推，各种刺激与狗血的讨债场面一一上演。

史玉柱曾经认为，如果当时有1000万元做缓冲，他是可以度过这次危机的。一年前，史玉柱在为100亿元冲锋，而此刻他无法从江湖里找出1000万元。

1997年1月，深圳《投资导报》发了一篇报道，将巨人公司的财务困境昭告天下。紧接着，多家媒体一起跟上，万嘴齐发，集体落井下石，一夜间摧毁了被他们吹捧了几年的明星企业。

一时间，巨人公司倒下的消息传遍江湖，而江湖中人的普遍看法是，史玉柱身负近3亿元的巨债，万劫不复，再无翻身的可能。

二、第一个小闭环

1997年，史玉柱35岁。他手上的筹码是50万元现金，以及依然追随他的20多名骨干。

资源这么少的处境下，史玉柱选择的项目还是保健品。

很多创业者居然不知道一个常识，那就是：创新不赚钱。

无数人在向我回顾自己的创业道路时，都委屈地说，创业时想的就是创新，认为只要能创新，一切都会水到渠成。

但事实上，创新不赚钱，创新是花钱。创新是一路花钱、花时间、交各种学费。

赚钱来自变现。

赚到钱的人，要么是变现自己已经轻车熟路的能力，要么是准备了充足的学费，一直撑到自己轻车熟路的那一天。

而绝大多数创业失败的人，都是做着自己并不熟悉、不清楚深浅的事，一边干，一边交学费，走到半路，学费不够了。

做保健品，史玉柱拥有的，除了 50 万元现金，追随他的 20 多名骨干，还有他已经付过的天价学费。

这一次，史玉柱选的是褪黑素。

20 多年后的今天，褪黑素已经是大家非常熟悉的物质。在 1997 年史玉柱决定做它的时候，原中国卫生部审批通过的含褪黑素的产品也已经有 63 种了。这些产品的名字大多叫美乐通宁[1]、眠纳多宁、眠尔康、松果体素、康麦斯美宁，产品形态大多是药片，商品形态则大多是塑料瓶里装小药片，或者纸盒里装塑封的小药片。还是那句话，价值是对的，但卖法不够好。这些卖法，

---

[1] 褪黑素英文 melatonin 的音译。

PART TWO　共识

都是普通商人能想到的。

而史玉柱之所以是史玉柱，是因为面对同样的原材料，他能做出迥异的商业设计，让他的褪黑素产品和其他的 63 种，从名字到产品形态，从营销方法和交易控场，完全不同。

其实我们都已经知道了，史玉柱给他的褪黑素产品起名叫"脑白金"。

1998 年 1 月，一家叫珠海康奇的公司出现在江苏省江阴市。一个戴着墨镜的瘦高个在这个县级市走街串巷，到处找闲着的老头老太太聊天。他自报的身份是珠海康奇公司的策划总监。

江阴地处苏南，这里自古就是中国最富庶的区域之一。

史玉柱选择在此地启动的原因是，江阴的编制是一个县，可富裕程度类似于一个市，与全国其他地级市是平级的，消费能力也能跟一个地级市平级。但它毕竟是一个县，广告成本低，在 1998 年，只需要用 10 万元做广告营销，就能够在这个市场造成轰炸效应。

在这个县级市里，史玉柱的第一个动作是市场调研，亲自做访谈。

他在这个县级市里走街串巷，去问遇到的老人：如果有一种保健品，可以改善睡眠，可以通便，价格如何如何，你愿不愿意用？

亲自做了上百次用户访谈后，史玉柱的第二个动作是：赠送试用装，看用户使用后的真实反馈。

史玉柱向老人派发试用装，然后在街道搞座谈会，自己以脑白金技术员的身份出场，听取老人们的试用体验和意见。

经过这样的直接观察和第一手互动，史玉柱对用户的心理、功能诉求、心理价位等都有了底。

第三个动作，是委托生产。史玉柱已经清楚了这个产品该怎么卖，然后照着卖相去塑造它在货架上的样子。

第四个动作，是招兵买马，对员工进行强化培训。史玉柱亲自当教员，从保健品的市场环境、脑白金的功效，一直讲到营销心理学。培训结束，员工要考试合格才能上岗。

至此，脑白金浮出水面，第一次在中国市场亮相。具体而言是在江阴，而且只在江阴。

这是当时中国保健品市场上无人知晓的一小仗。

史玉柱和100年前的可口可乐一样，以大规模的赠饮来启动市场。

首先向社区老人赠送脑白金，一批批地送，前后送出了10多万元的产品。然后就有老人拿着脑白金的空盒子跑到药店去买，但是药店没有货。越买不到，老人们问得越起劲。

药店的胃口也被吊起来了，到处找货源。可是全江阴就那么几家药店，谁都没有货，谁都不知道货在哪里。

气氛烘托到这儿了，脑白金的广告开始在江阴媒体上闪亮登场。

这时，史玉柱颁布了一道铁律——"款到提货"。

要知道，那个时候的药店是不会付现金提货的，货款压几年，是非常常见的事。只有史玉柱把市场氛围烘托到了这个程度，药店才会放下行规或者傲慢，按照史玉柱的规矩来。

江阴一役，让史玉柱提取出了几十万元现金。

更重要的是，这是一次微观而具体的市场求证。他的所有假设，产品、用户、媒体、渠道、终端、团队，全部得到了印证与具体化的显现。用现在的话讲，叫跑出了一个小闭环。

接着，史玉柱就几乎进入了提款机的模式。第二站无锡，如法炮制，又提出一笔现金。再去启动第三个城市……接着进省会城市，南京、武汉……到1998年年底，脑白金月销售额达到近千万元。

也就是说，从手里只有50万元现金，到月回款1000万元，史玉柱只用了一年。

这个时候，产品的成熟度、作战的经验、团队的信心、现金的筹码已经全部到位。可以说，史玉柱的核心团队对交易控场该怎么做已经演练多次。史玉柱要打大仗了。

1999年春天，史玉柱和他的团队悄悄来到上海。

三、感知设计

脑白金的商品形态是一个礼盒。礼盒里面有两样东西：胶囊和口服液。根据脑白金官网公布的成分表，口服液的主要成分是低聚糖、山楂、茯苓；胶囊中则是褪黑素。

为什么老年人试用了脑白金后会去药店购买，还有人把空盒子放在窗台上，希望自己的孩子看到并给自己买？

前面我们谈过价值与感知的问题。脑白金与另外63种含褪黑素的产品不同，它不是直接卖原材料，卖功能价值，而是做了非常细致的多层次感知设计。

很多老年人都经常失眠，褪黑素有帮助睡眠的作用，但睡眠障碍的成因非常复杂，千人千面。

而另一个相当普遍的老年人的困扰是大便不通畅。60岁以上的人中，慢性便秘的比例为15%～20%，而在84岁以上的老年人中，这个比例则高达20%～37%。

如果你和家里的爷爷奶奶聊天，你会发现，他们都很在意也很愿意谈论自己的睡眠和排便问题。睡得不好，或者排不出来，人就焦躁；睡得好，排便通畅，心情就好。

所以，脑白金交付的是一个配套方案。

能否改善睡眠，其实是无法确定性交付的；但是低聚糖润肠通便，几乎是立竿见影；而山楂则有化食开胃的作用。这就形成了用户感知交付的确定性。即使一粒褪黑素下去，睡眠问题没有太大改善，但是排便通畅了，人有胃口了，老年人也会有舒畅感。

那么，如果直接卖有确定性功能的低聚糖、山楂、茯苓，而没有褪黑素，行不行呢？

低聚糖、山楂、茯苓这些东西，中国人太熟悉了，无法引发话题度，更没有套利空间。

让这个产品可以拥有话题度、市场规模和利润空间的，恰恰是感知度不那么确定，且当时中国用户还很陌生的褪黑素。

回头看美乐通宁、眠纳多宁、眠尔康、松果体素、康麦斯美宁，这些褪黑素药片和脑白金是同一种东西吗？

它们的价值是同源的，都以褪黑素这一物质成分为支点。但是经过不同的商业运作之后，它们已经是截然不同的商业生物。

你可以用一瓶褪黑素当礼物吗？当然不可以。但是脑白金可以。甚至，在长达10年的时间里，脑白金一直是过年送礼这个场景的硬通货，就好像钻石是求婚场景的标配一样。

这就是史玉柱的大仗。他把低聚糖、山楂、茯苓和褪黑素装进同一个盒子里，炮制一个观念，再把观念放进人们的脑子，把它做成了市场共识。

四、信息包设计

软文是今天的老套路了，但我还是想讲讲史玉柱怎么做软文。

为了让脑白金在中国市场正式亮相，史玉柱拉了十几名文案高手，在常州一家酒店包下几个房间，集中10天进行全封闭写作。

写好之后，大家把稿件交给史玉柱审阅。史玉柱对文辞极为敏感，且有自己的一套判断文章的标准。他不断提出意见，退回重写。经过这样反反复复的打磨，最终出了一批稿件。

接着，史玉柱召集全国的子公司经理，把稿件给到这些来自全国各地，直接与渠道、媒体、用户打交道的一线人员，告诉他们现在是挑武器的时候，哪篇能炸，哪篇哑火，结果自负，请慎重表决。

在认知战里，文稿就是军火。

经理们在现场一篇一篇地朗读稿件，然后全体投票，选出能帮自己炸开市场的那几枚炮弹。

最后，第一批选出了五篇软文：

《人类可以长生不老吗（一）》《人类可以长生不老吗（二）》《人类可以长生不老吗（三）》《两颗生物原子弹》《98世界最关注的人》。

人类可以长生不老吗？这是秦始皇的发问，没有中国人会不好奇这个标题下的内容。

而《两颗生物原子弹》开篇的第一段是这么写的：

> 本世纪末生命科学的两大突破，如同两颗原子弹引起世界性轩然大波和忧虑：如果复制几百个小希特勒，岂不是人类的灾难？如果人人都能活到150岁，且从外表分不出老中青的话，人类的生活岂不会乱套？

PART TWO 共识

文章中,不提褪黑素,只说脑白金,而且把分泌褪黑素的松果体说成了脑白金体,把脑白金的发现说成了和克隆技术同等级别的生物科学进展。

如果好奇的话,你可以在网上搜索一下当年的这些文章。你会发现,如果一篇一篇地读下来,一轮一轮地读下来,凡是内心想要找回年轻的感觉、对衰老充满沮丧和恐惧的人,都很难抵御脑白金的诱惑。

武器的强度选好了,下一步,是炮火打击的烈度。

史玉柱要求选择当地 2~3 种核心报纸,每周刊登 1~3 次,在两周内把新闻性软文全部发出。每篇文章占用的版面也做了具体规定:对开大报为 1/4 版,四开小报为 1/2 版。

并且,史玉柱对软文在报纸上的具体呈现做了十分细致的规定。比如,一定不能刊登在广告版,最好选健康、体育、国际新闻、社会新闻版。文章周围不能有其他公司的新闻炒作稿子。文章标题不能改,要大而醒目。文中的字体、字号要与报纸正文完全一致——这样用户就看不出来这其实是广告,会认为是报社的正式报道。每篇软文要单独刊登,不能与其他文章一起,以免内容过度。没有推销,不留电话。

为什么?要占住用户的内心时长。

让用户产生好奇心,但是又无从联系,就能够在用户脑子里、内心里多盘踞一会儿。这和"海王"撩妹的战术没什么不同,让女孩在心里多好奇、多惦记几天,情感的分量就不一样。

发了一轮软文之后，史玉柱又以报社的名义在报纸上郑重其事地刊登了一则启事，说自本报刊登有关脑白金的科学知识以来，接到大量读者来电，为了能更直接、更全面地回答读者所提的问题，特增设一部热线电话。这部热线电话，当然就是脑白金当地分公司的电话。

如果打了这个电话，你会得到什么呢？

除了会被建议买一套脑白金试试，你还会得到一本书——《席卷全球》。

史玉柱计算机代码写得好，操纵文字的能力也很强。

他卖巨人软件的时候，曾买下报纸的两个整版广告，在一个跨版上只写两个字——"巨人"。

而为了卖脑白金，重金打磨大篇幅的软文之后，他依然觉得烈度不够，还需要再做一本书，而且是与出版社合作的正式出版物。这本书的名字叫《席卷全球》。

《席卷全球》全书共 90 页，分为 9 章。

第一章标题为"美国人的疯狂"，称脑白金的出现在美国引起了民众的疯狂，其价格已经被炒到白金的 1026 倍。

第二章为"人体司令部"，在你好奇为什么脑白金如此令美国人疯狂的时候，马上给你解释人大脑中有一个部位叫"脑白金体"，掌管着人体的寿命和衰老。

第三章"90 岁的中年人"和第四章"姑娘、少妇和老太太从根本美丽"，分别对准男人和女人关于青春永驻的妄念。

PART TWO 共识

第五章是"安眠药将进入历史垃圾堆",中国有3亿睡眠障碍者,这一章直接对准这个人群。

第六章,"增强免疫,抵抗疾病",这是机关枪横扫,见谁打谁,但也可能是为了给第七章做个情绪的缓冲和间隔。

第七章,重点来了,"人生性福八十年",着重讲述脑白金在提高性欲方面的神奇作用,还特意不无忧虑地指出:脑白金唯一的不足,就是有可能导致社会性犯罪的增加,而且性犯罪的年龄也会提高,因为长期服用脑白金的老年人,性能力和年轻人几乎没有差别。

对用户撩拨至此。最后两章,脑白金光芒万丈地登陆了中国市场。倒数第二章是"脑白金的第二次革命",为他们推出的口服液加胶囊模式做理论阐述。最后一章是"中国人与脑白金"。

把书做出来之后,一般营销人都会选择的套路是:直邮、派发、在销售终端摆放、放进脑白金礼盒做赠品,等等。史玉柱当然一样不落。

此外,史玉柱还做了一件事,把书中最具诱惑性的部分摘出来,汇编成报纸两个整版的篇幅,自行印刷后,夹在当地发行量最大的两三种报纸中送出——随报送书摘。

中国人对书有天然的信任感。看一条广告、一篇新闻报道,和读一本书相比,建立的信任和认同感在完全不同的台阶高度上。

而先出书,再出书摘,然后把大篇幅的书摘夹在报纸里发行,不但同时借助了报纸的公信力和书摘带给人的天然信任感,而且还规避了广告、工商部门的审核。

当夹带书摘遭到工商部门干涉，或者遭到报社拒绝时，脑白金团队早已准备了成型的说服话术：

书摘是正式出版物，形式合法；

书摘内容真实、科学、出处可靠；

书摘系科普宣传，对社会有益，而非产品广告。

史玉柱明确提出，启动每一个具体市场时，报纸夹带书摘都必须先行。没有落实书摘的市场绝对不可以启动。

在没有互联网的时代，夹带在报纸里的神乎其神的书摘，就像今天的网络热帖一样，在办公室里、亲朋好友间传递，成为线下群聊的热点话题。用今天做网红产品的说法，叫"话题度拉满"，市场的冲击波启动了。这时，铺天盖地的脑白金电视广告从天而降。

"今年过年不收礼，收礼只收脑白金！"

脑白金这个电视广告应该说无人不知，但我还是想讲讲。

史玉柱自己说，这句话是个病句，前后矛盾。

这是史玉柱故意的，是他认知战的一个招数。

建立深度认同，首先要做到的，就是尽量多地占用对方大脑的时间，先占据内心时长。

我提出过一个概念，叫"高频打低频"。频率代表关系，代

PART TWO　共识

表现实中的关联程度。而在频率之前，还有一个更深的对用户内心偏好的洞察点——时长，因为时长代表爱。

拿《甄嬛传》打个比方。皇后要提防所有的嫔妃，首先观察的应该是时长，就是皇上在每个嫔妃处的时长，再深一点的话，就是某个嫔妃在皇上心里占据的内心时长。对于某个嫔妃，皇上是出于平衡的目的，过去问候一下，坐坐就走，还是会挂在心里，但凡见面相处就觉得时光飞逝，不知不觉已然超时？如果是情感关系，一定是先有时长，再有频率。如果没有时长，频率就没有意义。

如果皇后能明白这一点，她就可以节省下自己的毒药，更简单地锁定对手。

所有的深度关系，首先是深度认同。在深度认同之前，一定是内心时长。

我们再观察一下脑白金认知战所做的工作：半个版的长软文、两个版的长书摘、90页的书，都是在抓用户时长，以用户时长来求内心时长，抓重度用户。

而这个病句广告，也是一个招数。

你听到了一堆话，都是正确的话，这时如果有人说错话，说病句，是更容易被注意到的。

杨天真跟我说，她从小就知道如何吸引人的注意。比如，小学时，课间大家都蜂拥去小卖部买零食，一堆小孩儿一起向小卖部老大爷嚷嚷自己要什么。而杨天真的策略，就是故意说错。她说错了，老大爷就会在一堆声音里注意到她，首先响应她，而不是响应声音最大的那个。

这些有商业天分的人，对某些东西的敏感度确实出现得早于常人。

我们继续看这个病句。

"今年过年不收礼，收礼只收脑白金！"

它前后矛盾，人就会不由自主地在脑子里多过一下：前后矛盾，到底要表达什么？于是用户的内心时长就这么简单地被它占据了。

而更厉害的是，用户会自作聪明地在内心思考，前后矛盾的这两句，到底是要表达"今年过年不收礼"，还是"收礼只收脑白金"？

然后用户就会自己得出一个结论："收礼只收脑白金！"

用户只是出于本能地思考了一个语文上的病句，得出了一个聪明的判断——"收礼只收脑白金"是对的！

于是，这个概念就在用户内心被强化了。一个观念，一个行为暗示，在用户心中播下了一颗种子。

这句广告语背后，依然是史玉柱本人的一线用户访谈。

在试销脑白金的时候，有一次，他带几个人去公园实地调研，看到一些老头老太太在亭子里聊天。他就上去找他们搭话，问他们对脑白金有什么了解。有一两个老头老太太说吃过。大部

PART TWO 共识

分人说感兴趣,但是没吃过。史玉柱就问,为什么不吃?得到的回答是:买不起!如果子女给买,就愿意吃。

沿着这个发现,史玉柱继续调研,发现多半老人都如此——并非不想尝试,而是在等他们的子女买。其中一个买过脑白金的老人说,每次吃完之后,他自己舍不得买,想让儿子帮他买,就把那个空盒子放在窗台上,提醒他儿子。

于是,史玉柱做出了对交易对象的选择:要卖脑白金,不能卖给老头老太太,要卖给他们的子女。按中国的传统,给老人送礼就是尽孝道,这是传统美德。于是,他把脑白金定位成了礼品。

然后就打磨出了现在的广告词:"今年过年不收礼,收礼只收脑白金!"

这个前后矛盾的句子,由两句构成,而"礼"字在两句中都出现,反复强调。你在琢磨这个病句时,不论是上半句,还是下半句,"礼"这个字都萦绕不去。这就把"脑白金"和"礼"这个概念绑在了一起。

到这一步,史玉柱就完成了脑白金的整体商业设计。

首先,脑白金这个商品的存在,回应的是一个古老的、永远填不满的需求——"青春永驻"。它对准的消费群体是老人群体。而交易群体则是老年人的子女——他们把脑白金当成表达孝心、传递感恩的工具。

其次,是它的价值与感知设计。

脑白金的价值立足点是其核心成分褪黑素。这一大脑松果体分泌的激素，被科学研究发现有多重作用，在当时是非常前沿的物质，有巨大的话题度与套利空间。

但是如果只卖褪黑素，卖的就是功能价值，结果势必与当时的其余 63 种产品一样不温不火。

脑白金做了两重感知设计：消费者产品体验的感知设计和交易对象礼品赠送的感知设计。

第一个体验感知设计是名字。脑白金这个名字，让人感觉既熟悉又陌生。它借助古老的黄金崇拜，直接唤起人的好奇心和向往度，有分量感和贵重感。

接着是对消费者服用的感知设计。胶囊与口服液，给人带来的依然是熟悉的保健品感受，但是这样的双重形态，会让用户产生一种在加倍呵护自己的心理暗示。此外，产品成分除了褪黑素，还有低聚糖、山楂等，能否改善睡眠见仁见智，但润肠通便的效果几乎立竿见影，让使用者快速产生感知。

对交易对象需要的礼品感，史玉柱的感知设计则更为系统。

首先是分量感、呈现感的设计。

关于脑白金产品的交付形态，曾经设计过两粒胶囊的方案，已经到了报批的阶段，但是最终史玉柱觉得分量感不足，不是礼品的味道，紧急刹车，换成了胶囊＋口服液的形态。

而包装的形态，也是经过具体场景筛选的产物。

PART TWO　共识

共识故事

史玉柱说过：对于顾客来说，最先跳入眼帘的产品就是他要购买的产品。所以，他对包装设计的第一要求是大。中国人送礼要体面，首先体积要大。

包装设计好之后，他让员工用彩色打印机打印出来，先制作两个不同的盒子。接着，他让员工拿着这两个盒子到销售终端、药店去，与其他的药品、保健品放在一起，一次只放一盒，然后在门口调查消费者第一眼看到的是哪个产品，做 AB 测试。

开始的时候，顾客看不到脑白金，史玉柱就继续改。经过几番修改，直到调查发现一大半的顾客进店之后第一眼看到的都是脑白金的盒子，这个包装盒才定下来。

还是为了抓住第一眼，对于脑白金产品在终端如何摆放，史玉柱也确定了最初的原则：每家店里，脑白金摆放不得少于 3 盒，高度不得低于 1.5 米，不得高于 1.8 米。1.5 米以下看不见，因为很多产品都在那个高度放着；1.8 米以上也看不见，因为大部分人都没有那么高。最保险的高度是 1.5 米到 1.7 米。

接着是构建市场共识、管理用户共识。天量的洗脑广告，就是为了密集地影响心智。**人们往往分不清熟悉和正确**。最后，最熟悉的观点，往往就成了共识。

如同当年戴比尔斯公司把钻石和求婚场景绑定一样，史玉柱把"脑白金"和"礼"这个概念绑在一起，让一方对它有所期待，让另一方觉得送礼送它不会出错。

那些让用户觉得不会出错，降低选择压力，免除选择责任的

320

产品，往往是市场的王者。

"今年过年不收礼，收礼只收脑白金"——这条广告在春节期间天量投放。

春节回家看老人、走亲戚，之所以会带礼物，是因为要表达感恩。而脑白金的共识管理，大大降低了选择成本。脑白金在春节前后这10天的销量，几乎达到了全年销量的50%。

讲到这里，我想给大家看看1998年史玉柱对销售终端，也就是卖脑白金的具体门店、药店、小超市的要求。

终端达到标准

1. 营业员推荐脑白金产品，并具备脑白金基础知识。
   a. 脑白金功效与原理；
   b. 美国为脑白金而疯狂；
   c. 随着年龄增长，人体自然分泌的脑白金减少；
   d. 当地的若干实例。
2. 产品摆放：正面至少三盒，两盒无效。
3. A类B类，至少有一种宣传品。
   a. 横幅：挂在店门正上方或者店内正上方；

PART TWO　共识

> b. 大 POP[1]：放在门口最显眼的地方；
>
> c. 招贴画：贴在最显眼的地方，每个药店至少贴两张；
>
> d. 有玻璃橱窗，必须把产品放上去；
>
> e. A、B 类终端，必须有书陈列，必须赠书给每个购买者。

什么叫颗粒度，这就是颗粒度。

五、节奏

1997 年，史玉柱身负巨债，最后的筹码就是 50 万元现金、20 多名旧部，还有自己的认知。

1998 年 1 月，史玉柱在江苏省江阴市启动脑白金项目，一年时间，从 50 万元的筹码，做到了月回款 1000 万元。

1998 年的史玉柱舍不得买飞机票，也舍不得坐火车软座或卧铺，出差一直坐火车硬座。他连手机都舍不得买，直到 1999 年才买了一部。去无锡出差时，他住 30 元的旅馆，还被那里的女服务员认了出来，但是她没有嘲笑他，而是送了他一盆水果。

---

1 售点广告。指在零售商店内的墙壁上、天花板上、橱窗里、通道中、货架上、柜台上张贴或摆放的各种广告物和产品模型。

1999 年，史玉柱进上海，用验证过的模式、练熟的队伍，在全国全线展开。书、软文、书摘、广告、渠道、终端，认知战和交易场景，全程控场，每个点都压到了位。1999 年 12 月，脑白金月销售额破 1 亿元。

2001 年 1 月，脑白金单月销售额超过 2 亿元，成为中国销量最高的保健品，没有之一。

2001 年 1 月 28 日，《珠海特区报》刊登了一则启事。

启事由珠海一家名为士安的公司发出，具体内容是士安公司将以现金方式收购珠海巨人在内地与香港发售的巨人大厦楼花。以当年契约编号为序，在 1 月 29 日至 2 月 15 日完成还款。

具体的还款方案，史玉柱依然事先做了电话访问，发现公众主要是两种态度。一种占多数，说能拿回一半钱就行了。4 年了，这些投资者已经心灰意冷。另外一种说最好给 70%，可以分两期，先给 50%，后给 20%。

最后，史玉柱确定的还款方案还是二选一：第一个选项是一次取走 70% 的款项；第二个选项可以拿回 100% 的钱，但是需要两次付清，现场付一笔，年底再付第二笔。

当时这个新闻在整个中国形成了爆炸式传播，史玉柱找到了 90% 的债权人，而 75% 的人选择了 100% 的方案。

在珠海，史玉柱要还款 5000 多万元。这笔钱先汇入银行，还款处就设在银行门口，办完手续，由银行开出存折或支票。短短几天时间，珠海有 2000 多个当年买楼花的投资者将钱拿了回去。

2001 年 2 月 6 日，史玉柱在上海的《解放日报》第四版刊登了一个整版广告，印了两个 20 厘米见方的大字——"感谢"。

在这两个大字的下面，用小字写着这样一段话：

> 十年前，巨人创造过辉煌。四年前，巨人跌入低谷。新世纪巨人从上海复出，感谢上海优良的投资环境、良好的政策环境，感谢上海人民的厚爱。

六、尾声

以上所讲的脑白金故事，是 20 多年前的旧事。之所以用它做"共识"这个部分的案例，是因为它经典。之前的学费经典，之后的操作也经典，它席卷天下的剽悍经典，它止步于此的怯懦也经典。

我们可以看到，脑白金的价值配方，与可口可乐和戴比尔斯公司的钻石有相似之处：

> **FORMULAS**
>
> 价值 = 功能价值 + 情绪价值 + 话题度 + 强场景 + 共识的领导力

"共识"这个部分谈到的用户人设、价值与感知、利益相关人地图、强场景、认知战,在脑白金的这一役里,都可以看到炉火纯青的操作。

20多年后的今天,那个盘旋千年的需求依然存在,对日渐衰老的恐惧、对比同龄人年轻的渴望、对永葆青春的妄念依然没变,对准这个需求的新科研、新产品依然层出不穷,比如NMN(β–烟酰胺单核苷酸)、燕窝、胶原蛋白、羊胎素、干细胞……

每年都会有好多做这类产品的创业者,拿着他们基于新神药的产品来给我看。

看到这些东西,我基本上都不知道该说什么。

20多年来的技术进步让我们洞察用户、触达用户、获得反馈的精准与效率提升了何止几十倍。而在价值配方、用户动力、场景洞察、话题度管理、共识管理方面的水准,我们还远远比不上当年的脑白金。

谎言,是个很有趣的现象。**人们为什么愿意相信谎言?**
因为谎言讲的是人内心的愿望。

PART TWO 共识

在认知战的战场上，胜负的拉扯，其实是知识理性和心愿妄念之争。只信奉知识与理性的人，往往会在这里吃亏。

因为比起生活在不如意的现实里，很多人宁愿在谎言的避风港里，能躲一时是一时。

脑白金的开局，轻车熟路，帅气无比，但是它为什么没能成为可口可乐或者戴比尔斯公司？

脑白金的成功与可口可乐、戴比尔斯公司的钻石是相似的：它超越了功能价值，把自己打造成了一种场景道具，并占据了用户心智，构建了市场共识。

所有对脑白金的指责，放在可口可乐或者戴比尔斯公司的钻石身上，其实也是成立的：市场价格相对原材料成本过高，利润过高；价值成分存在争议，就像可口可乐的健康属性、钻石的保值属性一样。

2016年的某天，我读到贝索斯在1997年写的第一封致股东的信。

贝索斯1994年创建亚马逊，比史玉柱创办巨人公司晚3年。1997年，亚马逊在纳斯达克上市，贝索斯写了一封致股东的信。此后24年，他每年都会写一封，并且每年都把这第一封信附在后面。

在第一封致股东的信的开篇，他骄傲地写道：

亚马逊在 1997 年突破了许多里程碑：到年底，我们已经为超过 150 万客户提供服务，收入增长了 838%，达到 1.478 亿美元。

1.478 亿美元，也就是 10 亿元人民币。这个数字，史玉柱在 1994 年就达到过，并在 2001 年再次达到。这个数字，放诸中国的市场土壤，算不上一个大数字。

然而，贝索斯在这封信里说了一个简短的句子。这个句子，当时所有的中国企业家几乎都没有提过，甚至没人想过这个话题：

一切都将围绕长期价值展开。[1]

这是王者与流寇的分水岭。

流寇哪怕一时悍勇，内心也是怯的。2001 年席卷天下的史玉柱，内心还是怯的，所以他才会在 2003 年选择把脑白金卖掉。这就类似于宋江接受了招安。

这不是史玉柱一个人的问题。那一代的中国商人，内心的怯是真实的、普遍的，因为那时的我们没见过世面，饥饿而短视。

1　原文：It's all about the long term.

PART TWO 共识

所以，我们描述那个时代为流寇时代。一伙彪悍的人敏锐地洞察到了时机，并迅速积累作战经验，迅猛悍勇地从市场里抢到钱。但是，抢到钱，就是他们的作战目标与胜利指标。他们从来都是走一步看一步，自己也不知道自己的明天在哪里。

那个时候，少有企业家会相信自己这件事可以成为百年事业，自己将扎根于此，长期投入，把核心竞争力做强，把护城河做深，然后全球扩张，与全球的价值网息息相通，成为一个全球性的商业王国。

他们几乎无此妄念。没有愿景，也就没有与之配套的战略。

他们只是追随着市场中出现的可能性，为抓住每个机会而流动作战，在流动中崛起，在流动中消失。

在2000年之前的中国出现过的大量区域品牌都是如此。然后在21世纪初的10年里，这些品牌普遍接受了招安，成了某跨国公司或者某全国品牌的一员。

在1997年这封致股东的信中，还是一家"小公司"的亚马逊的CEO贝索斯说：

> 我们的投资决策，将继续基于"长期市场领导地位"这一目标，而非关注短期的盈利或华尔街的短期反应。[1]

---

[1] 原文：We will continue to make investment decisions in light of long-term market leadership considerations rather than short-term profitability considerations or short-term Wall Street reactions.

这句话，解释了脑白金为什么没能成为可口可乐。

在"价值"部分，我们谈论过网红和大牌的区别：

> **FORMULAS**
>
> 网红 = 产品价值 + 新鲜感 + 话题度
>
> 大牌 = 产品价值 + 辨识度 + 情感唤起

那个时代，中国几乎还没有互联网，而脑白金的打法就是今天超级网红的打法，悍勇无比。然而，史玉柱根本没有雄心让脑白金成为引领一个行业的领导性品牌，承担起一个行业领导者的产业责任，只是安于继续用网红套路赚钱。正因如此，他才会怯懦。

2010 年，脑白金的一位负责人在采访中提到，当初如果哪年脑白金的广告不被评为十大恶俗广告，史玉柱会扣她的奖金。为什么？因为只有如此才能保持争议，保持话题度，继续网红下去。

2003 年，贝索斯写下了第七封致股东的信，开篇第一句话是：

> 长期主义的思考方式，既是真正拥有一件东西的前提，

PART TWO 共识

也是结果。[1]

信中他说：

我们设计用户体验的时候，是从长期持有者的角度来思考的。我们试图让我们无论大小的所有决策都在这个框架中形成。[2]

2003年，史玉柱选择卖掉了脑白金。

---

[1] 原文：Long-term thinking is both a requirement and an outcome of true ownership.
[2] 原文：As we design our customer experience, we do so with long-term owners in mind. We try to make all of our customer experience decisions-big and small-in that framework.

PART THREE

模式

自己的内在生活与成长

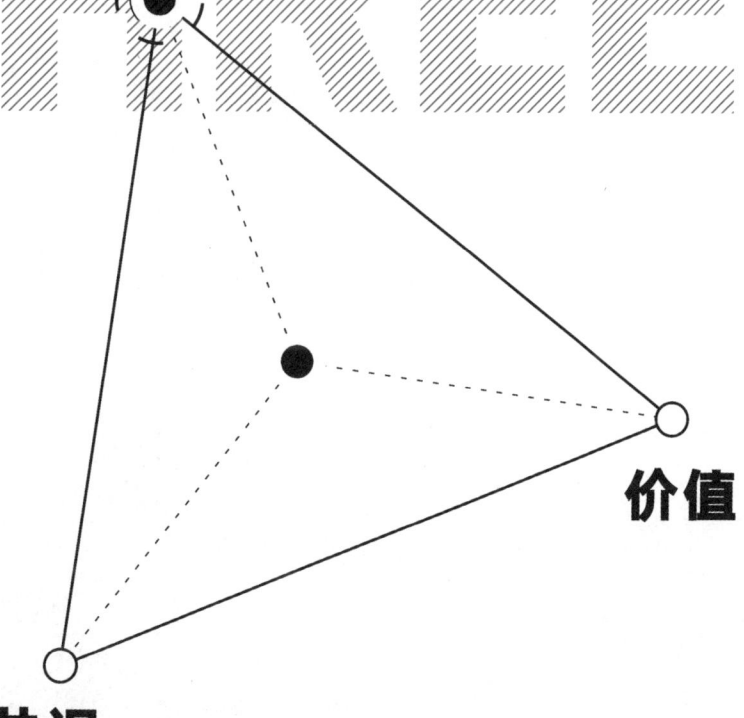

共识

价值

凡人的机会与风口，来自时代变迁和神仙打架，而盈亏同源，这些机遇之下也潜藏着创伤乃至灭顶之灾。

什么是一个人的内在模式？一个人被剥夺与简化到极致，还能剩下些什么。

什么是商业模式？
模式是一个企业构建自己的竞争力，从而活下去的秘密。
模式设计主要包括三大板块：能力系统、变现逻辑和分配机制。

我们都很熟悉的刘禹锡的《陋室铭》，用来做"模式"这一部分的开篇很合适。

山不在高，有仙则名。水不在深，有龙则灵。斯是陋室，惟吾德馨。苔痕上阶绿，草色入帘青。谈笑有鸿儒，往来无白丁。可以调素琴，阅金经。无丝竹之乱耳，无案牍之劳形。南阳诸葛庐，西蜀子云亭。孔子云：何陋之有？

刘禹锡是谁？他是唐朝人，曾是永贞革新的核心人物之一。革新失败，刘禹锡被贬谪朗州。偏远地区的司马，可以说是唐代贬官的代名词，没啥实权，就是顶着"官名"待在彼时穷困的贬地。

《陋室铭》据说就写于刘禹锡贬居朗州的 10 年间。

刘禹锡长期遭受贬谪，每每刚被召回京城，便又被流放；即便是在外流放，贬地也换了好几个。起起落落，直到 23 年后，他才被调回东都洛阳。

从外部视角看，刘禹锡曾居庙堂之高，也曾处江湖之远；曾风光无限，也曾被人避之唯恐不及——同一个人，为何变化如此之多？

因为凡人的机会与风口，来自时代变迁和神仙打架，而盈亏同源，这些机遇之下也潜藏着创伤乃至灭顶之灾。

PART THREE　模式

《陋室铭》这篇小文，让我们看到了刘禹锡的某种内在模式：一个人被剥夺与简化到极致，还能剩下些什么？

一个人的内在生活是怎样的？这就是他的模式。

在"价值"部分的开场，我们谈到《项链》的故事——玛蒂尔德为了社交，需要去借一条项链。而刘禹锡不用。他说"斯是陋室，惟吾德馨"，我在一个破地方，但我是个有趣又有品的人，当然有鸿儒来找我玩。当他独处的时候，他也不会像玛蒂尔德那样自怨自艾，向往繁华，而是抚琴，读《金刚经》，从遥远的智者处，回望当下的荒谬。

刘禹锡暮年再回京城，还有几位著名诗人也都相继重返京城，如白居易、元稹。在长安的还有令狐楚、裴度、张籍等人。这些官员兼诗人在长安形成了诗歌酬唱圈，一时间引起唱和诗的潮流。而这依然是刘禹锡"谈笑有鸿儒"的模式延续。

因此，你能感受到刘禹锡这个人的模式。不论朱门绣户，还是身居陋室，他一直在以自己的态度积累着自己。不论面对玄都观里桃千树，还是重回旧地、桃花净尽菜花开，他一直有一种坦然和抽离的视角。

无论手握资源，还是被剥夺一切，他这个人都没有变。那一次次的变化，那一场场诗会，都是创作的机会。但是，为什么只有他能写出"沉舟侧畔千帆过，病树前头万木春"这样的千古名句？

是他的内在模式，是他的精神结构，让他对事物有这样的看法和表达。这种在时间之中，世界变幻的空性之感，也是他数十年前于陋室读《金刚经》的遥远回响。"如梦幻泡影，如露亦如电。"

所以，我们在讲完价值、讲完共识之后，要讨论模式。

因为市场必然走向成熟，曾经的创新成为行业基准，曾经的新需求成为市场共识。那时，需求是公共的，产品是雷同的，只有模式是自己的。

今天的咖啡企业都是模式创新，因为市场已经成熟了，需求太清晰了，产品也太同质化了。会做一杯美式咖啡的企业或个人，比比皆是：瑞幸、星巴克、麦当劳、7-11或者某个街边店，甚至公司饮水区，都能提供美式咖啡。但是，星巴克能成为星巴克，瑞幸能成为瑞幸，是因为它们开创了属于自己的独特模式。

什么是商业模式？
模式是一个企业构建自己的竞争力，从而活下去的秘密。
模式设计主要包括三大板块：能力系统、变现逻辑和分配机制。

能力系统

能力不一样，所以面对同一个机会，可以做出的动作也不一样。同样是卖咖啡，瑞幸具备与其他咖啡企业不同的能力系统，因而可以采用不同的模式。

变现逻辑

商业的本质是变现。很多商业新手以为，只要自己创新，赚钱就会顺其自然地发生。然而，创新其实并不赚钱，创新是一件花钱的事。赚钱来自变现。要像设计价值一样耐心地、精心地设计变现逻辑。

分配机制

分配权是权力的核心，分配能力也是能力的核心。

最初的禀赋只能支撑一个人崭露头角。在之后长期的生存竞争里，要靠自己对其主动投入，配置更多的资源，我们才能拥有那些可以成为生存优势的特性。

市场必然走向成熟，曾经的创新成为行业基准，曾经的新需求成为市场共识。那时，需求是公共的，产品是雷同的，只有模式是自己的。

传统企业和互联网企业的区别是什么？
传统企业的收入是单价 x 销售量。
互联网企业的收入是用户数 x ARPU 值。

模式第一问：拿谁的钱？

认知是因，创新是果。
认知决定了能力的顶，那是什么决定了认知呢？
是用心，是爱。根本性的情愿，胜过一切天赋。

第十二章 能力系统

一、瑞幸的故事

如同酒精让酒这个品类存在，咖啡因也让咖啡这个品类存在。

中国人喝茶，西方人喝咖啡，背后都是对咖啡因提神的功能性需求。有功能价值打底，再叠加各种情绪价值要素，便产生了各种各样的咖啡饮品，然后形成了行业统一的"美式咖啡、拿铁咖啡、风味拿铁咖啡"菜单框架。

意大利人酷爱意式浓缩咖啡。传说，第二次世界大战期间，美国大兵来到欧洲战场，因为不习惯意式咖啡的浓厚，便往咖啡中添加热水，于是诞生了美式咖啡。

拿铁咖啡中的"拿铁"一词，在意大利语里面的意思是鲜奶，拿铁咖啡就是加了牛奶的咖啡。拿铁咖啡再加一些配料，就是风味拿铁，比如榛果拿铁、玫瑰拿铁，等等。

瑞幸入场前，中国咖啡馆的数量大约是 10 万家。这 10 万家咖啡馆都能提供美式咖啡、拿铁咖啡、风味拿铁咖啡这些传统产品。

但能做出这些产品，和能做出瑞幸公司，是两件事。

星巴克成为星巴克，瑞幸成为瑞幸，不是因为它们能做出美式咖啡、拿铁咖啡和风味拿铁咖啡，而是因为它们的模式。

PART THREE　模式

1. 四个能力系统

瑞幸咖啡创办于 2017 年。这家公司的创始团队,在创办瑞幸咖啡之前,做的是网约车业务,是神州优车的核心团队。

发生于 2014 年到 2015 年的网约车大战,是中国商业史上竞争烈度最高的商战之一。在那场大战中,神州优车没有到达核心战区,大约止步在八进四的位置,更不用说最后二进一的大决战了。那一战摘到金牌的选手是程维的滴滴。

瑞幸这支团队,从中国商业史上最激烈的战场出来,他们的能力和认知,必然与根本没见过这种级别战争的其他咖啡界同侪不同。

经此一役,瑞幸这支团队有了四个能力系统。

第一个能力系统,是基于位置的供给和需求双边实时撮合系统。

这个说法是行业黑话,其实指的就是你早已熟悉的点单系统。

打开瑞幸 App 或者小程序,你可以叫一杯咖啡,然后这杯咖啡会来到你的面前。

这和打开网约车 App 叫一辆车,然后一辆车出现在你面前一样,使用的是同一套能力。

在大家已经习惯了各种 O2O 服务的今天,它早已不是创新,已经成为某种常规能力。但 2016 年,瑞幸创始人钱治亚还在做神州优车COO(首席运营官)的时候,有一次出差,在酒店里特别想喝一杯咖啡。当时房间里只有速溶咖啡,而离酒店最近的咖啡馆在 3 公里之外。她忽然想到,为什么不能像叫一辆车来自己面前那样,把一杯咖啡叫来自己面前呢? 这个有成熟系统啊。

而在 2016 年的中国,包括星巴克,全咖啡行业还没人可以做到。

第十二章 能力系统

第二个能力系统，是全链路数字化的管理系统。

有这么一个段子。瑞幸在筹备的时候，曾与一个咖啡机供应商接触。这个供应商聊完出来就说，今天遇到了骗子。

别人问他，为什么说遇到了骗子？

他说：这伙人讲，一年要开 1000 家店。星巴克一年也就开三四百家店，太平洋咖啡一共就 400 家店，漫咖啡才 30 家店。吹这种牛的，不是骗子是什么？

一年开 1000 家店，让行业里的老兵根本无法想象。而事实是，瑞幸第一年就开出了 2000 家店，到 2023 年，已经开了超过 1 万家门店。

因为瑞幸的董事长陆正耀看这件事，和传统咖啡企业根本不是一个思路。

他的简洁判断是：

一台咖啡机 10 万元，一台车也 10 万元。一台车配一个全职员工，也就是司机，一天饱和式运转，大约能接 18 单，平均每单 30 元。这几乎就是产能上限。

而一台咖啡机配一个全职员工，也就是咖啡师，一天饱和式运转，可远远不止 18 单。而且汽车需要汽油，咖啡机只需要水和咖啡豆。

1000 家咖啡店大概需要 3000 台咖啡机，管理这样的规模，让一个咖啡老兵匪夷所思，但是对于管过 15 万台车的陆正耀来说，让他管 15 万台咖啡机，比管 15 万台车容易多了。

网约车企业的业务复杂度和竞争烈度，对传统的咖啡企业而言是超乎想象的。所以，**网约车企业为了在激烈的竞争中活下来而构建出的能力，是传统咖啡企业根本没有，此前也根本不需要的。**

PART THREE　模式

比如这里说的瑞幸的全链路数字化管理系统。

早在 2016 年，瑞幸就组织了一支技术团队，做了一整套端到端、从供应链到产品研发，再到 SKU 管理、门店运营的全链路数字化系统。一年以后，瑞幸公司才注册成立。

瑞幸这套自建平台，打通了前端用户到后端产品制作等全链路数据，可以说，它建立了一个品牌自有的 SaaS（软件运营服务）系统。

这个 SaaS 系统管理着前端的每一个商品和 SKU，也就是每一杯饮料和每一张代金券，以及后端每一个带着时间和位置信息的订单与每一台咖啡机、每一台冰箱的状态。

所有的交易数据和用户数据，全部闭环在瑞幸的云端系统里。ERP、SCM、CRM[1] 等数据全部打通之后，瑞幸咖啡就可以通过自有平台的大数据分析，来做有数据支撑的精细化运营：精准地推荐商品，动态地调整商品折扣力度，调整产品，制定门店的扩张计划等。

因为这套系统，所有的咖啡机、冰箱、订单、物品供给，都被有效地协同了起来。

第三个能力系统，是瑞幸的用户运营系统，他们称之为"品运合一"的营销系统。

曾任瑞幸 CMO（首席营销官）、现任 CGO（首席增长官）的杨飞也来自神州优车。"品运合一"是他在他的书《流量池》中提出的理念，被运用于瑞幸咖啡的实战中。

可以看到，瑞幸不是一家传统零售企业，而是一家互联网企业。

---

[1] 都属于企业信息管理系统。ERP 系统指企业资源计划系统。SCM 系统指供应链管理系统。CRM 系统指客户关系管理系统。它们都是 SaaS 系统的一部分。

第十二章　能力系统

传统企业和互联网企业的区别是什么？

传统企业的收入是单价 x 销售量。

互联网企业的收入是用户数 x ARPU（每用户平均消费）值。

一个以运营"货"为中心，一个以运营"人"——用户的拉新、付费和留存为中心。

所以，星巴克是一家传统咖啡零售企业，而瑞幸是互联网企业。

瑞幸像在运营游戏一样运营它的业务——不停地发新品，就和游戏出新装备、新皮肤一样，然后做用户运营，发券，激活用户，推出各种转发分享、奖励拉新的政策。

因为传统咖啡企业运营的是货。而瑞幸作为一家互联网企业，运营的是人。

它追求的是**用户数 x ARPU 值，所以不管用户增长，还是用户消费增长，都是企业的增长**。

而咖啡和游戏一样都是成瘾产品，还都有社交属性，用户会为了自己的瘾与社交友好而持续氪金。

瑞幸从冷启动到烧钱补贴的整个过程，遵循了互联网产品的规律，并不像外界因看不懂而评价的那样"疯狂"。

瑞幸开始得其实非常谨慎，先小单元市场求证，再上阶梯。

瑞幸先将店铺开在了三个不同的位置，以不同目的进行市场测试。

第一个店：神州优车总部大堂的店铺，观察用户的消费频次、复购率、价格敏感度等。让神州优车的员工通过内部购买链接和微信下单，不断测试各种价格组合和促销政策产生的效果。

第二个店：望京 SOHO 的店铺，测试基于 App 的裂变营销。望京 SOHO 的特点是人流量大，不缺新客，所以主要通过 App 看裂变数量、

PART THREE　模式

拉新速度，测试需要多久可以达到单店最高产能。

第三个店：银河SOHO的店铺，测试微信LBS（基于位置的服务）定投广告效果。银河SOHO的特点是人流并不密集，正好可以测试LBS广告，以及通过LBS广告获取新客后的App裂变拉新速度。

拿到不同场景的测试数据后，瑞幸确定了启动的核心策略，即通过LBS广告宣传，结合首单免费福利，获取第一批App下载用户。然后，通过拉一赠一的裂变拉新，以存量找增量，获得病毒式增长。

数据反馈证明，瑞幸的策略是正确的。平均约两个月，瑞幸可以实现门店下单量超过周边咖啡店。基于这样的数据，才有了后续瑞幸好像发疯一样的烧钱补贴扩张。

第四个能力系统，是与资本市场对话和博弈，让融资节奏与业务节奏完美配合的能力。

2017年11月，钱治亚宣布辞去神州优车COO职位，创办瑞幸咖啡，神州优车董事长陆正耀宣布个人投资。

2018年4月15日，瑞幸宣布完成数千万元的天使轮融资。

2018年7月11日，瑞幸宣布完成2亿美元的A轮融资。

2018年12月12日，瑞幸宣布完成2亿美元的B轮融资。

2019年4月18日，瑞幸宣布获得1.5亿美元的新投资，投后估值29亿美元。

美国时间2019年5月17日，瑞幸咖啡登陆纳斯达克。从开出第一家门店到上市，瑞幸仅用了18个月，创下了中国市场最快的上市纪录，也是全球最快的IPO公司。按发行价，瑞幸市值达到42亿美元。

很多人研究了瑞幸的股权结构、融资进度和节奏，直呼内行——

步骤清晰，逻辑顺畅，操作流程一环扣一环：先自己出资开店，做数据；紧接着进行 A 轮、B 轮融资，让自己长期合作的创投伙伴入场抬估值；再开出更多的店，让数据好看；然后上市，高位融资，套现。

而这个套路，就是被污名化的"互联网打法"——在市场亏钱，取得用户数据，然后从资本手里拿钱。

这个模式曾让很多互联网创业者走上歧路，因为从资本手里拿钱太肥美了。你想，一杯一杯卖咖啡，一杯咖啡赚几毛、几块，但是资本一给钱，都是以亿为单位。如果说从资本手里拿钱是吃大羊腿，那么从用户手里一点一点将本求利，就好像蚂蚁啃骨头那么费劲。

所以，这几年资本市场降温后的一片哀号，其实是因为很多所谓的创业者，根本不知道该如何按照市场的正常逻辑去运营企业，去赚市场里的钱。

至此，瑞幸完美上演了一场降维打击。

打个比方。瑞幸是个孩子，去参加了一次奥数比赛，集训很久，但是没拿到金牌。所有人都知道拿了金牌的滴滴厉害，不知道瑞幸这孩子也厉害。

然后这个孩子回来参加了一场初中数学考试，20 分钟就交了卷子。

同场的咖啡界小同学都觉得，这孩子这么久没来上学，交卷这么早，肯定是因为不会，直到出了结果，才知道自己被"秒"了。

其实产品就是一张卷子，是企业读懂了市场出的题，交出了一张自己的答卷。

考 90 分和 100 分的区别是什么？

考 90 分是因为水平就是 90 分，考 100 分可能是因为卷面分数只有 100 分。

PART THREE　模式

需求是外部性的，市场的问题是公共的，但怎么答是你自己的事。能力不一样，当然答法不一样。

2. 模式的隐患

前面我们说到，瑞幸从开第一家店到上市，仅用了 18 个月。接下来的故事，其实大家也很熟悉。

2020 年 1 月，美国浑水研究宣布收到一份长达 89 页的做空报告，称瑞幸咖啡涉嫌欺诈行为。2020 年 4 月，瑞幸主动承认财务造假事件，股价暴跌。2020 年 6 月 29 日，瑞幸正式停牌，并进行退市备案。

瑞幸从开出第一家店到上市仅用了 18 个月，而从上市到退市仅用了 13 个月。与退市同时进行的是，瑞幸的创始团队神州系诸人从瑞幸退出。2021 年之后的瑞幸，几乎与神州系不再相关。

我们说过，瑞幸的系统能力，是神州系团队从网约车一役中习得，然后构建出来的。而在这个团队从瑞幸退出之后，这套能力和打法依然长在他们身上。

此后的两年，这个团队几乎用同样的模式转战了好几个不同的战场。他们尝试过共享空间、快餐（趣小面）、预制菜（舌尖英雄）几个赛道，最终还是在 2022 年重返咖啡赛道，推出库迪咖啡。

库迪入场的姿势，与当年瑞幸一样大手笔，一年就开了 5000 家店。同时，库迪也毫不客气地刷瑞幸的流量。库迪咖啡的各种介绍页面，都将"瑞幸咖啡创始人打造"作为招揽加盟商的招牌。门店选址挨着瑞幸，价格比瑞幸低一点。"瑞幸创始人 8.8 元请你喝咖啡"，写有这一文案的条幅一度几乎成了库迪各门店的标配。

把打过的仗再打一遍，把考过的试再考一遍，神州系的库迪，还能拿到和当年瑞幸一样的成绩吗？

那句老梗又能派上用场了：不是我不明白，这世界变化太快。

从 2020 年到 2022 年，仅仅三年，市场变了，对手也变了。考场变了，卷子也变了。

这是中国创新生态的伟大与可怕。2016 年，钱治亚想有人给送杯咖啡而不可得，仅仅 6 年之后，当他们重回咖啡市场，当年那个供给不足的市场，已经供给过剩，遍地咖啡与奶茶的连锁店——当年的供需鸿沟，仅用 6 年就被填平了。

而和他们同台竞技的考生也变了。一起坐在咖啡茶饮这个考场里的考生们，人均奥赛水平，见过刀山火海，竞争的水位也变了。

而且，当年的那个瑞幸也已经进化了。

3. 瑞幸构建新能力

2020 年浑水出的做空瑞幸的报告，提出了一条非常有杀伤力的负面判断：瑞幸的商业模式存在根本性缺陷。

浑水指出的第一个根本性缺陷是，瑞幸针对核心功能性咖啡需求的主张是错误的。中国的人均咖啡因摄入量为 86 毫克/天，与其他亚洲国家相当，其中 95% 的摄入量来自茶叶。

浑水认为中国是一个"顽固"的茶饮社会。诚然，咖啡因需求在

PART THREE　模式

中国确实存在，但咖啡的功能需求很可能是一个利基市场[1]。因为中国消费者的咖啡因需求已经通过喝茶得到满足。

解读一下，简单地说，就是市场不成立，中国消费者不需要咖啡。

浑水指出的第二和第三个根本缺陷分别是，瑞幸的客户对价格高度敏感，而留存率则受到价格促销的影响。作为无法获得利润的、有缺陷的单位经济，瑞幸破碎的商业模式必然会崩溃。

解释一下，浑水认为，瑞幸开业两年多，客户主要是羊毛党，有羊毛薅就来，没便宜占就不来。因此，瑞幸咖啡卖一杯亏一杯（根据浑水研报，2019年，瑞幸平均每店每日销售263杯咖啡，均价不足10元，亏损28%）。瑞幸的每一杯咖啡都是亏损的，每个门店都是亏损的，商业模式当然不成立，所以必然会崩溃。

浑水的第一个判定——"中国人爱喝茶，不爱喝咖啡"，是长期以来各种研究机构对中国咖啡市场下的定论。其实这是我们前面谈的"市场共识"问题。然而2020年之后，媒体提出了另外一个词——"瑞幸的咖啡共识"。

什么是瑞幸的咖啡共识？瑞幸测试出，15～20元的价格，就可以撬动大众的现磨咖啡市场。

共识达成，市场启动。增长的咖啡需求，引诱资本驱动更多竞争者涌入，各路玩家下场，各种规格的咖啡连锁启动。本来是文艺青年岁月静好的理想之地的咖啡馆，一时间成了中国烈度最高的商

---

[1] Niche market，指在较大的细分市场中具有相似兴趣或需求的一小群顾客所占有的市场空间。

业战场。

2023 年，中国新增咖啡店约 9.5 万家，而在 2020 年年底，中国咖啡店总数只有约 10.8 万家。也就是说，2023 年一年的新增，约等于 3 年前的总量。同时，2023 年，约有 4.4 万家咖啡店关闭。行业进入了高增长、高淘汰、高新陈代谢的青春期。

曾经让钱治亚起心动念的那个瞬间，想喝一杯咖啡而不可得的场景，仅仅几年就被生猛的中国咖啡创业者填满了。现磨咖啡市场迅速地从供给不足变成了供给过剩。蓝海变成了红海。

而瑞幸如果想破掉浑水"无法获得利润"的这个判定，有且只有一个方法，就是想办法提高单杯均价。

瑞幸做到了。

瑞幸动作清晰，因为他们发现奶茶已经为中国用户做了价格的心理锚定。大比例的用户接受价格为 15～20 元的一杯国产奶茶。

然后可以得出一个结论：

中国用户爱喝奶，尤其是有味道、有功能的奶。

"中国用户爱喝奶"这个洞察，重构了瑞幸的产品框架。

在瑞幸的菜单上，不是"美式、拿铁、风味拿铁"这一传统咖啡产品框架，而是以奶的口感、风味和配比为核心，连续推出了厚乳拿铁、丝绒拿铁、生椰拿铁、生酪拿铁、酱香拿铁等产品。

到 2022 年，瑞幸的单杯咖啡均价涨至 15.55 元（含配送费），营业利润由负转正。据第三方测算显示，瑞幸单杯咖啡平均成本现为 10.16 元（不含配送费）[1]。

---

[1] 瑞幸单杯咖啡平均成本包括但不限于咖啡原材料成本、人工成本、水电成本、门店租金、折旧摊销。

PART THREE 模式

用奶茶的价格卖咖啡，反正都是有提神效果的风味牛奶。

瑞幸破掉浑水判定的背后，是 2020 年之后瑞幸的新进化。在神州系的初始能力之上，瑞幸构建了新的能力线，强化了食品行业自身的能力体系，比如流程化的产品研发体系。

2020 年管理层大换血之后，瑞幸的产品线和供应链线也换了负责人，从美团、麦当劳引入熟练人才，组建了产品分析、菜单管理、产品研发、测试、优化的专业团队。

虽然之前瑞幸的数字化系统已完成搭建，但产品团队使用这套系统的颗粒度很粗。而在迭代后的系统中，瑞幸将各种原料和口味数字化，量化追踪饮品的流行趋势。通过这些数据，瑞幸能得出无数种产品组合，也能看到还有哪些奶咖、果咖产品没有研发上新，可以进行尝试。

比如，瑞幸不会用"香""甜"这样的文字来表述风味，而全部改成数字。这样，瑞幸后期研发产品时就可以通过这些数字来寻找对应的原物料。像桃子的风味就包含桃子本身的香气、酸味、甜味等，瑞幸会依据这些风味分解出一张图，看能否和咖啡的风味结合。

新产品团队组建不久，瑞幸就以每三四天一款的节奏推新产品。2020 年、2021 年和 2022 年，瑞幸推出的现制新饮品分别是 77 款、113 款和 140 款。

这部分能力系统，是瑞幸新构建的，再次入场的库迪团队并不具备。

开发一款新饮品，需要奇思妙想；为 1 万家店开发新饮品，则需要强大的供应链协同。而一旦产品成功，就是遍地抄袭者。这就是咖啡产品创新系统的价值和难度。

比如，2021年4月，瑞幸推出生椰拿铁，打准了用户的口味，迅速引爆。接着，椰子供应告急。5月供应链改善后，6月，生椰拿铁单月卖出了1000万杯。

与此同时，市场上一下冒出了100多款椰子饮品，比如鲜椰冰咖、生椰 dirty、厚椰拿铁等。有的同行甚至直接与瑞幸的椰乳供应商合作，推出每杯10元的"椰椰拿铁"。甚至还有供应商在电商平台上卖起了"生椰小拿铁"，每杯价格仅为瑞幸折后价的30%。

这都是神州系的库迪再入咖啡考场时面临的局面。而且，之前神州系四大能力之一的融资能力，在经历神州系资本神话泡沫之后，已经大打折扣。

所以，瑞幸和库迪虽然是同一个创始团队，但花开两朵，各自发展，再次遇到之时，拥有的已是不同的能力和资源。

4. 模式第一问：拿谁的钱

而来自其原生团队的库迪，则依然要面临一次大考：成为瑞幸，还是成为每日优鲜？

瑞幸和每日优鲜，曾经走在同一条道路上：以从资本手中拿钱为核心模式。行业内把这叫 to VC（面向风险投资机构）模式。

创建于2014年的每日优鲜，曾经是中国著名的独角兽企业，受到一批明星投资机构追捧。2021年，它募资3亿美元赴美上市，IPO市值一度达到32亿美元。然而，上市即巅峰，其股票价格一路下跌到1美元以下。2023年6月，每日优鲜宣布，公司收到纳斯达克股票市场

PART THREE　模式

上市资格部通知，决定将其美国存托股票从纳斯达克摘牌。

听说每日优鲜谋求上市的时候，我就和人打赌：每日优鲜上市之日就是崩盘之时。原因很简单，和浑水看空瑞幸没有任何不同。

我直接套用一下浑水的两句判词，放在下面。

首先，市场不成立，用户其实并不需要每日优鲜。

其次，每日优鲜的用户对价格高度敏感，而留存率则受到价格促销的影响。作为无法获得利润的、有缺陷的单位经济，每日优鲜破碎的商业模式必然会崩溃。

每日优鲜的开局，是2015年在一、二线城市首创的"前置仓"模式，为16个城市的数千万家庭提供了"超4000款商品，最快30分钟达"服务。那是整个中国的外卖行业刚刚萌芽的时候。

但是很快，仅仅两年之后，从2017年美团外卖称王开始，美团和饿了么两家的即时派送网络便占据了一、二线城市用户的习惯和心智。

这个时候，每日优鲜的模式其实就已经崩溃了。因为它的两个核心能力——"前置仓"和"半小时达"，都被对手的能力完美覆盖了。每一个小水果店、蔬菜店、日杂店，都是前置仓，只需要把它们接入美团或者饿了么，就可以为用户提供"超10000款商品，最快30分钟达"的服务。用户需要的是具体的水果、蔬菜……用户并不需要每日优鲜。

用户对每日优鲜的需要，只是它的补贴。有补贴，有便宜占，有羊毛薅，用户就来，就有所谓的数据，就有可以拿给资本看的增长。而在那个疯狂的年代，只要有增长数据，就能去资本市场讲故事；只要有规模增长数据，就能从资本市场募到大钱。

每日优鲜在 IPO 前拿到了 11 轮融资，总融资规模为 114 亿元。而从 2018 年到 2021 年，每日优鲜的累计亏损额高达 108 亿元，几乎与其此前的总融资规模相当。

三年烧 108 亿元，一年烧 36 亿元，每个月烧 3 亿元。想象一下，7500 万元可以造一栋非常漂亮的大楼，而每日优鲜每周烧一栋这样漂亮的大楼，而且，连烧了三年。这就是那个黄金时代真实发生的故事。

那么，为什么说每日优鲜上市之日就是崩盘之时？很简单，因为每日优鲜存在的核心就是它能从资本市场融资，然后补贴给用户，然后因为补贴产生用户规模，因为用户规模再从资本处拿钱，来维持自己的存在。它没有能力从用户那里获得利润。

所以，上市，就是它从资本市场拿到了最后一笔钱，也就是它拿到了它所能拿到的最后一笔钱。这就是它的终点。

瑞幸和每日优鲜的不同在哪里呢？来看它们在 2017 年和 2020 年的两个选择。

2017 年，美团、饿了么的即时配送网络 + 小店供给，完美覆盖了每日优鲜的能力系统。那一年，每日优鲜的模式就已经崩溃了。

而在 2017 年，市场上没有现磨咖啡的外卖供给。

所以第一个不同是，每日优鲜是做平台，而瑞幸是做产品。瑞幸做了外卖平台的新供给，所以获得了外卖平台崛起的赋能，吃到了最大的红利。

第二个不同是，2020 年，瑞幸回归餐饮行业的本质，在食品的产品、供应链上构建能力，交付出了用户为了口味而购买的产品——而不是为了补贴。而每日优鲜继续在从资本手中拿钱补贴用户的道路上狂飙。

PART THREE　　**模式**

所以，2023 年，神州系团队再战咖啡市场，在已经成功开店数千家后，他们仍会面临一道选择题：成为每日优鲜，还是瑞幸咖啡？

这是在问，他们能不能构建出通过交付产品、服务用户，从用户手里拿钱获得生存的模式。

模式的第一个问题，就是拿谁的钱。

其实无非是 to C、to B、to VC、to G 四种模式，就是从用户手里拿钱，从商家、市场手里拿钱，从风险投资人、资本市场手里拿钱，从政府手里拿钱。只要能从四个地方中的一个拿到钱，再控制住成本，企业就可以持续下去。

2020 年有一个数据：中国民营企业平均寿命 3.7 年，中小企业平均寿命 2.5 年。简单来看，就是一家企业因为从某处拿到了第一笔钱而得以开张，但是两三年后，它从这四个地方都再也拿不到钱了。

做一件事，开始的原因有千千万，不做的原因基本上都是同一个，就是不赚钱、没钱了。

二、能力的顶和底

从瑞幸咖啡的案例可以看到，咖啡对用户有价值，而瑞幸的能力系统，对组织自身的生存和发展有价值。

企业该如何构建自己的能力系统呢？认知是顶，安全是底。

第十二章 能力系统

1. 认知是因，创新是果

2014 年，埃隆·马斯克发现了一个金矿，就是做电信运营商，为付费用户提供互联网连接服务。

手机要联网、电脑要联网，如今已经和家家要有自来水、户户要有电灯、人人要刷牙一样，成为地球人的新日常。网络接入这个市场，大约每年是 1 万亿美元的规模。

马斯克说："如果我们能实现大约 3% 的市场占有率，就会有每年300 亿美元的收入。"

要知道，1 万亿美元是存量市场。直到今天，80 亿地球人里还有26 亿人没有上网。

马斯克对通信的看法和陆正耀对咖啡的看法一样——需求明确的超大市场，而作为产业的后来者，他们都采用了新模式入局。

马斯克入局的姿势是，在 2015 年 1 月宣布成立 SpaceX 的一个新部门，名叫 Starlink（星链）。

星链计划通过近地轨道卫星群，提供覆盖全球的高速互联网接入服务。它需要将卫星送入近地轨道，高度大约 340 英里[1]。这样，信号会比依赖地球同步卫星的系统好，因为地球同步卫星距离地面大约22000 英里。同时，因为星链的卫星离地球更近，每一颗卫星的信号无法像同步卫星系统一样覆盖那么多地方，所以需要发射更多卫星。

星链的目标是建一个由 4 万颗卫星组成的超级卫星群，让它与传

---

[1] 1 英里 ≈ 1.6 千米。

PART THREE　**模式**

统陆地移动通信相结合，成为服务全球的通信网络，无论深海还是高空，群山还是大漠，无死角网络覆盖。

如果你是在 2015 年听到了这个计划——一家市值 500 亿美元的公司的 CEO 说自己要发射 4 万颗卫星，你会不会像当年那个听陆正耀说一年要开出 1000 家门店的代理商一样，觉得自己遇到了骗子。

而事实上，今天的我们已经知道了，马斯克的星链计划不但开始执行了，而且产生了盈利。

2023 年的火人节[1]，我第一次使用了星链的服务。那是在美国内华达州的沙漠深处，一个没有通信信号覆盖的地方。

出发前往火人节举办地之前，我在硅谷和朋友聚餐，说自己要去火人节，在场的 6 个人中有 2 个说："我有星链，你要不要带去？"

我问了我们营地的队长，队长说："放心吧，我们有星链，足够一个营地的人一起上网。"

在火人节游荡，离开我们的营地 20 米，就进入了没有电、没有自来水、没有网络信号的世界。工业时代构建的所有秩序，在火人节都不存在。

而回到营地，拿出手机，连通网络，打开微信，属于信息社会的日常又扑面而来。营地接通了星链，我们需要做的就是连接营地的 Wi-Fi。如果没人告知，我完全感受不到这些通信信号来自 340 英里高的天上。

营地里有队友说了一句："幸亏有了星链，否则这 8 天可咋活？"

---

[1] 每年 8 月底至 9 月初在内华达州黑石沙漠举行的反传统狂欢节。

第十二章　能力系统

在那个 8 月，已经有超过 5000 颗星链卫星发射升空。而 3 年之前，也就是 2020 年的 8 月，SpaceX 公司通过 10 次发射，成功部署了总共 595 颗星链卫星（其中两颗失效），成为全球最大的商业卫星网络拥有者。

成为"全球最大"当然不是马斯克的目标，也远远不是他的边界。2016 年，SpaceX 首次提交星链星座计划申请，截至 2019 年已申报超过 4 万颗卫星的发射计划。

用户对网络连接服务的需求是清晰且刚性的，而马斯克用卫星互联网的模式提供服务，堪称对传统电信运营商的降维打击。因为它完全不受地表状况、地面基础设施的限制，而它的收费，则与其他地面通信运营商的资费相差不大。对于高轨卫星企业，比如 Hudges、ViaSat 培养的用户来说，星链通信质量好、延迟时间短、价格便宜，简直不要太香。

就像所有的咖啡馆都无法想象瑞幸的模式一样，收人头税的电信运营商也无法想象星链的模式，因为它们不具备 SpaceX 公司的能力系统：

首先，星链的卫星自研自制，选用低等级元器件，卫星制造成本是传统卫星的 1/10；

其次，星链的卫星由自家的猎鹰 9 号火箭发送，而且还可以重复发射，发射成本远低于同侪。

那我们再往前追溯，马斯克为什么可以做出成本只有传统卫星 1/10 的新卫星呢？

认知是因，创新是果。

PART THREE 模式

马斯克是当下这个星球领导了最多创新的人之一。过去 20 年，他在新能源汽车、航天航空、卫星通信、光伏能源、人工智能、脑机接口等最具创新性的前沿领导着潮流。难以想象一个人可以同时具体地推动如此多的重大领域，但马斯克做到了。

而做到的原因之一，是他用同一个认知框架来遴选核心团队，让新的团队用同一套认知框架去重构物质。

2018 年 6 月，马斯克宣布星链计划的 3 年后，也是马斯克走出特斯拉产能地狱的最后时点。一个周末的晚上，在没有太多预警的情况下，马斯克解雇了星链的整个高层团队。他还带来了他手下 8 名资深的 SpaceX 火箭工程师——他们都不太了解卫星，但他们都知道怎么解决工程问题。带队的工程师，是当时在 SpaceX 负责结构工程的马克·容科萨（Mark Juncosa）。

马克·容科萨是马斯克的重要伙伴之一。在空降星链项目之前，他设计过星舰龙飞船，然后追随马斯克一起优化特斯拉 Model 3 的生产线，拉升产能与效率。

容科萨接手星链后，作为一个外行的工程师，他的方式是抛弃已有的设计思路，从第一性原理[1]层面开始思考，根据基础物理学来质疑每项要求。新的目标是先制造出最简单的通信卫星，然后再往上加东西。

比如，当时卫星的天线与飞行计算机在设计结构上是彼此分离的，工程师默认两者之间需要进行热隔离。容科萨就会追问为什么，接着

---

1 指那些基本的、不需要再被证明的前提或假设，是系统构建的基础。第一性原理思考是一种从最基本的真理和事实出发，重新构建解决方案的方法，而不是依赖已有的方法或经验。

第十二章　能力系统

要求查看测试数据，以物理检测为准。然后这两者就变成了一个集成部件。

这样反复确认后，原来的复杂卫星就变成了一颗简简单单的平板卫星，造价仅是常规卫星的 1/10。而这样的平板卫星，猎鹰 9 号火箭可以搭载的数量是原来常规卫星的 2 倍以上。所以，可以简单地认为，星链的制造成本和发射成本是其他家的 1/20。

如果再考虑到猎鹰 9 号本身成本就远低于其他火箭，而且还可以重复使用，那么，SpaceX 构建星链的成本，就远远低于其他所有卫星互联网企业。

这就是结构性优势。

2019 年 5 月，简化后的星链设计方案完成，在西雅图工厂投入制造。然后，猎鹰 9 号火箭将它们送入了预定轨道。4 个月后，星链的卫星进入运营状态，马斯克解锁了天基[1]通信能力。2019 年 10 月 22 日，马斯克发了一条推特："通过星链卫星发送了这条推文。"随后，他又发布了一条："哇，它成功了。"

4 年之后，截至 2023 年 11 月，星链已经在 7 大洲 60 多个国家可用，用户数超过 200 万。据《华尔街日报》报道，2022 年，星链实现营收 14 亿美元，而在 2021 年，这个数字是 2.22 亿美元。2023 年 11 月 2 日，马斯克发帖宣布，星链项目已实现现金流平衡。

马斯克为人熟知，是因为特斯拉、SpaceX 和接管推特。但很有可

---

[1] 天基信息系统是利用遥感、导航定位与通信等技术手段，实现对地球表面自然景观和人类活动实时观测的卫星应用系统。

PART THREE　**模式**

能，他最赚钱的业务会是星链。

要知道，如今的社会早已是信息社会，信息的生产和需求不会减少，只会越来越多。**而星链切入了通信网络，将成为这个信息社会的底座，成为整个地球的基础设施。**

所有国家的巨富，都是基础设施私有化的结果。那么，为整个地球提供基础设施的企业将会有什么结果？我们可以畅想一下。

星链的故事，听上去又是一个艺高人胆大的故事。

一家企业建立了有绝对优势的能力系统，然后用这套能力系统去重构一个成熟的产业。

确实，**在这个信息高度对称的时代，简单的产品创新，只能享受非常短暂的先发优势，接下来比拼的，是产品背后的模式和模式背后的能力系统。**

2020 年的某天，一个朋友和我聊起正新鸡排。他觉得它产品一般，所以自己有机会。

他说："你看它的口味，香辣、盐酥、黑椒……太普通了。如果我做，可以做得更网红，至少芝士味、咖喱味、火锅味先摆出来，还可以再搞点什么黯然销魂味、CP 味……你看它的包装，我可以做得更有冲击感……你看它的店面，我可以做得更有国潮风……"

我说："你讲的这些都是产品体验端的创新，可以试试啊。同时，我们还要看另外两点：第一，正新鸡排号称一年卖掉 10 亿块鸡排，一块鸡排需要 1/2 个鸡胸，那么正新鸡排这个公司，一年要消耗掉 5 亿只鸡，平均每天都要消耗掉 100 万只鸡以上。请问你能不能驾驭这条供应链，保障鸡这种生物每天超过 100 万只的平滑供应？

"口味、包装、装修，**这些显性的特性，要优化或者抄袭，也就是**

一周的事，最多一个月。但是背后的这套供应链能力，不是一朝一夕可以运营出来的。你可以在一个市场流量的点位做出超过正新卖点的产品，但是你要超过正新的规模，就不是产品之争了。"

在正新鸡排创始人陈传武心中，"正新不是一家鸡排店，而是一个以鸡排为连接的产业平台"。

可是，我们再想想鸡排这种食物的本质是什么。

把它抽象一下：蛋白质、重口味、高热量、廉价。几乎所有正在长身体的年轻人都会喜欢。

用户喜欢的是鸡排吗？不，用户喜欢的是重口味、高热量的蛋白质一口下肚，身体自然产生的快感。夜市上的小吃，比如烤肠、鱿鱼、羊肉串、臭豆腐……都是同一类效用。

如果正新没有新框架的创新，那它必然下滑。

正新的核心认知，是做炸鸡这个品类，并且定价比肯德基便宜。这家公司非常关键地构建了供应链能力，然后做出小店加盟的模式。

重口味、高热量的蛋白质，叠加价格低、品牌化、明星代言，在2016年那个瑞幸还没有成立、餐饮还没有进入现代化战争的年代，正新是无敌的。而在2017年，瑞幸成立的那年，正新已经达到万店规模。

可是，随着中国商业的整体进化，各种产业基础设施都越来越完善。

我们看到，**有些本来是企业护城河的核心能力，渐渐成为一个行业的基础设施。**

比如电商初期的支付问题、物流问题，连锁餐饮的供应链问题，

PART THREE 模式

都曾是痛苦的鸿沟，极度困扰行业的先行者们。那个时候，阿里巴巴的支付宝、京东的物流、正新的供应链，都是护城河级别的能力系统。

可是如今，支付不再是问题，物流不再是问题，生鲜的供应链也已经不再是问题。**今天的创业者，可以踩在先行者们的肩上，基于新的基础设施做新的东西。**

所以，我们可以看到，围绕"鸡"这种食材的食物创新，如今简直是遍地开花。门店数量排名前 25 的餐饮品牌中，有超过 1/3 的品牌主营业务都包含鸡。

用户心智明确，成本低，上游价格稳定，供应链成熟，做以鸡为食材的小吃或者主菜单品，是一个太过容易的选项，这就和咖啡大战的参战者心态一样。所以，鸡类食材这个赛道一定会创新泉涌，然后像咖啡赛道一样过度竞争。

而正新如果继续依赖 2015 年的认知和能力系统，在 10 年后这个供给过剩、对手作妖的市场，用户必然流失。

这就是市场的残酷。**用户的需求像阳光一样召唤着万物，只要需求规模存在，随着科技的进步、产业水位的提升，新物种一定会冒出来，与老物种们做生存竞争。曾经绝对创新的能力系统，几年后可能已成行业标配。**

2. 风险认知与安全边界

大自然造物，每个物种都有自己天然的生存能力。但企业是人的造物，所有的能力系统都只能来自认知之下的经营。

而在认知和能力系统之间，还有一道闸门——"安全边界"。

第十二章 能力系统

一个企业的产品看得到，模式看得到，能力系统大致也看得到，但是安全边界往往是隐形的。

俞敏洪老师曾对我讲过，当年新东方的账上常年有 100 亿元的现金。因为这笔巨资，董事会发起过 8 次会议，讨论这笔钱如何使用更有效率、能创造更多价值。而俞老师每一次都力排众议，坚决不动这笔钱。他说，如果有一天，教培不能做了，就会涉及退款，到时就会需要这笔钱，所以无论如何都不能动。

当时所有的董事都认为，此事绝无可能发生，俞老师过度保守。

后来，教培行业相关政策出台。俞老师说，如果没有他坚持留在账上的这 100 亿元现金，新东方和他自己都不可能过这个关。

保留应对不可抗力的能力，是俞老师为新东方设置的安全边界之一。

约翰·拉塞特（John Lasseter）是皮克斯动画工作室的创始人之一，他的动画生涯是从迪士尼开始的。

那个年代的动画都是先用纸笔画出来，再做成电影胶片。有一天，一名同事给拉塞特看了一段视频，视频介绍了新兴的电脑动画技术。拉塞特萌生出一个想法：迪士尼应该拍一部完全用电脑动画技术制作的电影。

他找经理说了自己的想法。对方认真听他说完，然后让他回到自己的办公桌前。几分钟后，他收到了迪士尼动画总监的一通电话——通知他被解雇了。解雇的理由是：他的疯狂想法会让他无法专心工作。

从迪士尼离职的拉塞特，加入了刚刚被乔布斯收购的皮克斯，于

PART THREE　模式

是有了后来的每一部皮克斯电影。[1]

束缚迪士尼，让它不能接纳拉塞特的洞察，并将拉塞特排斥出局的，是迪士尼的某个安全边界。

2023年9月14日，波茨坦气候影响研究所公布了一份最新研究报告。这是科学家们第一次为地球做的一份"全面体检"。这份"体检"的9项观测指标为生物完整性、气候变化、土壤状况、淡水资源、重要化合物、气溶胶污染水平、海洋酸化、大气污染及臭氧消耗。它们定义了我们80亿人在这个星球上共同生存、不能击穿的安全边界。

报告显示，9个指标中，只有3个的安全边界没有被突破，分别是海洋酸化、大气污染和臭氧消耗，其中海洋酸化和大气污染都在及格线边缘徘徊，只有臭氧层的健康水平稳稳地在"安全运行区域"内。

一个朋友找我聊他的新项目。新项目，一定来自当事人自以为的一个新洞察，或者新认知。

我说："好的，目前这个洞察还是认知，我们只能先把它算作假设。接着要进入对假设的求证阶段。那么，我们需要做的第一件事，就是设定边界。"

朋友说："'边界'这个词，真是我的痛处。"

尤其在中国企业大举出海的当下，野心勃勃的创业者们，喜欢纵情向前拥抱机会，而容易意识不到，在完全不同的文化、法律、社会规则里，有不同的安全边界。

一个经常被引用的数字是：90%的初创公司都会失败。

---

[1] 后来，在2006年，迪士尼收购皮克斯，拉塞特又回到了迪士尼。

比如很多开餐馆的朋友，先开了 3 个店都赚钱，然后开 10 个就全亏进去了；一只股票赚钱，加杠杆后却爆仓了；做旅行社，赌的就是不出事故，只要出一次事故就会击穿整个生意；做跨境生意，越做越大，忽然有一天，大批资产和货柜被扣押……

创业为什么失败？网上有很多总结，什么 18 个原因、20 个原因，等等。如果只说一个的话，那就是安全边界被击穿了，只能关门了事。

年轻创业者如此，过去 20 年冒出来的很多所谓大企业又何尝不是如此？

我们再来看正新鸡排。对于一家开了 20000 个加盟店、杠杆加到如此之高的食品企业来说，食品安全和舆情管理是绝对的安全边界。我们可以从它的市场表现倒推，它对安全边界做了多少投资。

作为对照组，我们再看看麦当劳、肯德基等同类产品企业。它们对能力系统和安全边界做了哪些投资呢？你会发现，我们的很多企业在用低价获得市场突围的同时，透支了未来的能力和未来的安全。

有个词叫"老成持国"。很多企业能够基业长青，都是因为有老成持国的管理者，一直谨慎地守护着企业的安全边界。

3. 心力

产品的背后是模式。而模式是由一个企业的能力系统决定的。

比如，因为瑞幸有四个能力系统，所以才有了瑞幸咖啡的模式。别人想模仿瑞幸的模式，也要具备瑞幸的能力系统才可以。

而能力系统，又是被认知和安全边界锁定的。

既然认知是顶，那是什么决定了认知呢（见图 12-1）？

PART THREE　**模式**

有的人可以一直刷新自己的认知，不断构建自己的新认知和新能力，一直走在时代的前沿；而很多人则在 30 岁以前就固化了自己的认知，然后面对这个滚滚向前的时代越来越不理解，最终回避到时代潮流之外。

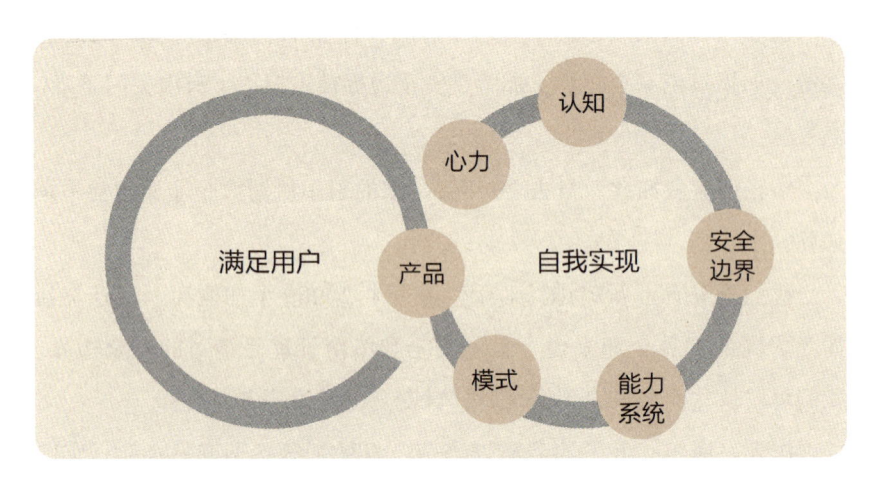

图 12-1　成熟的产品模式

看综艺《这就是街舞 3》，有一个小场景挺触动我。

节目组递给王嘉尔一碗鸡汤，说，这是你妈妈给你的。但王嘉尔只看了一眼，就判断不是。

节目组问为什么。王嘉尔说，我妈妈给我做鸡汤，会把鸡爪给我；还有，因为我喜欢吃鸡皮，她会给我放很多鸡皮，但是不会给我一块硬的肉。

而节目组的这碗鸡汤里，没有鸡爪，没有鸡皮，只有一块鸡肉。

所以，王嘉尔过去一次次从他妈妈手中接过的，是鸡汤吗？那是妈妈的爱啊。

每一个女孩子第一次成为母亲的时候，对于如何照顾孩子、孩子如何成长,都没有认知。但是她会学习。她会持续观察自己的孩子、别人的孩子,再去多方求证自己的想法,然后继续学习,最后甚至成了专家。为什么?

因为用心,因为爱。根本性的情愿,胜过一切天赋。

在一次采访中,马斯克说,他的成功得益于自己养成了一种很绝的心态:一件事干 10 次——"这个定律是说,无论你在生活中想要什么,你都要准备好做 10 次尝试。但问题在于,大多数人都不会尝试 10 次。可怕的真相是,大多数人连一次都不想尝试,让他们尝试比登天还难。现在我敢向你保证,如果你今后做任何事情都愿意先尝试 10 次,要么你会得到你想要的东西,要么你会得到一些你从来都不知道自己能得到的东西。但通常人们总想后退一步,这是大多数人会做的选择。先尝试 10 次,就甩开 90% 的人了。"

马斯克的内心预算也许是,如果成功率是 10%,那就试 10 次,把概率填平。

一件事为什么失败?一定是因为它在认知边界和资源边界之外。

而事实上,大多数人都希望只做一次,然后自己就是那幸运的 10%,这其实就是碰运气。他们不会在反复的失败里,不断改变自己的认知。

而什么样的事,会让你失败 9 次,还有机会做第 10 次呢?那一定不是一件风口上的热闹事。

如果有这样的事存在,又有多少人、多少企业,愿意失败 9 次,再去试第 10 次呢?一次次地否定自己,进行学习,建立新认知,构建新能力,拿到新资源,再发起一次冲刺。

只有带着绝对的爱,或者绝对的使命,才会如此。

评估一个人有三个要点：技能点、资源盘和影响力。

你能连接的人，不是你的人脉；你能帮到的人，才是你的人脉。人其实只能与对自己有需求的人建立关系。

对一个商人来说，所有的商品都是赚钱的介质，是金钱转化过程的某个中间态。如果说它们有不同，那就是赚钱效率的不同。

赚钱能力的差别，首先来自认知差。
有稳定认知的人，可以用自己的价值框架来判断所有产品的价值。
而交易的达成，除了价值判断，还要有控制能力。

第十三章
变现逻辑

前面我们说过,创新不赚钱,赚钱靠的是变现。

经常有人问我,他的资源、他的能力该如何变现。让我来讲一个互联网的老梗,别针换别墅的故事。

一、套利空间与持续变现

这个故事发生在 2005 年。

故事开始时,主人公的身份是一个加拿大的外卖小哥,26 岁的麦克唐纳(Kyle MacDonald),当时他与朋友们共同租住一间房子。

麦克唐纳手上有一枚特大号的红色曲别针,或者说是一个别针形状的装饰品。当然,你可以说它没有什么用处。

麦克唐纳决定在网上尝试交换它,看看会换到什么东西。

然后有人用一支鱼形钢笔与他交换了那枚红色曲别针。

接着,又有人用一个带笑脸的门把手换走了那支鱼形钢笔。

然后,有人的门把手坏了,于是他用一台旧烤炉与麦克唐纳交换了笑脸门把手。

之后,又有人用一台旧发电机换走了那台烤炉。

接下来,有人用一个古老的百威啤酒桶换走了那台发电机。

PART THREE　模式

再后来,一个电台播音员看上了那个啤酒桶,用一辆旧的雪地汽车换走了它。

这是整个故事的上半场。至此,麦克唐纳经过 6 次交换,用最初的一枚别针换到了一辆汽车。

现在我想问两个问题:

> **QUESTIONS**
>
> 1. 为什么麦克唐纳可以换到价值或者价格更高的东西?
> 2. 麦克唐纳的交易是在网上公开进行的,大家都可以看到他在继续交换,不断换到价值更高的东西。为什么这些人都选择得到了自己想要的东西就结束交易呢?

在这段故事里,我们可以看到三个概念:**价格、价值、效用**。

"价格"和"价值"是常见的词语,我们都学过"价格围绕着价值波动"这个观念。

而效用则是用户的主观心理评价。经济学家使用"效用"这个词,来解释理性消费者如何将有限的资源分配到能带来最大满足的商品上。

比如,一个木匠拥有一把小提琴,而一个小提琴演奏家则有一把好斧子。随后,他们进行了交换,木匠得到了那把斧子,演奏家则得到了那把小提琴。

交换之前和交换之后,斧子和小提琴的价值和价格都没有发生变化;然而对于木匠和小提琴演奏家来说,斧子和小提琴的效用却提升了。

第十三章 变现逻辑

回顾麦克唐纳的几次交易，你会发现，他在**用同一交易逻辑反复套利**。

用烤炉换取门把手，表面上价值或价格不对等，但从效用的角度来看，烤炉已经闲置很久，几乎没有效用；而门把手每天都要使用多次，那么，一个带着笑脸的门把手就可以在某个瞬间让自己开心一下。

所以，价值、价格与个体实感其实未必一致。烤炉虽贵，但于我无用；而门把手或许在某些人眼里不值钱，但对我来说正好需要，而且它很可爱，所以我喜欢。

关于交易这件事，其实中国有句老话：千金难买我乐意。

而人生的另一个常态则是，"人总是对自己所拥有的东西不以为然"。

可以说，麦克唐纳就是在利用这些反复套利。

麦克唐纳的每一次交换都不选标品——那些价值、价格有市场明确价位的标准品。他选择的都是二手的、陈旧的，或者具有一定个性的东西，一直保持价格的模糊性。交换方更多通过"效用"、基于"我乐意"来决定交易。

所以，虽然看上去每一次交换都是麦克唐纳占了便宜，但对交易对手来说，他们也盘活了自己的闲置资源。

不论别人怎么想，低频使用的东西在那里闲置，对他们而言就是没有效用，也因此会看低它的价值。

很多交易模式的设计都是如此。

PART THREE　模式

比如互联网产品很爱使用的"三级火箭"原理[1]。每个人的注意力和时间都是自己的闲置资源，所以互联网产品就通过各种方式，把人们闲置的注意力和时间交换过来，收集起来，集中卖给广告商。

还有一些设计，是把别人的闲置资源整合过来，然后打包成一个市场价格更高的产品。我的一个朋友就有过这样的操作。

这位朋友的故事也是一个古老的故事，那时还没有移动支付，大家还在用纸币。

当时这位朋友在一家公司销售 ATM 机。公司即将推出新机型。为了清空旧机型的库存，公司为销售人员提供了丰厚的提成政策。于是，所有销售人员纷纷外出找自己的客户，努力推销产品。

而这位朋友却找到北京地铁的管理公司，提出在每个地铁站的出口租用一块 1 米 × 1 米的空地，并配备好电源，安装 ATM 机。对于地铁公司来说，这些空地是闲置资源，而安装 ATM 机则是为乘客提供便利的举措。这样做既可以为地铁公司带来额外的收入，又属于便民之举，不会引起什么争议。所以，她顺利地与地铁公司达成了协议。

接下来，这位朋友向十几家大银行发出了反向招标。她告诉银行，自己的公司已经在北京地铁的所有出口安装和调试了上百台 ATM 机。任何银行如果买下这批 ATM 机，就能连接每天超过 1000 万人次的地铁客流量。很快，一家银行给出了最高价格，一单拿下公司所有库存。

这个朋友的操作逻辑和麦克唐纳的相似之处在于，他们理解需求，

---

[1] 在发射后，为了减轻自身重量，获得更好的推进力，火箭会在飞行过程中完成一级一级的分离。经过试验优化，三级火箭是成本和安全性平衡后的最佳选择。

互联网的产品设计也参考了三级火箭的原理，其核心是提供独特价值主张，通过免费模式获取流量，然后沉淀用户的商业场景，最后完成商业闭环。

第十三章 变现逻辑

而不是只关注表面的价格与价值。银行需要的是最新款的 ATM 机吗？提款机用户需要的是最新款的 ATM 机吗？不。银行需要的是拓展自己的客户网络，而用户需要的是便捷的服务。

地铁站那些 1 米 × 1 米的空地原本是闲置的，朋友公司的 ATM 机的成本价格并未改变，但是当上百台 ATM 机在地铁站齐聚亮相时，它们对银行的效用就发生了变化。

我们回到别针换别墅的故事，来看它的下半场。

故事的上半场，麦克唐纳用一枚别针换到了一辆汽车，这场奇妙的交换之旅成为网络社区津津乐道的话题。然后媒体介入，对其进行报道，这件事又升级为一起受到关注的公共事件。

麦克唐纳没有停止。他继续交换。加拿大一家雪地汽车杂志用一次旅行换走了那辆雪地汽车。当然，我们可以怀疑，这次旅行也是那家杂志社用闲置广告版面换的。

这里我要提个问题：

> **QUESTIONS**
>
> 把汽车换成旅行，堪称麦克唐纳所有交易里最难的一个决定。为什么说它是最难的一个决定？

接下来，麦克唐纳又经过两次交换，得到了一份录制一张唱片的合同。

注意，这次交易是整场操作中的一招妙手。那么问题又来了：

PART THREE 模式

> **QUESTIONS**
>
> 为什么说这是一招妙手？

随着故事继续发展，麦克唐纳成为网络红人，并引起了一位导演的注意。又经过一系列交换操作，这位导演邀请麦克唐纳参演他执导的新节目。这个消息进一步提升了麦克唐纳的知名度和影响力，他开始被更多人所熟知。

这时，加拿大一个小镇的政府也留意到了这起持续被报道的事件及麦克唐纳本人。这个小镇风景优美，但是因为人口流失，大量房屋空置。政府希望通过发展旅游业给小镇生机。小镇政府决定，用当地一座空置别墅的使用权，去交换小镇在麦克唐纳的演出中的曝光。

别针换别墅的故事就这样走到了终点。

回头来看前面提的问题。

为什么说换得录制唱片合同的那次交易是一招妙手呢？

注意，我把这个故事分成了上下两个半场。

上半场，麦克唐纳交换的所有东西都是物质。

红色曲别针、鱼形钢笔、笑脸门把手、旧烤炉、旧发电机、古老的百威啤酒桶、旧的雪地汽车，全部都是物质。而麦克唐纳一直在使用同一条交易逻辑：利用价格的模糊性，利用交易对手对效用的诉求，不断换到价值更高的物质。

下半场，交易逻辑变了。**麦克唐纳不再追求物质，而是开始追求影响力。别针换不到别墅，但是影响力可以。**

第十三章 变现逻辑

所以，换得录制一张唱片的合同这个选择，堪称一石三鸟：在大幅提升这起事件影响力的同时，还洗白了麦克唐纳，甚至为他带来了资源和权力。

之前麦克唐纳引发的关注，其实是大家的好奇心与偏负面的态度。因为从一枚别针换到一辆汽车，是在众目睽睽之下占人便宜。

而当麦克唐纳手持录制一张唱片的合同，决定用这个资源帮助一个人或一个乐队出道时，事情发生了变化。

一个人可以出唱片的核心要素，其实就是两条：把声音数字化为唱片，以及关注度。

如今，麦克唐纳凭借之前的一系列炒作有了关注度；通过这个合同，他又有了把声音数字化的能力。他把这两者送给谁，就可以让谁出道。

那么，这些资源应该给谁呢？

于是，这件事的话题忽然变了，并且空间比之前扩大了 1000 倍。之前的话题，只是物质交换的可能性，关注的只是一小部分人。但现在，有人会说自己的妹妹唱歌很好，有人会上传自己常听的酒吧歌手的歌……话题变成了哪个音乐人可能用这个机会出唱片，变成了关于音乐的偏好、关于理想与奋斗的讨论。这样的内容，相比之前，有 1000 倍的好奇心、关注度和参与度。

这时你会发现，麦克唐纳忽然拥有了权力。

权力的核心是分配权。

评估一个人有三个要点：技能点、资源盘和影响力。

PART THREE 模式

在上半场，麦克唐纳已经展现了他的技能点，就是他善于做交易。而当时他没有什么资源，他的资源只是最初手里的那枚别针，以及最后换到的那辆汽车。

我在"价值"部分的开篇说过，**你能连接的人，不是你的人脉；你能帮到的人，才是你的人脉。人只能与对自己有需求的人建立关系。**

所以在此之前，麦克唐纳没有人脉，因为人们对他无所求。人们唯一需求的，就是他手里的那个物质、那样东西。

而在下半场，麦克唐纳有了唱片的出版权，人们开始对麦克唐纳有所求，麦克唐纳也开始拥有关系，他的资源盘和影响力才因而跃迁。

别针换别墅这个故事，显性的一面是，别针变成了别墅；而隐形的一面是，麦克唐纳从一个外卖小哥，变成了有影响力、有资源的网红。

不是因为他有别针，所以换到了别墅，而是因为他是有影响力、有资源的网红，才能说服导演去他选定的地方拍摄，才有换到别墅使用权的机会。

我们再来回答前面的另一个问题：为什么把汽车换成旅行，是所有交易中最难的一次决定？

因为正是这次交易，把所有交易分成了上半场和下半场。

上半场，麦克唐纳所有的交易有两个特点：第一，交换的东西都是物质；第二，交换的对手都是个人。他都是在与个人交换属于个人的生活资料。

下半场，他的**关注点不再是交换物质，而变成了对影响力的运营。从对有形之物的判断，变成了对无形之物的把握**。同时，他的交易对手也发生了变化，从个人变成了企业。这样，他就从与个人交换个人的闲置生活资料，变成了与企业交换企业的闲置生产资料。

从个人手上换到一辆旧雪地汽车，可能就是这条路径的极限。他再也难以从一个人的手上换到比一辆汽车更贵的东西。

而把汽车换成一次旅行，则实现了路径的切换。这当然是一个难以做出的决定。

如果换到汽车之后，麦克唐纳就结束了整个过程，这当然已经算非常成功。

如果换到旅行之后，麦克唐纳自己去享用了这次旅行，那么世人会怎么看？故事的最初，麦克唐纳还有一枚别针，一番操作之后，他去旅行了，最后两手空空地回到家，连别针都没有了。

有形之物有边界，无形之物没有边界——因为无限，所以它难。

把已经切实在手的东西变成"空"，这是非常非常难以做出的决定。

前面我问过一个问题：麦克唐纳的交易是在网上公开进行的，大家都可以看到他在继续交换，不断换到价值更高的东西。为什么这些人都选择得到了自己想要的东西就结束交易呢？

每个人都会做自己认为对的事情。但你怎么知道自己做的是对的呢？

这其实是规划思维和演化思维的差别。

规划思维类似盖楼。盖楼有严格的计划，每一块砖、每一根钉子，都被清晰地规划在确切的位置。

PART THREE 模式

所以，**在规划思维里，人会很清楚什么是对的**——与规划一样就是对的。把砖搬到指定位置，把钉子砸进计划的空间，只要按计划做动作，那每个动作就都是对的。**完成计划的方向，就是对的方向。**

而演化思维的特点则是，没有计划，只有一个大概的方向和大概的原则，根据世界的真实反馈进行调整和迭代。

每一次把物品挂到网上，世界将如何回应？他会获得什么新选项？哪些可以最终成交？这件事的终点在哪里？其实麦克唐纳通通不知道。也没有人知道。

只有把石头丢进水里，把物品挂在网上，**只有做出自己的第一个动作，世界才会开始产生反馈，后面的事情才会依次浮出水面。**

我们再回看一遍这个故事：上半场，别针换钢笔，钢笔换门把手，门把手换烤炉，烤炉换发电机，发电机换旧酒桶……

如果没有最后那辆汽车出现，麦克唐纳之前的一连串操作，花掉他那么多的时间和精力，是有意义还是没有意义？是成功还是不成功呢？

汽车的出现，给了大众一个共识——他成功了。

但是，一转眼，汽车换成了旅行。汽车消失了，看上去麦克唐纳又两手空空了。那他所做的这些事情，究竟是有意义还是没有意义？是成功还是不成功呢？

回到本章开头经常有人问我的那个问题：他的资源、能力该如何变现？

他的问题其实是什么？

他想解决的是：如何用 3 步或者最多 5 步，把别针换成别墅？

让他困扰的是：他试图用规划思维去解决需要演化的问题。

第十三章 变现逻辑

故事里那辆汽车出现，人们知道麦克唐纳厉害了；最后换到了别墅，人们知道麦克唐纳成功了。

而在汽车没有出现、别墅没有出现的时候，别针换钢笔，钢笔换门把手，价值或价格没有发生质变，怎么判断他在做的事情对还是不对呢？

而麦克唐纳怎么知道自己是对的呢？

所有人都在说瑞幸疯了的时候，瑞幸怎么知道自己是对的呢？

因为瑞幸明白，咖啡这种市场巨大、供应链标准的产业，本质是供应链效率之争。所以整个瑞幸系统指向的词就是"效率"——面对如此广阔的市场，只要它的效率高过同侪，同时安全边界不被击穿，它就一定会赢。

而对于麦克唐纳来说，最重要的词是"关注度"，给他带来一切的，不是他手上的任何一件物品，而是持续的关注度。

所以他需要持续动作，保持交易。虽然有些交易看上去并没占到便宜，但是如果没有持续动作，关注度就会下降，交易机会就会减少，就没有之后的一切。

上帝会在后面安排什么出现，他不知道。

他只看到了关注度这个反馈数字还在提升，知道自己还可以走下去。

今天，我们每个人持有之物，一定比一枚别针更多。

而真实的世界开放且丰饶，它的丰富性和可能性，远远超越我们小小的大脑所知与所能预期的一切。

PART THREE　模式

贝索斯曾经问巴菲特（Warren Buffett）："你的投资体系这么简单，为什么别人不做和你一样的事情？"

巴菲特回答："因为没有人愿意慢慢变富。"

二、博弈工具与交易控制

在我身边朋友的生活中，其实上演过很多场类似别针换别墅的真人秀。

诸多的故事里，让我来讲讲蔡文胜。

认识他的时候，我们这群中关村老友都是"知识精英""理想主义者"，而蔡文胜是个"商人"。

那是 2000 年年初，我们那群人其实都缺钱，内心都想赚钱，但都不好意思说。与人说起的时候，表述都是"我喜欢做事，我想做事情"。

这时蔡文胜忽然出现，单纯又直接，上来就谈赚钱。

我们这群老友羞于讲述的话题，却是另外一个人的单一标的。这是很大的心理冲击。当时老中关村人称蔡文胜为"商人"，这是一个多少带有贬义的叫法。

十几年后，创业创新大潮奔涌，投资人这个群体成为创新生态的核心角色与重要推手。后来，在媒体上，这个群体被称为"资本"，而这时的人们早已从鄙视商人变为崇拜资本。

玩资本的人通钱性，如同玩游泳的人通水性。水流只有一个方向，就是流向地势更低的地方；而钱也只有一个方向，就是流向可以增值的地方。

所有 VC 的故事都是赤裸裸的钱的故事。

而我选蔡文胜的故事，是因为他很特别。

影视剧中的资本群像，基本上都是我们想象中商业精英的样子：国际名校毕业，名企大行背景，擅长做华丽的 PPT。

而蔡文胜高中辍学，不懂英文，不懂技术，甚至连普通话都不标准。他没受过科班训练，也没有师从什么国际投行，只是凭着交易的本能，无师自通地发展出了自己的交易体系。

1970 年，蔡文胜出生在福建石狮。

人是环境的产物。石狮这个地方非常有趣。这里地属闽南，与晋江同属泉州。

西晋永嘉之乱，士族衣冠南渡，这是中国古代历史上第一次大规模的人口迁徙。一部分人在无名江边定居，并把这条江定名为"晋江"，以示不忘自己是晋朝人，另一部分人定居在今天石狮境内的滨海平原。

这个迁徙而来的族群是这方地气的源头。千年之前，这些祖先就放下了对背井离乡的恐惧，敢于去新世界、新增量中寻找新机会。

在中国所有的侨乡中，泉州的侨民人数最多，福建省华侨总数的 60% 都是泉州人。

石狮与晋江的市场起步，也早于中国的其他地区。石狮成为中国最早的服装城，而晋江孵化了中国运动品牌的半壁江山。

在这样的水土里，蔡文胜 8 岁就开始在街上卖油条、卖冰棒，15 岁辍学经商，一路卖过服装，卖过盗版磁带，卖过钢筋水泥、建筑材

PART THREE　模式

料，也承包过大楼水电工程，还做过房地产。

你看，"商人精神"与"匠人精神"是相反的。

商人不执着，不死磕，不恋战。能赚钱就做，不能赚钱就不做。对一个持匠人精神的人来说，服装、磁带（音乐）、钢筋水泥是完全不同的品类，隔行如隔山。但对一个商人来说，它们都是赚钱的介质，是金钱转化过程的某个中间态。如果说它们有不同，那就是赚钱效率的不同。

2000年，蔡文胜偶然看到一则新闻，business.com 这个域名卖了 750 万美元。而当时，一个域名的成本只有 220 元。一瞬间，蔡文胜就做出了判断：卖域名是个好生意。

2000 年前后，中国互联网界出现了第一次创业高潮。

1996 年，我在联想集团的新产品部工作。那年，我们给总裁办做了一次汇报，主题是互联网的大潮就要开启，我们联想不能缺席。那次汇报的结果，是联想决定代理销售调制解调器。这个业务太小了，不值得成立一个新的事业部，于是就放在新产品部经营。1997 年我们卖出的调制解调器，在中国市场占到了 70% 的份额。

正是因此，我认识了大批中国最早玩互联网的人，那时这群人被称为"网虫"，后来被称为"网民"。再后来，移动互联网开启，每个有手机的人都成了网民，于是再没有了网民的说法。网民几乎即国民。

1997 年，中国网民数量 62 万。把全国所有上网的人聚在一起，可以达到一个小县城的规模。2000 年，中国网民数量突破 1000 万。短短 3 年，小县城变成了大都市。

这样的人口爆炸诞生了崭新的空间。梦想家、野心家、理想主义者、胆大妄为者、骗子，全来了。那是中关村的一段快乐日子，一个少年意气、概念狂欢的年代。大家都在谈美国，谈纳斯达克，谈新概念、新技术、新模式。

"烧钱"这个词在那个时候被创造了出来。精英们优越地忧郁着："做网站就是烧钱啊！"

我们会畅谈自己要做一个什么网站，它将有什么神奇的功能。比如做一个网站，上面可以买到可口可乐、比萨这样的东西，而且一个小时就可以送到你手里。在那个时候，这个想法神奇得让人无法置信。但很少有人具体地筹划如何赚钱。

我们会讨论自己的网站打算叫什么名字，然后用英语，或者半英语半拼音注册一个域名。在注册域名的时候，我们会吐槽说，哎呀，好多都被占了。也有人会多注册几个域名备用，但基本上没有谁想过要靠囤积域名来赚钱。

2004年，中国网民数达到9000万，超过了德国的人口总数，也超过了北上广人口的总和。

站在2004年回头看，4年前选出的2000年中国百家优秀网站，75%都已经倒闭，包括一小时能把可乐送到家的那个E国。有一本书——《烧.com》，记录了那个只会烧钱不会赚钱的互联网全员新手时代。

也就是这一年，我见到了蔡文胜。他从烧钱的人们手中赚到了钱。

蔡文胜在中关村登场亮相的方式非常简洁直接。

他联系到当时的中关村枢纽人物刘韧，告诉刘韧，他手上有

PART THREE　　**模式**

FM365.com 这个域名。他想把域名送还联想，请刘韧引荐。

FM365.com 是联想在 1999 年重金进军互联网时打的一场旗帜战役。当时联想的打算是，既然联想电脑中国销量第一，占整个中国市场超过 30% 的份额，那么只要把联想电脑的浏览器默认启动页面设置为 FM365，FM365 就会成为中国最大的门户网站。

这当然是一个大的战略思考，但执行的结果是，不到 3 年，FM365 网站偃旗息鼓。到了 2003 年，就连 FM365.com 这个域名都没人管了，到期时无人续费，被蔡文胜抢注成功。

当年轰轰烈烈的 FM365，如今域名都丢了，当然是件丢人的事；有人愿意无偿奉还，当然是一桩佳话。而为了表达对刘韧的敬仰，蔡文胜同时又赠送了刘韧一个四字母 .com 域名：yiqi.com（一起）。

刘韧是 IT 行业的第一个记者，最早的 IT 自媒体 DoNews 网站的创始人，堪称中关村的枢纽，人肉 SNS（社交媒体），可以链接到中关村所有人。被人请求去帮忙做件好事，刘韧乐意为之。而且，四字母 .com 域名这份见面礼，不可谓不厚。[1]

因此，蔡文胜第一次亮相，只用一个动作，就进入了中关村的核心社交圈。

当时，一个月的时间里，我大约参加了四五个饭局，每个饭局上都有人跟我说：你应该认识一下蔡文胜。

他们说蔡文胜持有超过 5000 个域名，已经卖出去了 1000 多个。我们能想到的大量 .com 域名，比如城市，像苏州市的域名"suzhou.com"，或者著名企业，像携程网的域名"xiecheng.com"、土豆网的域名"tudou.com"、微博的域名"weibo.com"，都在蔡文胜手里。

---

[1] 四字母域名独特、稀缺、容易记住，非常昂贵，所以是份厚礼。

第十三章 变现逻辑

李学凌[1]当时跟我说：在互联网上每走五步，都会遇到蔡文胜。

接着有一天，有人给我打电话说，蔡文胜想认识你，约个饭吧。于是我去了蔡文胜在东城胡同里的小四合院。

蔡文胜长眉长面，眉眼的间距很开，浓重的闽南口音。一见面，他先说自己普通话不好，然后拿起桌子上的照片给我看，介绍说：这是我儿子，这是我女儿。

那之前我也算认识不少人，没有人第一次见面会以这样的方式开场——先给你看自己的家庭照片。

后来，我介绍另外一个朋友给蔡文胜，又是四合院吃饭喝茶同款流程。出来后，朋友问我怎么评价这个人。他自己说了三个词：解除防御、广结善缘、和气生财。比如蔡文胜主动认识我，并没有什么直接的诉求，就是广结善缘的一个动作。

蔡文胜倒是在第一次见面时对我有个评价。他说："梁宁你太精英了，互联网是草根的。"

那时蔡文胜 30 岁出头，已经有了属于自己的、极清晰的价值判断和行动准则。难得的是，那时的他愿意和盘托出、与人交流。估计过个几年，他就再也不会如此坦诚了。

蔡文胜看待事情非常简洁——对他来讲，所有的事情都是"套利空间"。所有的事情，他都要先看一眼有没有暴利空间。有暴利的空间，他才愿意继续。

---

[1] 中国互联网新闻开拓者，欢聚时代（YY）创始人。曾任《中国青年报》记者、网易总编辑。

PART THREE 模式

如果存在暴利的空间,并且他知道如何套利,那这件事他就必须做——无论他在这件事上有没有积累。积累不重要,他可以从零开始去学知识,从零开始去拓展人脉。

如果没有暴利空间,但属于顺势而为,那这件事他可以顺手做,但绝不过多投入。

如果既没有暴利空间,也不是顺势而为,那这件事他是万万不做的。

图 13-1 是一个对照组。你可以看看当时中关村的文艺青年是怎么看待事情,商人又是怎么看待事情的。

所以,虽然那个时候我们在一张桌子上喝茶、谈笑,但可以说我们不是一个物种。蔡文胜是一个赚钱的人,而我是一个做梦的人。

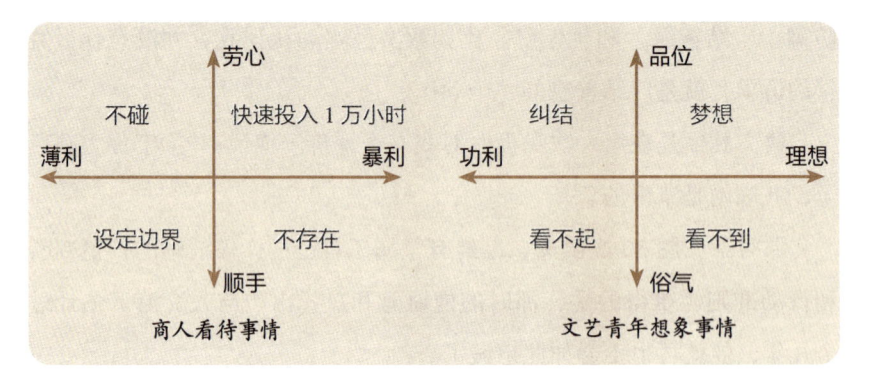

图 13-1 商人与文艺青年对照

2005 年,蔡文胜注意到做视频播放器的冯鑫,花 200 万元拿下了对方公司 20% 的股份。3 个月之后,他又介绍 IDG 资本给冯鑫认识,IDG 又投了 200 万美元。IDG 入场,让蔡文胜持有的股权大大增值。而且,IDG 作为专业机构,熟悉资本道路,后续还可以给冯鑫做辅导。

那个时候,很少有企业能拿到风险投资。拿到风投,被视为了不起的胜利。但这其实只是漫漫征程上的里程碑之一。

同年，蔡文胜拿出 50 万元投资姚劲波的 58 同城网站，随后，他又给姚劲波介绍了软银赛富的阎焱——投资界的另一位顶级大佬。他的用意与给冯鑫介绍 IDG 一样——把好项目分给不同的人，继续广结善缘。

完成这些动作，距离他来到北京，进圈子，开始请人去他的四合院喝茶只有一年。所有与他做交易的人，都是在一年之内认识的。

2013 年，姚劲波的 58 同城在美国纽交所上市，蔡文胜套现了十几亿元。两年之后，冯鑫的暴风影音在 A 股创业板上市，蔡文胜再次套现数亿元。

所有的人我都认识，或者说都认识了好几年，所有的事都在我眼前发生。那可以说我曾有过同等的暴富机会吗？

不，我没有，完全没有。

赚钱能力的差别，首先来自认知差。

在股市开好账户，就可以买卖股票。市场上任何一只股票都可以买，你有完全的选择权。普通人和巴菲特，在股市可以做的动作都是一样的：买入、持有、卖出。

那是什么决定了你的动作呢？是认知。彼此的认知有差距，就是认知差。

蔡文胜做的两个动作——认识人、谈合作，看上去我也会。

但是阻挡我暴富的第一个壁垒就是认知差。那个时候的我只是与冯鑫和姚劲波认识而已，暴风影音和 58 同城的价值，我根本无从判断。

PART THREE 模式

而那个时候的蔡文胜已经有了非常稳定的认知。**他用自己的价值框架来判断所有互联网产品的价值。**

不论什么形态的互联网产品，比如网站、工具、域名、账号，他都用同一套框架去判断，也就是一个词——"流量"。在蔡文胜的估值体系里，流量即价值。

对我来说，喜欢或不喜欢一个网站，可能是因为网站的理念、页面风格，甚至一个 logo、一个 banner（横幅广告）……而所有这些对蔡文胜来说都是"空"，他都可以不看。他只看流量数字。

有人用流量数字概括一个网站的一切，就好像用财务数字代表一个企业的一切。

蔡文胜的逻辑其实非常简洁。

在互联网上，如果是一个好东西，那么它一定有流量。

网民会自动分享好的东西。哪怕它看上去可能很土，可能很基础，可能你我看不懂，比如 hao123[1]，比如火星文[2]，比如一些用拼音的域名，比如暴风影音、网际快车、58 同城，比如输入法。但只要真实地满足用户的部分需求，它就必定会有天然的流量。

而如果它没有流量，那么再吹嘘它的概念、意义、审美也没有价值，因为只要没人用，它就一定不够好。

既然流量即价值，那么，在那个时候，如何找到有流量的网站，如何看清一个网站的真实流量，就成了关键能力和关键技术。为此，蔡文胜投资了一堆工具，包括 265 网址导航、网站统计软件，等等。

---

1 一个汇集全网优质网址及资源的中文上网导航。
2 年轻网民为彰显个性，大量使用同音字、音近字、特殊符号来表音的一种文字。

第十三章 变现逻辑

他有清晰的价值标准，有做价值判断的辅助工具，所以他能够准确地做出判断，然后迅速锁定标的，接下来就是"解除防御、和气生财"。**而交易的达成，除了价值判断，还要有控制能力。**

如果在那个时候，我看出了暴风影音是个好产品，58同城前景无限，我也和冯鑫、姚劲波吃过好多顿饭，我有机会成为他们的股东吗？

并没有。

成为他们的员工，或者高管什么的，倒可能是有机会的。

如果我为冯鑫、姚劲波介绍了IDG或者软银赛富，我有机会成为股东或者拿到佣金吗？

依然完全没有。

人家答谢我，请我吃顿饭，倒应该是没问题的。

为什么金融行业基本不讲感情？因为金融全是交易，而且数额巨大。而基本所有的交易都是我多你少的博弈。

在这样的博弈面前，吃过几顿饭、有点好感，这种感情实在不值一提。

而蔡文胜有博弈工具。

蔡文胜有265网址导航，可以和超过5000个网站相互链接。也就是说，他能直接链接到超过5000个站长。

所以，蔡文胜可以承诺，你先让我成为股东，然后我给你流量，推高你的用户数，然后再帮你找机构投资人。这样的价值组合对创业者有很大的吸引力。

而他的广结善缘，包括连开三届中国站长大会，都是在强化自己的位置感，同时增强自己的博弈能力。

PART THREE 模式

交易的术语里没有感情,但是有风险收益比。

蔡文胜有他自己清晰的价值框架。在他的框架之内,如何判断,如何取舍,对他来说只有操作的难度,而没有认知的盲区。而对于在他框架之外的东西,他也并不贪恋。

所以,他用一个域名叩门,然后长驱直入,纵横捭阖,快速建立了自己的商业版图。

一路上,他都目标明确,主动出击。

以上我都没有,那时的我,只是浑浑噩噩地混在那个圈子里。

我没有清晰的目标,只有一个不甘平庸的模糊愿望。

我没有自己的价值框架,只知道谁和我联系紧密,谁与我关系疏远,什么事情让我觉得带劲、开心,什么事情让我挫败、沮丧。

我也许能说出事情有什么意义,但我说不出事情具体的商业价值,更没有能力给这份价值标定一个具体的价格,然后推动交易。

当然,我更没有博弈工具。

当时的我,好像一棵树,在中关村的土地上本能地生长着。好鸟枝头亦朋友,落花水面皆文章。但凡朋友开心,我就高兴。而那些聚会为何而起,热闹是为了什么,那些人来人往是怎么回事,我其实浑然不知。

所以,我当时的在场,只是物理意义上的在场,实际从未入局,甚至连下场游戏的资格都没有。

这就是人与人的差别。

一场春雨之后,万物生发,一片绿色。一眼看上去,都是萌萌的初生植物。就像蔡文胜邀请我去他的小院品茶谈天,看上去,我们是平等的同龄人。

然而如果禀赋不同，生命能量的指向不同，内在的机制不同，吸纳能量、转化能量的模式不同，那么萌发于同一片土地的小植物们，假以时日，就会分化成迥然不同的样子。人和人的分野也是如此。人和人的差别，甚至比植物间的差别更大。

最初的禀赋只能支撑一个人崭露头角。在之后长期的生存竞争里,要靠自己对其主动投入,配置更多的资源,我们才能拥有那些可以成为生存优势的特性。

分配权是权力的核心,分配能力也是能力的核心。

资源总是向变现更快的地方聚集。

见贤思齐,是中国的古话。有志气的人,亲眼见了好的,会情不自禁地希望自己也能这样。

所以,什么才是给顶尖人才的最高待遇?
是让他们开眼界,激发他们真实的雄心,是给他们最难的任务加上视野和资源的支持,以及适当地允许他们失败。

第十四章
分配机制

任何一个企业或者个人的资源都永远是不足的，比如时间，比如注意力。有限的资源，应该如何分配？

你会发现，优秀的人都是分配资源的高手。

在"想象的分歧：用户人设"一章，我们谈过，人设是一个人的自我设定和自我投资。不同的人设下，人们会对资源进行重新配置：健身人设的人会把时间分配给健身，工作狂人设的人会把时间最大化地分配给工作，社交达人会把时间分配给社交。

有句话说，成年之后，自己把自己养一遍。靠什么？靠分配。

最初的禀赋只能支撑一个人崭露头角，在之后长期的生存竞争里，要靠自己对其主动投入，配置更多的资源，我们才能拥有那些可以成为生存优势的特性。

而每个组织都是一个小王国，其中的所有政治，都是围绕对资源的分配展开的。而一个王国的样貌，在自然禀赋之外，基本全都直接或间接地来自分配。

钱是商业世界的水流。管理者管理钱和资源，就好像农民管理水流和肥料，一个企业的竞争力来自它的人才生态，而人才生态来自分配机制。

那么，是因为当上国王所以拥有分配权，还是因为擅长分配，所

PART THREE　模式

以财散人聚，从而开疆拓土、裂地封王？当然都有。

不过，所有的王都清楚，**分配权是权力的核心，分配能力也是能力的核心**。

一、工具性与人性，强管理与强激发

海底捞和吉野家，我们都很熟悉。你觉得这两家餐饮企业有什么异同？

两家企业的产品端不一样：一个卖火锅，一个卖盖浇饭；一个场景是聚会用餐一小时以上，另一个场景是快餐、简餐，15 分钟解决一顿饭。

而两家企业相同的地方是，供给侧都是中央厨房支撑的大连锁模型。这两家的菜品和品质，都是由供应链与中央厨房决定的，餐厅是带服务功能的零售终端，厨师只做非常简单的操作。在海底捞或吉野家的某家店，你能够吃到的食物与味道，不受这个店厨师的影响。

因此，无论在中国的哪个城市，只要看到海底捞或者吉野家的招牌，你就知道你可以在这里获得怎样的食物。品牌与供应链能力的锚定，保证了交付的确定性。

又因为这样的确定性，所以两家公司每个店的收入模型都非常清晰，只需要把单店模型配置到对应的流量口，就会产生大致匹配的收入和利润。而每个店的具体管理，则是在整体模型之下，基于本店的资源与市场环境做微观管理，比如桌面的卫生、人员考勤、服务动作等，大都为执行性的动作。

第十四章 分配机制

当然，可以说几乎所有的连锁餐饮企业扩大规模的方式都是这样，就是供应链管理与单店模型。

这套供应链+单店模型+SOP（标准作业程序）的管理方式，在中国已经非常成熟。因此，过去几年，才会不断出现新茶饮品牌或快餐品牌两三年时间就在全国开出数千家店的案例。而万店企业（门店超过1万家），在中国也已经有了好几家。

在上述企业表象的异同之外，两家企业的内在有着非常大的差异，比如分配体系。

我们从门店店长这个岗位来看两家企业的收入差异。

2019年，吉野家北京一个店长的月薪是多少？不到6000元人民币。

同样是2019年，海底捞店长的月薪则能达到10万至12万元。全国年薪最高的店长，可以拿到约600万元的年薪。

为什么都是连锁店店长，薪资差异却这么大？

因为吉野家为用户交付的价值，对店长依赖度不高，而海底捞则恰恰相反。

吉野家是一个典型的流量变现模型。在一个什么样的街区，就会有什么样的客流。吉野家自身品牌清晰、产品交付确定，匹配到相关流量口，就有一个大概的转化率。每个店长的微观管理，发挥空间很有限。店长自身的素质和积极性的投入，能撬动的店面收入的变化也很小。

因此，吉野家的模式对店长的依赖程度不高，而拥有这个能力模型的店长，在人才市场也很容易获得。所以，吉野家不需要用高薪模

PART THREE　模式

式来留住店长，也不需要通过高激励的方式来激励店长。

但事实上，一个此类连锁企业的店长，需要每天早 8 点到岗，开始营业前的检查与准备工作；晚上收工后，需要做关店检查和总结。时间与体力的付出都极大。而他获得的收入，其实无法让他在这个城市过上有安全感的生活，因此他对这份工作也不会是长期主义的态度。

从"共识"部分提到的"关系"视角来看，企业与店长之间是明确的阶段性需要关系。而这种需要，就是互视对方为工具，一定是强博弈关系，需要强管理。

企业会把更多资源分配给产生核心价值的品牌和供应链管理、培训体系，以及管理标准化作业的数字化管理系统、摄像头、服务机器人等项目。

而在海底捞，店长则很重要。

如果说吃吉野家是为了功能价值，吃海底捞就是为了情绪价值。

用户来海底捞，很大程度上是为了每一家店的店长带着店员提供的那些夸张的服务：擦鞋、做美甲、代打游戏、跳科目三[1]……层出不穷的服务体验与情绪体验，被用户昵称为"变态服务"。

这些服务创新，是海底捞被用户认可的核心价值。而在这些高强度的劳动之下，还能持续涌现的服务创新，来自一个个鲜活的人的鲜活的瞬间，是产生于真实的人之间的情绪感染力。

如果说海底捞的中央厨房和供应链系统可以为海底捞的餐饮品质托底，那么店员自下而上的服务创意与具体行动，则是一家店的顶。

1　科目三原为机动车驾驶考试的一部分，这里指一套舞蹈。

第十四章 分配机制

海底捞之前的模式，被称为"家文化"，

商业关系和家庭关系的不同在哪里？责任边界不一样。

一般来说，公司都是有限责任，而家庭是无限责任。去公司是变现自己的专业长项，而家庭需要为家庭成员兜底。所以我们去公司，一般是需要一份工作，将工作成果与家人分享，而我们对家庭则是归属感。

不过，海底捞与员工的关系，远远超越了一般企业与员工的关系边界。

比如，海底捞绝大多数的服务员来自农村，海底捞除了给员工提供食宿和工资，还会给员工的父母发工资——大堂经理级别的员工，父母可享受 400 元/月的父母补贴。子女在海底捞做得越好，父母拿的工资就会越多。很多身在农村的父母没有养老金，也没有医疗保障。因为孩子在海底捞工作，自己每个月就可以拿到一份钱，这对他们非常重要。

此外，海底捞还做了很多细化的、针对员工与家人的工作。比如，在海底捞工作满一年的员工，若一年累计 3 次或连续 3 次被评为先进个人，父母就可探亲一次，往返车票公司全部报销，其子女还有 3 天的陪同假，并且父母可以享受在店就餐一次。

因此，如果一个人要离开海底捞，那他面对的不是简单地对公司经理说一句"我不干了"——他需要对他的全家解释。这对中国人来讲，心理成本非常高。

除了与员工家庭建立个人级的联系，海底捞还会为员工在公司创建"师徒"关系。与家人、师父的连接，使得早期很多员工对海底捞形成了强烈的归属感。

PART THREE 模式

一个新员工入职海底捞，总部会为其分配一个师父，并由这个师父对其进行一周的就职培训。一般来说，师父由其所在餐厅的店长担任。

从确认关系那一刻起，新人与店长就不再只是管理者与被管理者的角色，而是转变成了一种更具黏性的师徒关系。按照海底捞的规定，徒弟一旦确认了师父，就不能再更换。并且等徒弟们以后成为店长也开始收徒时，师父就会摇身一变，晋升为师爷。

师徒制本来就是餐饮行业的惯例。早在海底捞事业发展初期，董事长张勇就是总经理杨小丽的师父，杨小丽是北京大区总经理袁华强的师父，袁华强是海底捞最年轻的店长林忆的师父。张勇的这一脉亲传弟子，后来都成了海底捞的核心管理者。

每个店长都会培养自己的徒弟，选拔出可造之才，然后帮助徒弟开拓新的门店。徒弟开店成功后，店长不仅对自己的店享有业绩提成，还能在其徒弟管理的门店中获得一定比例的提成。按照这个分配机制，对于店长来说，做好自己的店重要，但带徒弟、带更多的徒弟可能更重要。

店长必须 3 年内教出徒弟，让徒弟开新店。来自同一师门的 5~18 家门店组成了一个家族，互相帮衬。这样的家族，在 2018 年，也就是海底捞上市的那年，有 41 个。

因为有这样千丝万缕的关系，所以，海底捞对店长的考核与压力非常刚性。

海底捞门店考核分 ABC 三等。A 店代表优秀，店长有优先开店权，且优先考虑其提名的徒弟当新店店长。而 B 店的店长可选择通过继续培训或者寻求总部支持的方式，争取在下一季度拿到 A 级，进入开店流程。

评为 C 店者，店长除了在未来一年内都不能申请开店，连累自己师父的收入下降、海底捞给父母的工资下降，还要在各方面感受耻辱。

比如，有一次，我参加海底捞的半年总结会。墙上挂着所有店长的照片。其中被打 C 的，需要用手比个 C 字贴在额头上。照片墙一眼看过去，就知道谁被打了 C。

总结会上，在对 A 店店长进行表彰、对 B 店店长鼓励加敲打后，被打 C 的店长们在沉重的音乐之中走上台，依次当着全国几百位店长的面，公开检讨自己为什么被打了 C。他们要把印着"不务实""方法少"等字样的气球用手捏破，还要接受喝苦瓜芥末汁、顶锅盖等惩罚。接着，主持人发问："你对得起你的师父吗？你对得起跟着你干的兄弟吗？你对得起指望你的父母吗？"几乎每个被打 C 的店长都会痛哭失声。

最后，所有 C 店店长依次表态，计划用多长时间"去 C"。

这样的强激励与强刺激激发的能动性，远远不是一般企业给点批评和罚款就能带来的。

二、资源总是向变现更快的地方聚集

在别针换别墅的案例里，我们谈到过闲置资源的变现。

而在生活里，每个人都有大量的闲置资源。比如，一个人的微笑。

企业的分配机制，就是员工的能力变现平台。它决定了一个人的哪些潜力可以在这个平台变现。

在大部分的企业里，微笑没有价值。笑或者不笑，纯属个人行为。

PART THREE　模式

而麦当劳认为，微笑非常重要。"免费微笑"是列在有些国家的麦当劳菜单上的。这是麦当劳要向用户交付的服务。

为了确保能向用户交付这个服务，麦当劳不但硬性规定微笑必须贯彻服务的始终，还使用微笑检查和微笑比赛的方式来加以保证。而且，麦当劳对微笑的品质做了规定，要求"自然清新的微笑"。

麦当劳以彻底的美国工业精神，对什么叫"自然清新的微笑"做出了定义和描述。然后，麦当劳用层层的培训和组织保障，要求服务员必须从早上8点微笑到晚上10点。用一个麦当劳小时工的说法，这叫"坚持一天微笑14小时"。坚持一天微笑14小时，就像军人踢正步一样，是强大的肌肉记忆＋意志力＋管理考核。

而海底捞员工的笑容则并非依赖于麦当劳式的训练与考核。

他们的笑，来自他们对分配机制的信任。很长一段时间里，海底捞的员工都可以在这个平台获得超级分配。

什么叫超级分配？

餐饮服务行业，服务员月薪一般是3000元，到哪家店都差不多，这是行业的平均水准。而海底捞的服务员月薪可以开到4500元，比一般的高出50%，而且还有五险一金、超过一般水平的住宿条件、一日五餐。这就是超级分配。

海底捞用超级分配换来了员工的超级付出。比如，普通火锅店服务员一般一天工作9.5个小时，而海底捞的服务员平均一天至少工作11个小时。一个海底捞前台迎宾的女孩，穿着高跟鞋，微信步数平均每天3万步。

海底捞用超级分配，换来了这些工作人员的超级投入。

我在日本和美国都吃过海底捞。在这两个国家，海底捞提供的是正常的服务。在这两个国家吃海底捞,就是扎扎实实地吃供应链,吃食材和调味料。

为什么海底捞没有在日本和美国输出那些夸张的服务呢?

也许是因为不需要。以今天国外的中餐水平,能吃到一口中国味道,游子们就已经非常满足了。

或者还有一个可能:在日本和美国,没有中国那样成规模的愿意超级付出的人力资源。

随着中国人口换代,如果未来愿意为了 1500 元而超额付出的人力资源减少,那么海底捞的超级服务如何维系,就需要打个问号了。

所有大规模的企业,其实都是设计了一个分配机制,让成建制的人才知道如何在这里变现自己的能力。

作为中国科技企业的代表,华为聚拢开发高手的逻辑也是如此。

20 世纪 80 年代,任正非创办华为。所以,华为是一家民办企业。

那是个大学生还很稀缺的时代。高校的毕业生,首选进国家部委,其次去外企,然后是国企,最后的选择才是下海去民企。

而任正非以他的战略眼光,看到了一个巨大且简洁的逻辑:

通信是地球上所有人的需求,而中国有世界最多的工程师人才。中国的工程师们基础素质好、吃苦耐劳,而工资只需要国际同类人才的几分之一。

全球化的电信建设浪潮与中国的廉价工程师,是华为崛起的时代养分。

1996 年年初,我还在联想的程控交换机部门上班,筹备参加了那一年的通信展。当时,联想和其他国内企业都在中国馆,而华为在国

PART THREE　模式

际馆。当联想看到国内的电信需求时，华为已经清楚了这个时代自己作为一家中国企业的核心优势。

早期，华为并没有显著的技术优势，是全体华为人发自内心的超级付出，缔造了华为给予客户的超级服务体验。

因为华为，中国工程师的能力得以在国际市场变现，获得远高于国内的变现利润。然后，华为通过超级分配，激励这些人才继续超级付出，持续创造。

海底捞在服务上持续创新，华为在科技上持续创新。每一个超级企业的诞生，都是因为有一类人才实现了超级变现，并获得了超级分配，从此对平台和规则极度信任。为了让自己可以在这个平台持续地活下去，他们主动地思考和创造，从而形成了创新的生生不息。

三、对顶尖人才的奖赏

中国餐饮界有两个著名的张勇，一个开了市值最高的餐厅海底捞，另一个摘了最多的米其林星星。截至 2024 年 10 月，新荣记共摘下米其林的 15 颗星。为了区别，我们称新荣记的张勇为荣叔。

餐饮 App 上的数据显示，吉野家人均消费 28 元，海底捞人均消费 100 元，新荣记人均消费 1000 元。

在吉野家和海底捞吃到的食物，对本店厨师依赖度不高；而新荣记的每家店，对厨师的依赖度都极高。

作为米其林三星餐厅，新荣记的服务人员要提供令客人愉悦的服务，但这种服务与海底捞的擦鞋、跳科目三不同。

第十四章 分配机制

2024 年，新荣记东京店开业。这家店不但是日本最贵的中餐厅，也是全日本最贵的几家餐厅之一。

在与新荣记东京店店长和主厨的交流里，我发现了新荣记的一个独特做法：荣叔会给出预算，让店长和主厨每两周可以自己订一家餐厅去体验，而且预算没有上限。

从到东京筹备开店至今，他们已经吃了日本十几家不同的餐厅。

很多餐厅的服务员从没吃过自家餐厅的招牌菜，而新荣记不但安排自己的厨师和服务人员吃自己家的菜，还会提供费用，让这些年轻人去他们向往的餐厅，体验别人家的优点。

如果说吃吉野家和海底捞，吃的都是供应链和标准化，那么去吃一家米其林餐厅，吃的则是厨师的创造性。

我问这位东京店的主厨，他是怎么被荣叔发现的，又是如何被选为东京店的主厨的。

这位年轻的主厨 17 岁就在台州新荣记工作，第一份工作是杀鱼，后来有了做员工餐的机会。荣叔巡店试菜，就是发现人才的时候。当时，这位 20 出头的年轻人做了一道鲳鱼煲仔饭，被荣叔尝到了，然后他被带到了荣叔面前。接着，他就有了直接在荣叔面前做菜的经历。

曾经，在他做一道家烧土豆时，荣叔一直不满意。他就一直试一直试，把整个店的土豆都用光了，然后去街上买，继续试，直到荣叔觉得是自己要的味道。现在，他在东京做的大量工作，是对东京本地食材的理解和运用。

这基本上就是荣叔选人和培养核心人员的方式。

PART THREE　模式

　　首先，他会先尝菜再看人。因为把菜做好和写书法一样，都是心流，都是心手合一。有的人天生就能把字写得好看，有的人做菜就是比较有感觉。有经验的书法老师，看一眼字，就知道谁是好苗子；荣叔这样的美食家，尝一口味道，就能判断这个厨师做菜有没有自己的感觉。

　　其次，他能看到一个年轻人为了炒好一道土豆做的努力。当然，这类事情在新荣记数不胜数。

　　最后，荣叔会投资这样的年轻人。对于这种有厨师天赋，而且愿意花心思的年轻人，他的奖赏是让他们去开眼界、见世面，让这些服务人员体验被服务的感觉，体验优秀的同行是怎么做的。

　　见贤思齐，是中国的一句古话。有志气的人，亲眼见了好的，会情不自禁地希望自己也能这样。

　　这是荣叔培养顶尖员工的独特方式。他是用自己成为行家的方式在培养行家。

　　另外两家顶级企业对顶尖人才的奖赏也很有意思。

　　一家是苹果。它的独特文化是"帮助工程师成功"。

　　什么是工程师的成功？就是解决了以前没能解决的问题。

　　苹果是一家创新驱动的企业。它每年发布的创新产品，代表着以前没能解决的问题，在这个产品里实现了突破。

　　所以，一个新入职的工程师，可能在第一个月就会直接面对苹果的最高管理层，接下最硬核的挑战。而他的直接领导在这个技术专项上的水平未必会比他高。领导的优势在于产业视野、技术视野和公司内部的资源调动能力；领导需要用自己的优势来支持这位工程师成功。

　　而对一名顶尖工程师来说，最好的奖赏莫过于承担最艰巨的任务并拥有强大的支持。

第十四章 分配机制

另外一家公司也是著名的创新驱动企业——特斯拉。它给自己顶尖人才的奖赏是"失败"。

SpaceX 第一次成功发射火箭时,公司规模是 500 人。而波音公司承担类似任务的部门有上万人。

如果 500 人就可以实现核心功能,那多出来的这 95% 的人在做什么呢?他们很多人都在做管理——管理流程,管理风险,避免失败。

这时你会发现,马斯克关于"失败"的定义,与常规的完全不同。

对于马斯克来说,火箭的本质就是"金属和燃料"。如果火箭爆炸了,而他们得到了有效的数据,那么这不是失败,而是通过金属和燃料的损失,快速检验了之前的推测。

所以他选择的做法是:我们尽快做出来,然后把它炸掉,直接看到它的极限在哪里,下一版我们就可以去迭代。

简单来看就是,SpaceX 的 500 人炸掉一堆钢,获得了数据和优化方案;波音的上万人反复做方案,修改方案,一层层提交方案,一层层评估方案,开会论证,反复讨论——他们想达成的一切,是不让这堆钢爆炸。

炸掉一堆钢和养上万人,哪个成本更高?我们都很容易得出结论。

而现实中,大部分企业都选择养很多人。

这是因为,养着一堆人天天开会,按月开支,对企业来说是正常流程,没人有过错。但如果一个企业把一堆原材料给炸了,好像就产生了损失。

其实,所谓的"失败"是面对真实,扎扎实实地看到自己的不足。

创新,就是走出过往的边界,做出以前没有做过的事,到达以前

PART THREE　模式

没有到达的地方。

所以,"失败"是创新最好的朋友,因为只有失败才会说真话,告诉你什么是那个最坚硬的真实。

一个企业的顶尖人才,一定担负着企业创新的任务,要带领企业进步,走向新的天地。

所以,什么才是给顶尖人才的最高待遇?

是让他们开眼界,激发他们真实的雄心,是给他们最难的任务加上视野和资源的支持,以及适当地允许他们失败。

网络媒体 30 年

回头看过去的 30 年，会有一种亲眼看到进化的惊奇之感。

20 世纪 90 年代的地铁里，有人举着报纸在读，有人在垂头看书；而今天地铁里的人大都在看手机。手机屏幕上，视频中的人物在高谈阔论，就好像 2001 年的第一部《哈利·波特》电影中的魔法报纸走进了现实。

从过去到今天，媒体形态演化出了千千万，而媒体商业模型的内核大多都是同一个——来自 1833 年，本杰明·戴（Benjamin Day）创办的《太阳报》。

《太阳报》是美国第一份成功的廉价报纸，售价 1 美分，提供"当天所有的新闻"。1 分钱是对受众的筛选，因为如果没有需求，1 分钱也不会花。而报纸的收入来自广告。

当时严肃媒体对它的评价是："格调不高，消息低级庸俗，甚至制造假新闻。"这一切听起来是不是特别熟悉？

《太阳报》开创了用广告赚钱的商业模式，信息的价值找到了变现的通路。**媒体的核心模式就此产生：内容生产、内容分发和广告发布，直至今天，依然未变。**

PART THREE　模式

模式故事

　　将近 200 年过去了，用户对信息的需求，依然是那些需求；媒体的模式，也还是内容生产、内容分发和广告发布，那么，媒体在进化的过程中改变的是什么呢？

　　每一个在纸媒工作过的朋友，都有一肚子的行业传奇。抢采访信源、抢作者资源、比独家新闻、比标题、比照片……各出奇招开拓订阅读者，祭出百宝争夺广告客户……每一家报纸都在强调：我们和其他报纸迥然不同。

　　然后，1936 年，世界第一家电视公司在英国伦敦开播。与过去 100 年的纸质媒体迥然不同的新媒体出现了。

　　人们有 1 万个理由认为电视没有前途，比如，第一个：它太贵了。

　　比起纸媒，电视的信息供给侧和信息需求侧，都需要付出高得多的成本。

　　纸媒的信息供给侧只需要用笔写稿子，然后由媒体排版，再由印刷机印在纸上。用户只需要付出最少 1 美分，就可以获得信息。

　　而电视的信息供给侧，需要先用摄像机拍摄，后期制作，再用发射台发射信号。需求侧的用户，则需要先有一台电视机，成本至少是买一份 1 美分报纸的 1 万倍。

　　但是，人们愿意付 1 万倍的成本。

　　人们会透支自己未来 20 年的收入去买房子，会付一张报纸 1 万倍的成本去买电视机。你会发现，**在真需求面前，钱真的不是**

最大的问题。

电视天然的直观、情绪感染力、互动性，让信息的流动不再受知识背景的束缚。读报纸的一直是少数人，而几乎所有人都愿意看电视。

打破界限，即是增长。

之后的几十年，电视这一新物种，以与纸媒完全不同的内容生态、内容分发和广告技术，在用户数、营收和社会影响力上，都达到了纸媒无法抵达的高度。电视台工作人员，在很长一段时间里，身份是高人一等的。

一、Web1.0——门户网站

1996年中国互联网萌芽的时候，中国所有的媒体也都在步入黄金时代，尤其电视行业，也是一个起飞的时代。

那一年，长虹集团销售了440万台电视机，联想集团销售了20万台电脑。1996年还没有CNNIC（中国互联网络信息中心）的中国网民数量统计——那时的网民还是小众到无须统计的一个群体。

1996年媒体的盛事，是一个叫秦池的山东酒厂，以3.212118亿元人民币的出价，拿下了当年的中央电视台广告标王。这个写入中国广告史的天价，让所有在场者瞠目结舌。在信息匮乏的1996年，3亿元的出价，足以锁定全中国的注意力。

PART THREE　**模式**

模式故事

那真是一个物质匮乏、注意力便宜的年代啊！

大部分电视媒体人在20世纪90年代及21世纪初，是看不起互联网这个媒体的。

那时的中国互联网之光、三大门户[1]之首——新浪网，办公室在海淀区万泉河小学旁边的一栋破旧小楼里。我的好朋友刘韧拉我去过那儿。

更早的时候，他拉我看一个网页，说在这里，他所有的好奇心和表达欲都可以得到满足，他可以看到所有的新鲜事儿，总能找到人和他聊他想聊的一切。

那是1998年，这个网站还叫利方在线，是中关村一个小公司——四通利方软件公司的官方网站。刘韧给我看的网页，是利方在线论坛板块的一个新闻列表页。那是一个长长长长长长长长的新闻列表。在1998年，只有一个信息饥渴的人才会这样做，而另外一个信息饥渴的人，会在看到它的第一眼爱上它。

两个月后，这个小网站改了一个名字——新浪网。又过了两年，新浪网在纳斯达克上市，开启了中国互联网由资本驱动的创业时代。再后来，2021年，新浪从纳斯达克退市，成为资本驱动中国互联网创业这个大模式终结的一个符号。

1　指三大门户网站：新浪、搜狐、网易。

20 多年后，我的眼前依然能够浮现出那个第一眼就让人看到信息在爆炸的新闻页——长长长长的新闻列表、密密麻麻的长标题、12px[1] 的蓝色宋体字全部带下画线——表示这是一条带链接的内容。一眼望去，有种农村集贸市场的斑斓、粗糙与丰腴。一个传统媒体人会笑话这样的审美，但这是信息饥渴者的饕餮盛宴。

后来成为新浪内容灵魂人物的陈彤，1997 年还硕士在读。在中关村一个朋友的公司里，他第一次上了网。身为球迷的他，迅速找到了四通利方网站的体育沙龙，从此有了自己的归属之地。后来让我们无数人爱上新浪的那个新闻中心就是他的作品。

陈彤回忆第一次上网时看到那个粗糙的论坛的第一感受："那里非常平等，没有权威，也没有绝对，想怎样写就怎样写，在最快的速度下得到回应，也能找到知音，真不可思议！"

很多人说陈彤是网络内容的天才级人物。为什么？因为他第一次上网那一瞬间的感受，就是网络内容截然不同于传统媒体之处——"那里非常平等（平等），没有权威（去中心化），也没有绝对（多元角度），想怎样写就怎样写（自由表达），在最快的速度（实时）下得到回应（互动），也能找到知音（共鸣感），真不可思议！"

平等、去中心化、多元角度、自由表达、实时、互动、共

---

1 指字体的高度为 12 个像素。

PART THREE　　模式

鸣感——从 1997 年到今天，网络媒体又多次进化，但它直指人心的内核，让无数人从现实世界迁居网上的这些核心要素并没有变。

在传统媒体时代，一个球迷想知道当天比赛的情况，只有等到晚上电视新闻播出，或者第二天报纸刊登。

而有了互联网，只需要一个在现场的观众当热情网友，就可以实时传递战况，甚至补白大量细节。而这些细节，传统媒体因为篇幅容量或者媒体属性所限，可能永远无法表述。你因为一点触动，在网上发出一声呐喊、一声哭泣，会有来自不知哪个角落的人与你共鸣。

那种实时性、饱满度给予的信息满足感，以及情感的释放和共鸣，你只需体验一次，就会明白正是灵魂所需，从此再也离不开。

所以，用户从传统媒体流入互联网之后，再看传统媒体，就会觉得不解渴。而看到了这种清晰的流入流出，你就可以做出对趋势的判断，如同梧桐一叶落而知天下秋。

就这样，一场持续 20 年的网络移民开始了。从 1998 年到 2020 年，中国 10 亿网民净流入，生发了此后中国互联网神话的一切。

无限空间、实时、互动这三条，是传统媒体永远无法逾越的界限。这就好像水是鱼的界限，而这个界限对于两栖动物来说并不存在。两栖动物可以自然地跨出水面，完成鱼类永远无法完成的跨越，抵达鱼类永远无法抵达的地方。

从以新浪网为代表的门户网站开始，此后的 20 年里，网络媒体持续进化。进化过程中，有这样几个里程碑级别的新物种：门户网站、微博、今日头条、短视频。

而它们的核心模式其实还是那个框架：内容生态、内容分发和广告发布。

门户网站是迁移到初代互联网的物种，保留着原有环境的色彩。其页面上有固定的模块，由大量编辑人员进行手工操作。后来，这个模式被称为 Web1.0。那个时代，有一种叫"专题"的东西，网站的专题编辑，是互联网的第一代也是最后一代手艺人。

专题，就是把关于一起新闻事件的内容集中在一个页面上。在今天，这只是常规操作，但在当时，那是网络新媒体炸裂级别的创新。

1999 年 5 月 8 日，我还在联想上班。办公区里，几乎每一个同事都在开着电脑看新浪的"美国轰炸中国驻南联盟大使馆"新闻专题。在那个专题里，陈彤团队展现了网络媒体全面碾压传统媒体的实力，24 小时不停内容滚动，新闻事实、历史资料、最新动态、来自各方人物的访谈、网友观点……让关注这件事的人，几乎被黏在了这个专题上。

这是新浪的一场标志性战役。很多即使平时没有上网冲浪习惯的人，也会看焦点新闻的专题。

PART THREE　模式

那个时候,门户网站的竞争,几乎是专题能力的竞争。这里展现了一个网站的编辑对内容的控制,对信息源的挖取和运营,展现了一个网站的审美与态度,也展现了网站销售与客户关系的深度,以及网站销售的策划能力与服务手腕。

同时,专题也代表了门户网站这个物种所能达到的极限。

我们先说广告收入的极限。对于商业物种而言,收入的极限就是规模的极限。

初代门户网站的广告技术,就是在网页上发布广告 banner,并且使用 CPM[1]（每千次印象成本）的计费方式。

因为 Web1.0 是中心化的,最核心的流量在首页,其次在热点专题页,然后在文章页,banner 的位置是有限的,所以,初代门户网站这个物种的广告收入存在极限。

所以,同样的新闻内容供给,为什么会有三大门户网站?因为没有网站可以容纳所有的广告客户。

比如,蒙牛买了新浪的榜一广告位,伊利肯定不肯居于榜二;诺基亚买了搜狐的榜一广告位,三星肯定不肯居于榜二。因此,伊利和三星一定会另起战场,在另外一个门户网站当榜一大哥。

因此,需要三大门户网站的不是读者,不是用户,而是广告客户。是商业模式,以及彼此的局限,让它们可以并存。

1　CPM=（广告费用／广告被展示的次数）×1000。

二、Web2.0——新浪微博

三大门户的格局持续了十多年。有点像三国的故事，每一家都有立身的资源、能力的优势，但都没有足以碾压对手的绝对优势。它们之间，总是小仗不断。因为组织能力、执行力、项目投入度的差别，它们当中的某一个会在某个频道或者某个项目上赢一场，接着对手又会在另一个项目、另一块领地建立自己的优势。谁也无法杀死谁，谁也无法摆脱谁。

直到新浪微博横空出世，缠斗多年的战局忽然分明。

微博在内容生态、内容分发和广告发布技术三个方面全面升维，以碾压级的优势轻取对手，成为当时的新闻王者。

为什么？因为新物种，没对手。

第一条，内容生态百倍千倍地繁盛。

从内容生态来说，Web1.0 的内容是以编辑为中心，Web2.0 的内容则是网民的创作涌现，而微博是 Web2.0 的集大成者。

2002 年，博客出现，自媒体萌芽。在非常短暂的时间里，有了发言权的"庶民"，让互联网上有了崭新的表达。那些原生的、原始的、传统媒体视野之外的角落，来自真实的生命体验、切身的社会经历的内容，直接喷涌到互联网上。

做一个博客，想表达自己，需要写一篇文章。而在微博上，表达自己只需要写几个字。最初，为了明确这种区隔，新浪规定一条微博最多只能写 140 个字，甚至还可以一个字都不写，只是

PART THREE　模式

转发一下别人的微博。

表达自己的难度大大下降，下降到一个转发、一个点赞就可以完成对重大事件的参与。而你关注一个人，他就会把远方的消息带到你面前，好像你们是朋友一样。这种忽然之间世界与我有关、明星与我有关的虚拟关系，是前所未有的体验。

这让"关系"也成了用户动力的一部分。

鲜活的信息，简单的参与，与名人的零距离，让微博在上线一年内增加了 5000 万用户，成为中文世界最大的新闻中心、创作基地和名利场。

第二条，内容分发的技术，让信息开始行走，可以主动走到你面前。

Web1.0 时代，一个个网页依然像报纸陈列在报架上那样，被动地等着读者前来打开。而微博的转发，是内容分发技术的变革。从此信息会自己行走了，它会自己走到你的面前，好像植物开始利用风传播种子。

第三条，广告发布技术的变革，提供了完全不同的收入空间。

门户网站的广告位是有限的，而微博完全去中心化，千人千面，有无穷多的页面，因此有无穷多的广告位。此前门户网站广告采用的是 CPM 的计费方式，到了微博，开始有了基于用户画像的信息流广告。

2010 年被称为中国的微博元年，微博渗透到了社会生活的方方面面，也是无数人进入网络社会、参与网络社会的开始。

三、2012 年——今日头条

微博一统天下两年，就到了 2012 年——中国移动互联网的元年。

2012 年又是一个三浪并发的历史时刻。

那一年，新浪微博是最为光彩照人的互联网产品，是网络媒体上一仗的大赢家。

2012 年还有无数新媒体登场：虎嗅在那一年创办，它聚合精品自媒体，受到 BAT[1] 之首百度热捧；同年，搜狐客户端发现手机预装这一新渠道，在移动端抢跑。

还是 2012 年，这一年的 8 月，微信公众号开放，昔日的博客们在这里"秒土转生"，变成了微信自媒体，继续发着长篇图文。同一个月，今日头条 App 在中关村知春路的一个小办公室里悄悄发布。

这一年是移动互联网开始的一年，也是网络媒体手工时代结束的一年。

如果你在 2012 年同时拿到了几个 offer（录用通知），你会选

---

1 指百度、阿里巴巴、腾讯。

PART THREE　模式

哪个？

是彼时如日中天的新浪微博，还是专业度与锐气十足的虎嗅？是网络老钱搜狐，还是在腾讯的新产品微信上做的一个公众号？ 当然，还有不知名创业者张一鸣做的无人关注的小公司字节跳动。

依然用内容生态、分发技术和广告发布技术这个框架来衡量一下，你可以清晰地看到新浪微博、虎嗅、搜狐客户端、微信公众号、今日头条这几个媒体自身的物种极限。

虎嗅清新喜人，但是分发技术和广告发布技术并没有创新。它倚仗的是专业的内容能力，而内容生态是门户网站的子集，所以，保持专业度，控制成本，就是它的生存之道。物种的局限，让它只能是个小媒体。

搜狐客户端，利用手机预装这个渠道抢跑，在2012年这个智能手机爆发的年份吃到红利，获得一大波预装机用户，在用户数上短暂领跑。但是，它的分发技术和广告发布技术同样并没有创新，所以抢跑的先发优势只能是短暂的红利。它并没有进化为新的物种。

微信公众号，因为强大的用户资源和关系链，内容生态天然丰富。但是和博客一样，有能力写长文章和读长文章的人，无疑是少数。所以，它的内容生态会在初期的蓬勃发展后进入平台期。

而今日头条其实是微博的进化。它是第一个 AIGC（人工智能生产内容）产品。

与之相比，传统媒体是 PGC（专业生产内容），Web1.0 是 OGC（职业生产内容），Web2.0 则是 UGC（用户生产内容）。

字节跳动这家公司，以精准为核心，用整个互联网的内容当食物，重塑了内容生态、分发技术和广告发布技术，从而引领了之后的 10 年。

网上冲浪，人图的是一个"爽"字。爽的反面是什么？是不会用、要学习、挫折感。所以，互联网产品只要降低一个难度门槛，往往就能获得一批新用户。

微博让信息有了脚，但用户获得自己感兴趣的内容依然有难度。他们需要自己识别出自己想关注谁，自己找线索，自己为自己寻找信息的源泉。而今日头条不需要，它用了千人千面的算法推荐。用户不必自己费劲找线索，机器直接给他们提供。

只要让算法意识到你对什么感兴趣，相关内容就会源源而至。你会轻易地被自己的好奇心捕获，陷入每一个同类信息的漩涡。

能做多少专题，是 Web1.0 时代束缚门户网站规模的天花板，这个天花板在今日头条这里永远不复存在。今日头条有无限的专题，每个关键词，都可以聚合成无止无尽的专题，容纳无限的注意力。它可以服务所有的读者，也可以容纳所有的客户。

随后，今日头条当时的负责人陈林发现在今日头条上看视频的人非常多，于是做了一个微调，在今日头条上开了一个视频频道。很快，他发现看视频的人比看文字的多，甚至有的用户打开今日头条只看视频。

这是 100 年前那个关于电视的洞察重现——视频天然对人类更具吸引力。

PART THREE 模式

模式故事

人脑和电脑是反的。电脑处理文字和数字很节能，处理音频、视频则非常耗能。而人脑天然是适合处理音频、视频的。与之对应的是，如果需要把这完整、深邃、混沌的世界概括成文字，用文字来表达，再读取文字，在大脑中还原成世界，这对人脑来说是非常耗能的。所以，学习与阅读对大部分人来说都是痛苦的。

于是，2016 年，在百度决定做信息流的时候，张一鸣已经决定 all in（全部押注）短视频了。

我们都知道后来的故事。

抖音问世，短视频带来全新的内容生态，又生发出新的商业模式。抖音的国际版——TikTok，用户数已经超越 Facebook，成为我们这个星球上最重要的互联网产品、数字游民生存的平台。它一路进化而来，堪称披挂了整个村子最硬的鳞。

从 Web1.0 到 Web2.0 到 AIGC，这就是过去 25 年我们共同见证的一场进化，一场持续接力、生生不息的创新。我们年轻于此，衰老于此，一个创新启迪另一个创新，一个台阶接续另一个台阶，这些构成了我们今天的生活，也改变了我们很多人的命运。

如果说生物是基因的载体，媒介就是信息的载体。

回头来看那些明星网络媒体——新浪、搜狐、网易、腾讯、博客网、微博、今日头条……虽然它们都是竞争的产物，但也可以说，它们都是信息在互联网这片土壤中自我进化而来的。而那些创业明星和他们的企业，只是信息选中的培养基而已。

PART FOUR

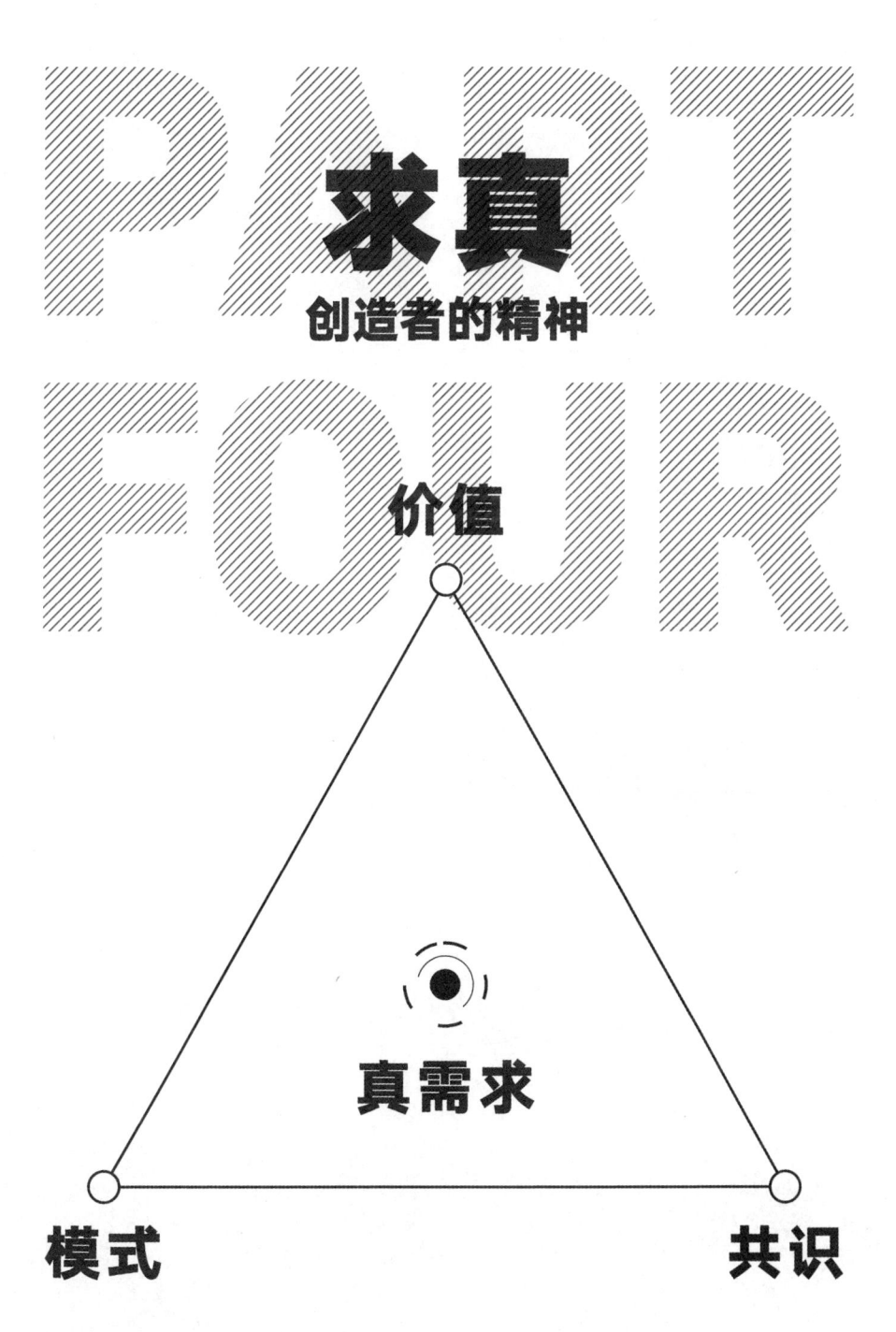

求真
创造者的精神

价值

真需求

模式　　　　　　共识

《道德经》里有句话,"弱者道之用",几乎可以作为互联网产业发展的纲领。

强者能成事,也许是因为这人自身的资源强、能量强;而弱者能成事,是因为他的背后有天道,他的做法符合"道"。

"简单"这个词,几乎是所有工具之争的制高点。

当强者不能理解弱者的困境时,也许就是弱者的创新机会。

第十五章
应然与实然

王小川和李兴平的故事是我非常喜欢的故事。

王小川的故事，关注互联网的人都非常了解。

王小川 1978 年出生，是一名天才少年。他小学二年级开始学习计算机，以第一名的成绩考入成都七中数学实验班，高中拿下国际奥赛金牌，特招进入清华，27 岁成为当时中国互联网三大门户网站之一——搜狐最年轻的副总裁。

李兴平的故事，可能只有一个叫"站长"[1]的群体才知道。

李兴平 1979 年出生，是一名农家子弟。他初中二年级辍学，随父母务农，后来因为喜欢玩游戏，进入县城的无名网吧当网管。27 岁那年，他第一次坐火车，走出家乡，抵达了广东以外的地方。

一、弱者道之用——李兴平的 hao123

1999 年，王小川在清华读大三，计算机大牛的名声在外。刚拿到

---

[1] "站长"这个词什么意思，你可以自行搜索。PC 时代，个人站长曾是互联网创业大军中一个重要的群体，而李兴平是站长之王。

PART FOUR　求真

投资的陈一舟[1]跑到宿舍邀请王小川去他创办的ChinaRen兼职，给出8000元的月薪，让王小川当技术总监。

1999年，李兴平在县城网吧当网管。那时来网吧上网的几乎都是菜鸟，他们想打游戏，想上网聊天，或者查资料，但大部分人怎么都记不住英文的网址，或者不会输网址，或者懒得输网址。所以，李兴平不停地被网吧的菜鸟客人叫过去："网管，给输一下网址。"

有一天，李兴平想到，能不能有一个页面，把所有好玩的网址全部列上，谁要就直接发给他，这样就不用来回跑了。于是，这个初中就辍学的少年开始自学怎么做网页，然后做出了一个非常朴素的网页。李彦宏的评价是"简单、土气、实用得让人无法超越"，这就是hao123网址之家。

2003年，王小川清华硕士毕业。搜狐CEO张朝阳，当时中国互联网的教父级人物，亲自打了一个小时电话，邀请他加盟搜狐。要知道，别的毕业生都要到处投简历、面试找工作。

2003年，时任搜狐总编辑李善友飞去广州，然后转坐长途大巴到了梅县，去拜访在那里生活的李兴平。

大站领导亲自从北京来家乡找自己，网管李兴平觉得挺感动，于是就把搜狐新闻排到了hao123网址列表新闻那个类目的第一位。第二天，搜狐新闻的流量超过了新浪。新浪监测到了这个数据变化，非常震惊。当然，不止新浪震惊，整个业界一虚皆惊。

一个生活在县城里的年轻人，动动手指，就左右了当时中国最大的门户网站的流量，影响几家上市公司的战局。

---

[1] 1969年出生于湖北武汉，武汉大学计算机专业毕业，其创办的ChinaRen是中国最早的社交网络平台。

第十五章 应然与实然

所以，我们提起来都会说：神一样的hao123。

2004年，张朝阳给了王小川一个指令："给你6个人头，把百度灭掉。"

2004年，李彦宏开始筹备百度上市，重要的战略动作之一就是收购hao123。

坊间流传一个小桥段。李彦宏邀请李兴平来北京谈，李兴平拒绝，因为他没坐过飞机。他最远只愿意到广州。李彦宏觉得，我要给你这么多钱，你来趟北京都不行吗？李兴平说，如果非要去北京才谈，那就不谈了。

于是李彦宏妥协，去了广州。谈交易条件的时候，李彦宏愿意多给股票，李兴平只要现金。这一次，李兴平做了妥协，以1190万元现金和4万股股票成交。一年后百度上市，这些股票成了大餐。

后来，王小川想出了"三级火箭"的创新打法，先后推出搜狗输入法、搜狗浏览器，以此推动搜狗搜索，成为互联网创新的成功案例。

在同一个时空里，在整个PC互联网时代，搜狗整站的流量，从来都没有超越过那个无比简单的hao123。

因为那时这两个人都很年轻，因为那时互联网大潮还在继续，所以这个故事还有后续。我们先停在这里，把几个点展开说说。

先来说张朝阳给王小川下的那个指令："给你6个人头，把百度灭掉。"

这个指令，一方面今天看来像个笑话——企图用极低的配置和投入，博取一块巨大的蛋糕，这几乎是个妄念。而有趣的是，过去20多年里，几乎所有互联网大佬都发出过类似的指令。比如，给你40人灭

423

掉 YY，给你 100 人灭掉小米，给你 200 人灭掉抖音……

但另一方面，还有一个事实真真切切地立在这里，那就是在 2004 年李兴平把 hao123 卖给百度之前，长达 5 年的时间里，维护这个神一般的网站的，一直只有李兴平一个人。

如果我们把这场战争简化为一支清华学霸组成的战队 VS 一个初中辍学的网管，这是什么样的军备竞赛？可是搜狗 VS hao123 这一仗，不论流量、产业影响力，还是收入，都是网管赢了。

《道德经》里有句话，"弱者道之用"，几乎可以作为互联网产业发展的纲领。

人会本能地崇拜强者，会认为一个人能把事儿做成，是因为这个人强。而一个弱者——一个你曾经不屑一顾的人，你知道他的诸多短板和不足，在原有的竞争体系里，他一直处在你的下风——忽然有一天崛起了，超越了你的高度。你的反应一般都会是，不信，不服，然后反复指出这人昔日的这不行那不行，反正就是不能欣然接受一个弱者可以把事儿做成。他明明不如我，怎么能比我成功？

这种昔日同行的非议，不管是做出神一样的 hao123 的网管李兴平，还是成了中国首富的丁磊，或者无敌于网络江湖的马化腾，以及做出得到 App 引领知识服务的罗振宇，都受到过。熟人说起他们，用的几乎是同一句话："看不出，没想到。"

所以，理解互联网，就要深刻体会 2500 年前老子的那句"弱者道之用"。

强者能成事，也许是因为这人自身的资源强、能量强；而弱者能成事，是因为他的背后有天道，他的做法符合"道"。

而很多强者输给弱者，是因为他们的目光太集中在自己的资源和自己的目标上，看到的都是"我我我我我我我我我"。他们的光环让自己自负，他们看不到天道。

互联网的天道，就是"真需求"。

什么是互联网用户的真需求？

李兴平作为一个网管看到的，那些每天泡在网吧里的人所寻求的东西——打游戏、上网聊天、查资料，是用户的真需求。当然，互联网精英们也看到了这些，所以陈天桥做游戏，马化腾做聊天软件，张朝阳做新闻网站。

同时，真是无尽的远方，真之外还有真。

李兴平每天面对的那些痛点——这些初代互联网用户不但记不住复杂的英文域名，而且大部分不会用键盘。这些初代互联网用户不会使用搜索，也不会使用收藏夹。即使知道你的网址，这些网民也到不了你的网站，因为他们根本就不知道在哪里输入网址。你告诉他在地址栏输入，他会问：什么是地址栏？——这么弱的人，根本不会出现在那些学霸精英的视野里，而**这些弱弱的、对一切都陌生、什么都不会的互联网使用者，才是中国新网民的基本盘**。

而县城网管李兴平，每天实实在在接触的就是这样的基本盘用户。他的发心也很简单：给这样的用户创造一个只要点击鼠标就可以解决所有上网诉求的场景——不需要记住任何东西，不需要打字，不需要自己不断地做出决定。

所以，hao123 在首页就列出了大量精选后的网址，而内部的链接从来不超过两层。hao123 不追求浏览量，不追求页面漂亮，不追求技术先进，甚至不追求广告收入。hao123 追求的也许只有一件事——"简单"。

而"简单"这个词，几乎是所有工具之争的制高点。

就比如做网址导航站，但凡你是一个有点自我要求的精英，不甘心平凡如泥土，总得追求点好看，追求点变化。这样一来，你就会输给 hao123，因为你没有改变服务的本质，只是增加了复杂。

网址导航站这件事，没有人可以超越 hao123，是因为没有人可以比它更简单。

我们看一个微小的局部——2012 年，中国三大网址导航站 hao123、360 和搜狗上一个小小的角落，"天气"（见图 15-1）。

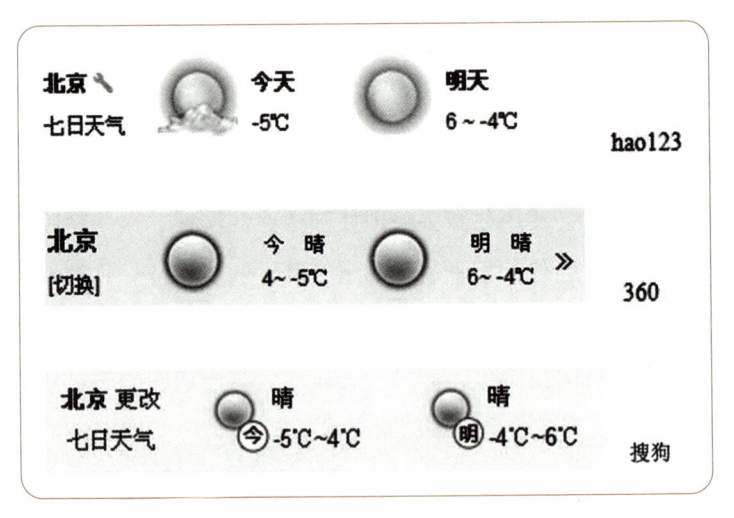

图 15-1　三个网址站的天气栏

能感受到差别吗？

这种微小差别的叠加，就会让用户形成不愿更改的使用习惯。乔布斯说，细节的累加成就独特气质。hao123 就是用它的简单，累加出了过亿用户的懒得更换首页。

有一次，我和王小川聊天，他打了一个比方："就好像做几何题，只要你知道在哪里画辅助线，就可以解开这道题，但很多人就是不知道该在哪里画辅助线。"

作为一个学渣的我，对这个场景简直太有共鸣了。于是我问他："是啊，你怎么知道该在哪里画辅助线呢？"

王小川说："我也不知道，我就是看一眼就知道该在哪里画辅助线。"（真是太气人了。）

所以，**强者是难以理解弱者的。因为弱者的困难、畏惧、尴尬，他们完全感受不到。**

用键盘很难吗？记住英文域名很难吗？自己输入搜索，然后自己决定在一堆链接里点哪个很难吗？画辅助线很难吗？

很难。对一个刚刚上网的人、一个新用户来说真的很难。

所以，**当强者不能理解弱者的困境时，也许就是弱者的创新机会。**

二、用主观改变客观世界

这也是我们在创新的道路上永远要自我拷问的一个命题：应然与实然。

应然，就是在我们大脑里事情应该是怎样的；实然，就是事情实际上是怎样的。

一个理论家可以活在应然的世界里，在一个大的思考尺度和观察尺度中，推论出世界与人类应该是什么样子的，比如一个学者；一个现实主义者可以活在实然的世界里，全然接受自己的微观处境，没有任何期望，不去想改变，比如一个好销售。

而所有的创新者,一定是不接受现实的人。同时,他们一定是行动派,不会止步于理论推导和思想实验,会选择自己动手去做些什么,改变些什么(见图15-2)。

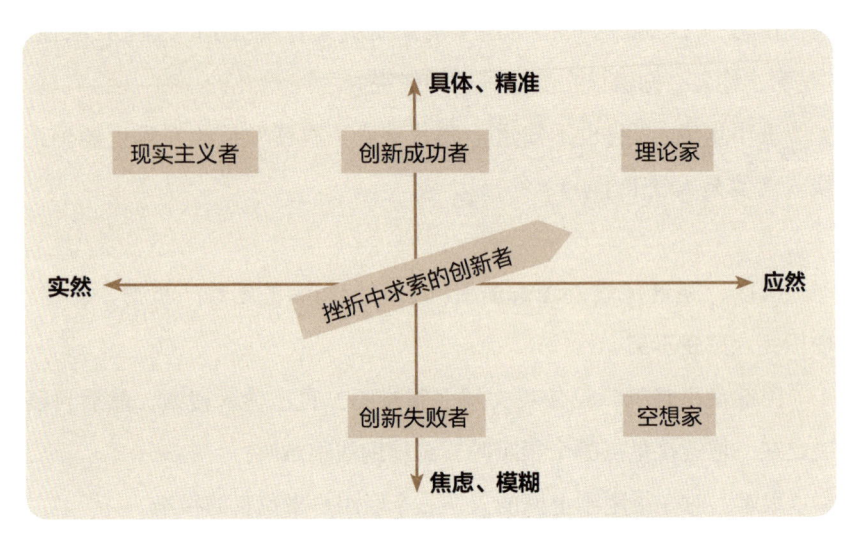

```
                    ↑ 具体、精准

   现实主义者        创新成功者         理论家

实然 ←————————挫折中求索的创新者————————→ 应然

   创新失败者                         空想家

                    ↓ 焦虑、模糊
```

图 15-2　应然与实然坐标轴上各种类型的创新者

所以,**世界给创新者的挑战,或者说创新者的荣耀与磨难,就是在实然的世界里看到应然,然后以自己的凡人之躯去承担神的任务,把应然变成实然,让梦想在客观世界里成为现实**。

所以,失败是创新者的老朋友。因为创新者总是要穿梭于应然和实然之间,步子一大,经常掉到裂缝里出不来,这就是所谓的失败。

所以,一个创新的领导者就要面临一个很大的考验:如何与团队一起达成共识——实然是什么样子,应然是什么样子;如何改变当下的实然,把应然变成未来的实然。

而李兴平和王小川,代表了两种不同路径的成功。

第十五章　应然与实然

草根代表李兴平的做法，是先实然，后应然。

2006 年去参加蔡文胜的站长大会之前，李兴平到过的最远的地方是深圳。他一直浸泡在中国县城扎扎实实的生活里。我们中国人都了解，小县城的生活，不容人想入非非。

李兴平是一个网管，分分钟就可以知道自己页面的每一个细节，用户用起来怎么样。每一点调整，都来自他的网吧顾客和 QQ 好友的反馈。

李兴平只有一次大的应然思考，就是应该"有一个页面，把所有好玩的网址全部列上，谁要就直接发给他"。此后，他再也没有主观预设，没有应然，全部工作都是应对来自实然世界的真需求。剩下的就是维护，不停地维护。

2004 年，李兴平把 hao123 卖掉。至于原因，李兴平很直接地说，是因为自己已经无法找到网站下一步的发展方向了。他的内心，对 hao123 已经没有更多的应然了。

而王小川是精英的代表，先应然，后实然。

他的几个关键决策，都是先根据知识和逻辑做出应然的判断，然后用反馈得到的数据来校验，通过数据去感知什么是现实世界的实然。

这几乎是精英创业的经典困境。因为精英所受的训练是用抽象框架看世界，而抽象会让人忽略现实的复杂性。民族偶像曾国藩，临阵对敌，几乎每战必败，以至于后来他再也不亲临前线了。为什么？因为临阵对敌，要应对的是现实的细碎具体与肮脏复杂。

曾国藩尚且如此，芸芸众生概莫能外。出路只有两条：或者找到实然的合作者，比如曾国藩有曾国荃、彭玉麟做自己扫除现实的羽翼；或者训练自己，让自己越来越多地进入真实世界，比如扎克伯格（Mark Zuckerberg）曾经有一年安排自己每周和一个完全不同领域的人聊天，连接实然。

PART FOUR　　求真

王小川的故事还在继续，PC 互联网浪潮之后是移动互联网浪潮。

王小川一直在技术变革和商业变革的最前沿，搜狗团队扩大到了 2000 多人，在多个领域实现突破。2020 年，腾讯以 35 亿美元的价格收购搜狗。这是李兴平无法达到的成就。

然后，互联网成为基础设施，互联网创新进入大低谷。

而王小川这个早已身家过亿、功成名就的人，在 2023 年再次纵身一跃，创立大模型公司百川智能，投入如今最热门，同时注定惨烈的 AI 大模型战场。在这里，做一次大模型数据训练要花费 1000 万美元。半生积累过亿身家，只够做一次训练。

这个人再次进入了每周 100 个小时的工作模式，是因为他的心里还有应然。

普通人心中的实然与应然大多是这样的——

实然是生活的具体现实：每天早起挤地铁，通勤一个小时去上班，月薪 1 万元到手 6000 元，15 元一碗牛肉面。

应然是对具体现实的不满：我应该有更好的待遇，应该被优待……

而王小川的内心世界，有着不同的实然与应然。

他说："在我心中，存在着三种世界。第一个是**物理世界**，这是我们所说的客观世界；第二个是**生命世界**，生命以负熵为食，生命世界是熵减的；第三个是**意识世界**，也就是人的主观意识，我们在用主观意识改造客观世界。"

对于 AI 大模型这个战场，让王小川兴奋的是：

之前人类历史上极重要的一件事，是牛顿将物理学变成了数学，从而有了科学。今天，语言变成了数学。大模型的底层叫"LLM"，即

第十五章 应然与实然

"Large Language Model"（大语言模型）。

语言变成数学的意义是什么？人类的**思考、沟通、文化和知识**可以变成数学问题，从而带来智能革命。

因此，王小川好奇的是：未来，**世界能不能变成数学？生命能不能变成数学？**

他的微信签名是"好奇地活着"。

我请百川智能写了一首名为《应然和实然》的诗。在这里，就让我把这首 AI 做的诗作为这一章的结尾，也作为对在路上的人的祝福。

应然与实然

应然如月，皎洁无瑕，
理想之境，心中之花。
那是彼岸，是梦的牵挂，
是希望的火，照亮夜的涯。

实然如路，崎岖蜿蜒，
现实之重，脚下之沙。
那是此岸，是痛的挣扎，
是岁月的河，滴灌因的果。

应然是歌，铿锵而悠远，
实然是手，真切而局限。
那天成的文章，何时抵达我的指尖？
我们在寻找，那永恒的答案。

只用一个点去看一个人，那就看他的行动力。

只有追求这种极致成就感的人，才能接受自己从智力到体力被如此极致地压榨。

拖延的反面是具体。而提高行动力的关键在于提升掌控的精确度。

人们在做一件事时，之所以会内耗、畏惧、拖延，很多时候是由于对无效努力的恐惧。

一个行业存在的原因，就是这个业务能存在的本质，基本都指向功能需求的第一性。

如果让我用一个字来总结一个好产品的样子，我的答案会是：美。

第十六章
第一性原理

埃隆·马斯克无疑是当今世界最值得研究的人之一。

从 1999 年到 2023 年，短短 20 余年，我们这个星球上的若干重要产业，都因为马斯克与他的伙伴们的创新而发生了进化与突破：网络支付、运载火箭、新能源汽车、卫星互联网、人工智能、脑机接口、可再生能源、高速地下交通网络，以及火星探索……

看这个人的故事，我们会感慨：一个人怎么可以有这样的行动力？而且，怎么会有如此之高的成功率？

他做的每一件事都难度巨大。在马斯克决定造火箭的时候，NASA（美国航空航天局）的火星计划其实已经中断了。在马斯克决定做电动车的时候，其实整个汽车市场对电动车这件事情已经判死刑了。而他都做成了。

一、马斯克与第一性原理

前面我们讲过，认知是因，创新是果。

马斯克一系列令人惊叹的成就，包括用龙飞船将人类送出地球、自己成为世界首富等，都是果；果背后的因，是他的认知，或者是由他的认知模型不断生成的他的新认知。

PART FOUR　求真

马斯克在多个场合提到过他所推崇的"第一性原理"思维。以下是马斯克关于第一性原理的一些原话。

在 TED 采访中,马斯克提到:

我们运用第一性原理,而不是类比思维去思考问题,是非常重要的。我们在生活中总是倾向于比较,对别人已经做过或者正在做的事情,我们也都跟风去做。这样发展的结果,只能产生细小的迭代发展。第一性原理的思考方式,是用物理学的角度看待世界,也就是说一层层拨开事物表象,看到里面的本质,再从本质一层层往上走。

在南加州大学商学院的毕业演讲中,马斯克说:

也许你听我说过,要从物理学的角度思考问题,这是第一性原理,即不要进行类比推理。你把事情细分到你可以想象的最基本元素,然后你从那里开始推理,这是确定某件事是否有意义的好方法。这种思考不容易,你可能无法对每件事都这么思考,因为这很花精力。但是如果你想创新知识,那么这是最好的思考方法。

我对这两段话的理解是,今天市场里的一切商品都是演化的结果。我们常用的创新方式是学习竞品,然后进行模仿与优化,也就是所谓的"天下文章一大抄,抄来抄去有提高"。但这只是同维竞争。
而马斯克是要回溯到这个品类的开端,从这个品类最根本的存在价值和物理要素来观察,以不断接近问题的根本的方式,去重构解决方案。

第十六章 第一性原理

我们先来看看汽车和马车的故事。

某企业家说,汽车就是"四个轮子加两张沙发"。可是,马车也是四个轮子加两张沙发。

1885 年,奔驰创始人卡尔·本茨(Karl Benz)制造出世界上第一辆以汽油为动力的三轮汽车,并于次年 1 月 29 日申请了专利。因此 1 月 29 日被认为是世界汽车诞生日,1886 年也被定为世界汽车诞生年。

汽车诞生之后很长时间,马车依然是主流,甚至 100 年之后,直到 20 世纪 80 年代,马车依然在我们国家的很多地方被使用着。而最初的汽车,不论是奔驰一号车,还是戴姆勒一号车,外观都在模仿马车。

所以,如果你是当时的产品经理,你的选择是优化马车,还是研发汽车?

很多人把第一性原理思维定在"四个轮子加两张沙发"。所以汽车出现之后的几十年,马车一直在迭代优化,比如轮子优化成橡胶的、沙发更舒适、外观更优雅,等等。

但在埃隆·马斯克看来,交通系统的第一性是"速度与安全"。他认为,交通系统的核心目标是尽可能快速、安全、高效地将人们从一个地方移动到另一个地方。

如果识别出"速度与安全"才是这个品类的第一性,那么毫无疑问,你应该把所有的精力都投入历史上正确的一方。而当福特 T 型车出现,你就应该知道,新物种已经羽翼丰满,马车进入了淘汰周期,基于马车的所有优化都失去了长期意义。

对于品类第一性的识别,是做产品的人非常核心的思考。因为我们每天都会收到大量的反馈,看上去有无穷的优化需要去做。

PART FOUR 求真

这时候，请你想想马车和汽车的故事。什么是这个品类的第一性？你在做的优化，与第一性的相关度有多高？

二、用行动力识别一个人

如果让我只用一个点去看一个人，那我会看他的行动力。

因为一个人的着装、谈吐、简历……一切都可以伪装，但行动力没办法伪装。

我们经常会误以为，某人如果对某件事有认知、有能力，就会有对这件事的行动力，但二者其实没有关系。

比如，我有打扫房间的充分知识，也有打扫房间的全部能力，但我就是没有天天打扫房间的行动力。所以，对一个没有表现出行动力的人，不要为他自行脑补，认为他有什么原因，或者什么条件不具备，或者只是不会而已。不是的，我会做饭，但我就是没有行动力天天做饭。

行动力是一个人的自我模式。

每个人、每个企业，都是由自己的行动力塑造的。

《埃隆·马斯克传》这本书非常打动我的，是它展现了一群人彪悍生猛的行动力。

比如，为了造火箭，马斯克先找到了他的第一个核心员工——穆勒。

书里描述的马斯克第一次见穆勒那个场景我特别喜欢——马斯克走进车间寻找穆勒，而穆勒当时正在肩膀上扛着一部 80 磅重的发动机，试图把它固定在一个框架上。马斯克走过去跟他说话，这哥们儿

第十六章 第一性原理

一边肩膀上扛着 80 磅的发动机,一边回答马斯克的问题,直到回答到第三个,才觉得自己得把这个东西放下来,认真跟马斯克说句话。整个场景非常工程师。

马斯克约穆勒下星期再见个面详细聊聊,穆勒一开始没有同意,理由是下星期要看超级碗。他刚买了一个大电视,邀请朋友们一起来看比赛。

而马斯克完全不管这些,硬要见面,于是那晚马斯克就和穆勒及几个工程师朋友在家里看比赛。其实他们只看了一轮进攻,后面就全程在讨论如何打造运载火箭了。因为对一群工程师来讲,造火箭比看比赛有意思多了。

再后来,他们要找火箭试射场地。在美国本来有一个合适的场地,但是要等待一段时间。而马斯克的特性是不愿意把时间花在等待上,于是他就另寻他处,在接近赤道的地方找到了夸贾林岛。

这段故事里有一句描述非常打动我。马斯克说,我们当时要载的那个卫星很大,所以我们要在赤道附近发射,因为在那里会有更快的自转速度,能够提供发射所需的额外推力。这句话同样完全长在工科生的审美点上。我们天天坐在地球上,但是很少有人想过可以让地球之力为我所用。

随后这群工程师就到了夸贾林岛,在那里干了整整四年。这期间火箭发射失败三次,第四次才成功。

这四年里,大家经常会为了一件小事,比如取一个小零件,从洛杉矶起飞,再转机飞到夸贾林岛。往返花费 40 个小时,以完成一次 3

PART FOUR　求真

分钟的火箭试射。放弃舒适，放弃安乐，放弃睡眠，燃烧生命地去做一件事。

他们在岛上的生活条件非常糟糕，要在拖车上办公、睡觉。社交网络上，大家经常抨击"996"，抨击强迫员工加班的企业家，但是书里描述的这伙工程师，何止"996"，简直是疯了一样在工作。

也许很多人的人生追求，只是过得容易。而在这本书里，你会发现有一群人主动选择了困难模式——而不是容易。他们选择去挑战这个世界上最难的事，在糟糕的生活环境中去挑战无穷的挫败感，还会被毫无敬意地谩骂。

为什么？为什么马斯克和他的团队有如此强大的行动力？为什么马斯克能够找到这么拼命的工程师，跟他一起疯了一样地工作？

第一个原因，人除了生物性，还有社会性。人是社会性动物。不同动物吃不同的东西。

马斯克选人，选的是以成就感为食物的人。

对于那些追随或者曾经追随马斯克的工程师而言，他们忍受疲劳，忍受恶劣的生活条件，忍受老板的情绪与暴躁，获得的奖励，是有机会亲手把那些疯狂想法实现。

只有追求这种极致成就感的人，才能接受自己从智力到体力被如此极致地压榨。

曾有一位波音工程师在参观了 SpaceX 之后，被这里疯狂的工作氛围所感染，直接找到马斯克，说想为他工作。他的理由是——他渴望拥有和马斯克一样的工作量。

他们碰触自己生命的极限，挑战没有人完成过的任务。就好像被发射到太空的星链——4万颗卫星沉默地环绕着地球运行，以此铭记有一群疯狂的人来过。

第二个原因，拖延的反面是具体。而提高行动力的关键在于提升掌控的精确度。

所以，马斯克控制一件事的方法就是具体具体再具体。

马斯克发射火箭时，会给每一个零件都编上号，对应到具体的人负责。最后火箭爆炸了，回收所有零件就可以清晰地看到是哪个零件出了问题，然后直接定位到应该由谁负责。所以马斯克不怕错误，怕的是过程不清晰。只要过程清晰，就可以优化。

比如，第二次火箭发射失败，是因为海风中的盐分把一个螺母腐蚀掉了，那么就优化这点。

第三次火箭失败，是因为风险清单里的第十一项。锁定到这项风险，就给这项打钩。所以，马斯克才敢再发射第四次。

人们在做一件事时，之所以会内耗、畏惧、拖延，很多时候是由于对无效努力的恐惧。

对马斯克而言，每一次失败都反馈了清晰的数据，让他在新的点位建立掌控。虽然不知道自己下一次是否能成功，但他明白每次行动的具体针对性，所以不会陷在无效的努力里。

三、用一个字概括一个好产品

那么，什么是好产品？什么是好体验？有没有第一性原理？

今天并没有唯一的答案，但是我们可以用第一性原理的思维来训练自己。

PART FOUR　求真

所有的产品，都是为了用户的需求。

回到本书开篇我们提到的产品价值公式。

> ≡ FORMULAS
>
> **产品价值 = 功能价值 + 情绪价值 + 资产价值**

什么是功能价值的第一性？

每次和朋友讨论他的业务，我都会先问：你觉得自己属于什么行业？这个行业为什么存在？

一个行业存在的原因，就是这个业务能存在的本质，基本都指向功能需求的第一性。

每个行业，都是因为某个古老的功能需求而诞生，穿越历史长河，被一代又一代的新基础设施改变了样貌。但是，它对人们初始和本质需求的回应，并没有改变。

那么，什么是情绪价值的第一性？什么又是好体验的第一性？

比起前端的感知度，我更看重背后的发心是"关怀"还是"操纵"。

我们拿一个真正爱你的人与一个海王来做比较。海王套路多、经验多，当然有能力打造情绪的感知点和体验度，甚至熟习"吊桥效应""富兰克林效应"等诸多让人沦陷的步骤。但是万物有灵，所有的动作，背后是"操纵"还是"关怀"终有区别，而人心细微，也终能觉察。

只有能被感知到的真实关怀，才是真正的体验感，才是人心被触动的时刻。

聊了那么多什么是功能的第一性、体验的第一性，**如果让我用一个字来总结一个好产品的样子，我的答案会是：美。**

一个好的产品，一定是美的。
一个产品如果功能很好、体验很好，但不够美，那它一定还有被优化的空间。

美是什么？无数哲学家、艺术家、文学家都论述过它，我也花了好多年去努力学习它是什么，但依然没有表述它的能力。

就好像一朵玫瑰，花开自然，绽放得毫不费力。生命力与色彩那么和谐、饱满地抵达所有微妙的角度。地球的引力、风、光线形成的环境与它——所有的力、所有的频率在此处达成了共振的和谐。它生机勃勃、本自具足；它不多也不少，自然而然。

你看到它，就会知道。

后记

造物之心

到这里,一个商业闭环的三角形——价值、共识、模式,就基本讲完了。

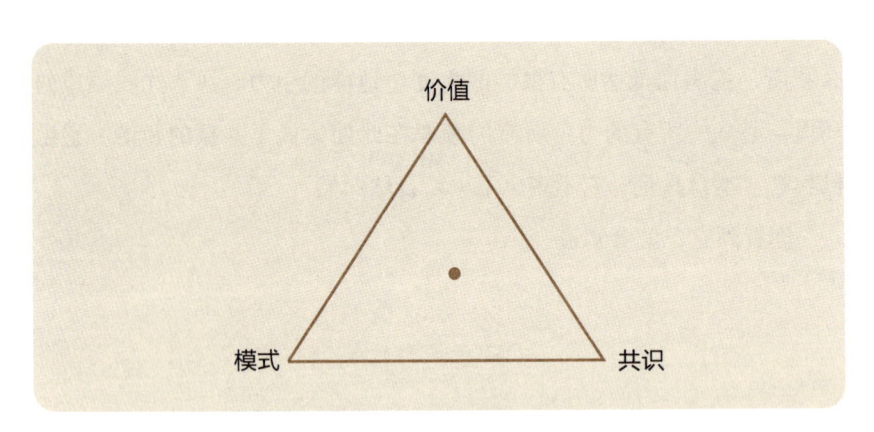

其实,我还打算交付另外一个三角形:

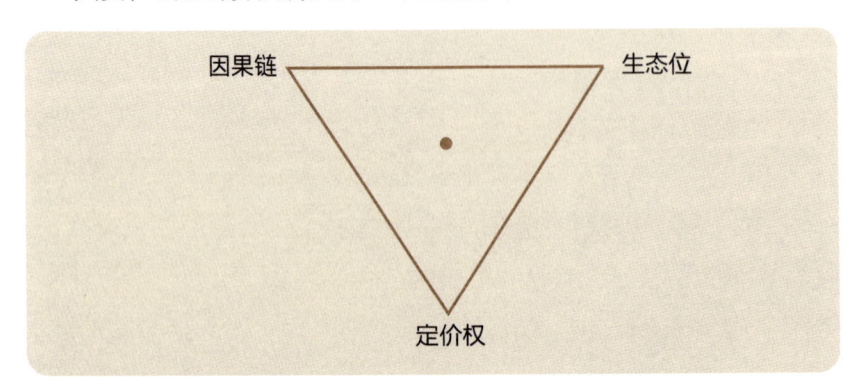

但是因为这本书真的已经太厚，只能用另外一本书来呈现与这个三角形有关的内容。

下一本书的名字大约会叫《小天地》。

《真需求》，讲打造一个产品，从市场交换资源，然后让自己活下来。你可以说它是产品思维。

而《小天地》讲产业思维。

产品思维回应用户需求，而产业思维则需要回应环境需求，也就是产业环境和社会环境需求。一个企业能长到多大，有时并不是用户需求决定的，而是它在产业中的位置、在社会生态中的位置决定的。它的生态位有什么天然的优势与瓶颈，产业生态许可它长多大，社会生态是否许可它存续与发展。

定价权过去大家很少讨论，但未来20年，它会成为中国创业者的集体新能力。

定价权是企业的结构性优势。风口上的机会不产生定价权。定价权来自一家企业超长周期、超大规模的主动性投入。

因果链，是变量之间的因果关系。

宿命就是被锁死的路径，重重的因和重重的果，环环相扣，把一个成年人、一家企业束缚在既定轨道上动弹不得。

所以，**当我们要解决问题的时候，是与表面的现象搏斗，还是打开它背后的因果链？**

伟大的创新者是主动去重构因果链、打破宿命的人。

把这两个三角形叠加起来，就生成了如下的样子：

后记　造物之心

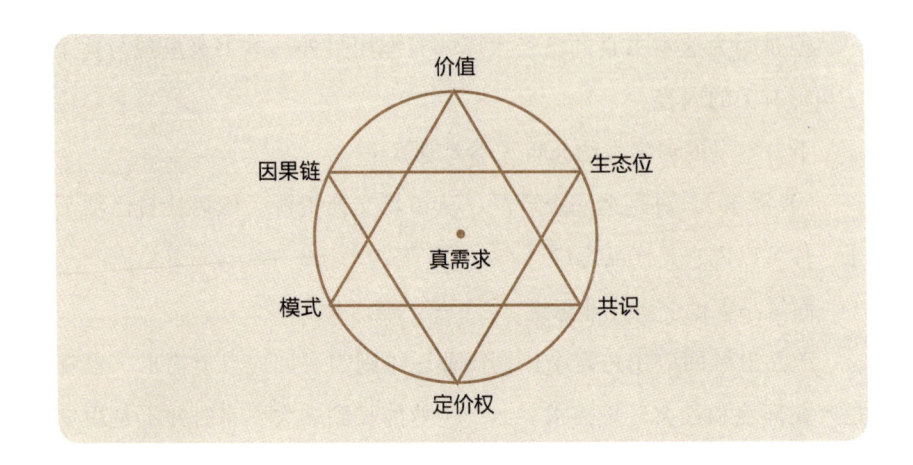

很巧，这个形状与印度瑜伽中三脉七轮[1]的"心轮"一致，我们可以叫它"心轮模型"。在印度瑜伽观念里，心轮是爱的中心。心轮的爱，是接纳一个人的本来面目，容纳世间的本来万物。造物者之心当是如此。

人人都是造物者，我们都有造物之心。

心生万物。城市生活中的一切，都来自人的起心动念。

从一次起心动念开始，识别一个问题，探索解决它的方案，一点点凑齐所有的要素，造出并交付一个物品、一个服务，中间每一步微小的调整都是无数心念的明明灭灭。

所谓的打磨产品，其实是磨心：去伪存真，去掉那些妄念和矫情，让这颗心越来越诚实，越来越坦然，能够越来越如实地关照自己，关照世界。

---

[1] 在瑜伽知识里，三脉指人体内的三种力量，即中脉、左脉及右脉；七轮指人体的七个能量中心，即顶轮、眉间轮、喉轮、心轮、脐轮、海底轮、梵穴轮。

后记　造物之心

科技水平是印封，人类的生存空间、想象力与宿命被其重重封印；而每一次技术进步都解锁了一重封印，让技术文明的火光照亮新的空间。在过往的技术能力下，曾被认为无解而必须压制的那些渴望，在新的空间里忽然有了可能性。

过往 3000 年、300 年、30 年、3 年，技术解锁反复上演，曾经的问题有了新解，一代人的宿命改变，然后又产生新的因果。

在茫茫的前因后果里，我们所知如此之少，只有无知是无限的。

所以还是心存敬畏，保持内心的爱吧。**产品的本质是服务，而服务是行动中的爱**。

让这颗心，在我们服务的行动里，不断地更趋明净，然后在无限的明净里，看到更遥远的真、更广博的善、更生动的美。

向这个世界交付自己所能抵达的真善美，是一代代造物者一生又一生的修行。

梁宁

2024 年 6 月 17 日

于阿那亚·金山岭

致谢

这本书断断续续写了很久，然后忽然有一天，稀里糊涂就写完了，连我自己都不能相信。

想想自己应该感谢的人，顿时觉得太多了，好像应该专门写15万字来讲讲，哈哈，还是不给自己挖坑了。

首先必须感谢的人是我的父母。我的父母都是十几岁就参军，在部队度过一生。他们所在的世界与商业世界不同。商业世界里用钱来概括一切，而军人的荣誉无法用金钱衡量。我在父母的价值观里长到成年，他们那些质朴的观念如同我的血继限界[1]，塑造了我进入社会后面对一切的态度，让我有了之后的种种际遇，以及在此间的种种碰撞和发现。

其次必须感谢得到创始人、CEO 脱不花。她生完张乐意后几个月我们第一次相见，那时她约我写稿。如今张乐意已长成亭亭玉立的少女，我才交稿。

如果没有她如一只心锚般定在这里，我这条小船早就不知道漂到

---

[1] 日本漫画《火影忍者》中一种只能通过血缘关系由基因继承的术。

致　谢

哪里去了，也根本不会有这本书。

尤其感谢的是，脱不花成了我的好朋友，并让我和她的母亲李文香阿姨也成了忘年交。这种人世间厚实的交往，实是生命中难得的缘分。

要感谢罗振宇老师。他让我有机会参与了几次"时间的朋友"跨年演讲的稿子打磨，看到了规模内容输出文本的经过。在这之前，我只能写千字小文，而且基本上都是在线写，一稿直出，再不回顾。跟着罗老师，我学到了一段文字由意图到文本再加渲染的手艺过程，看到了长文本的制作方法，否则我不会有能力写出这几十万字。

要感谢我的编辑白丽丽老师，她开始催我稿子时是按周计算，后来按月，后来按年，然后一晃好多年，居然没有放弃我。

此外，我还想借此机会感谢生命中给了我关键帮助的几位恩人：郭为、王路、雷军、吴宵光、曾鸣、倪光南。

郭为是我在联想时的领导，他给了年少且是女性的我众多的工作机会和表达机会。如果没有这些机会，我不会与中关村的诸多人士产生交集，不会被冠以"中关村第一才女"这样的名号。

多年之后，有采访问我有没有遇到过性别歧视。我一脸茫然，这才意识到，当时只道是寻常，实则自己遇到了多么难得的机会与恩义。

王路是我多年的大哥，也是我在 CNET[1] 时的领导。我从联想这个

1　一家国际媒体集团。

致　谢

大体系离开之后，一番折腾，灰头土脸，他给了我落脚之地、生存的自信，以及互联网创业之心的萌芽。

还记得 2003 年他给我打电话，说我们 MSN 上说吧。我问，MSN 是什么？他说，和 QQ 差不多，但是比 QQ 商务。我问，QQ 是什么？

那时的我，与世隔绝 3 年造芯片，于世一无所知。

雷军是我们那群中关村好友的共同大哥，几乎三十年如一日地以身作则，给我们示范什么叫"人因梦想而伟大"，非常具体地鞭策我们要读书看报学习进步，也是我创业的天使投资人。

如果没有雷军和那群朋友，我肯定不敢创业。看到身边朋友在做的事，看到他们办公室的具体样子，我感到某种可能的切近，才会自己也试试。

而开始创业之后，我觉得自己的生命才刚刚开始。打工人都会有大量时间在抱怨老板，确实，老板是天花板，是一切不如意的原因。但是当我开门立户，天花板被掀掉，浩瀚星空直接在面前的时候，我才发觉，自己其实除了当年被老板使用的长处，其余一无所知。

吴宵光是我在腾讯时的领导，我叫他 Free 哥。是他让腾讯收购了我的创业小公司，救我出苦海，使我从每日的生存挣扎里解脱出来，并得以进入腾讯这样一个以产品体系能力著称的企业。

在腾讯，在吴宵光这个具体的人身上，在点点滴滴的具体行为里，我切实地看到了什么叫"重视用户体验"。那些做法和准则，不是媒体的臆想与传奇，而是人家的日常功夫、天经地义。

在腾讯的日子，我像海绵一样学习。经历过联想那样的执行力管理，经历过自己开一个芝麻大的小公司，再进入一个以创造力为核心的大型企业时，那些基于规模的认知判断和过程管理对我是巨大的冲击。我看到很多很多的差异，很多很多的闪闪发光之处，因此才会有之后的输出。

而我对 Free 哥一直心怀愧疚，因为我从腾讯所得甚多，却没来得及为腾讯做什么贡献。而且，在我离开腾讯准备写电影剧本的时候，Free 哥又一次支持我，然后我又拖延至今还没交作业，因此愧疚到不敢给他拜年。这笔账记在这里，感念恩情。欠账一定要还，作业一定要交。

曾鸣是我在湖畔大学[1]的领导，是深刻改变了我的人。他向我呈现了理性思考的力量和框架的价值。

认识曾鸣之前，我是一个喜欢传奇故事的人。在一次曾鸣组织的讨论会上，我说，一件事也就只有 5% 是理性，95% 都是人性。曾鸣说，是的，今天我们这么多人花时间在这里，就是要研究出那 5% 的理性。

那个时刻是我的分界点。此后再看企业，我不再耽于想入非非和幻想奇迹，而开始寻找观察它的理性框架，以及束缚一个物种的基因界限。

最后一位要感谢的，其实是我最早的领路人，我的老师倪光南院士。

和倪老师几十年师徒，他对我更多的是对一个小辈的照顾和关爱。然后，大概 2018 年的某天，央视要拍一部关于倪老师的纪录片，需要一些他和学生交流的镜头，于是把我叫过去。当时，导演有个镜头要求我们一起从一条小路走出来，我们就照办。结果导演说，需要再拍

---

[1] 现名为湖畔创业中心。

致　谢

一条做保险，让我们回到起点再走一遍。第一遍走的时候，我们没说话。第二遍再走，当不惯演员的我们就有点尴尬。这时倪老师忽然开口，说："梁宁，人这辈子要知道自己做的事是对的，很不容易。如果你知道了，那就要坚持，10年、20年、30年……都要坚持。"

对我来讲，那是难忘的一刻。追随了他20多年之后，在那一瞬，我好像得到了传承。

这本书断断续续写了很久。

我在这个产业工作时间久，朋友多，知道的故事多。可是，到底应该写什么？

商业里的情绪操纵、成瘾管理、帽子戏法、巧取豪夺之术，当然很多；而属于那95%的人性故事、人情世故、江湖恩怨，很多我都曾经前排"吃瓜"，至今历历在目。

我知道哪些挺精彩的，哪些还挺离奇的，还有一些邪乎的，写这些，可能很好看。可什么是真的？什么是对的？

感恩上述所有人的帮助与纵容。时间流逝，纷纷往事澄澈下来，如同夫物芸芸，各归其根。2023年4月，我在硅谷看最新的AI科技，高朋满座里，忽然内心笃定：我要写的是常识。

过去20年，是中国商业高速发展的20年，也是各种商业思想、方法论、新观点爆发的20年。尤其最近几年，在知识付费的驱动下，几乎每个月都会诞生一堆商业新知识、行业新黑话。

Web3.0出来，爆出一堆新知；ChatGPT发布，爆出一堆新知；还有各种领域新知：直播新知、私域新知、币圈新知、链圈新知……

所幸，以百年为尺度观察，近100年来，商业常识的增量并不算多。

致　谢

　　这本书里面几乎都是大家熟知的故事，我所做的，是把它们当中的常识整理出来，做一个类似于 check list（清单）的东西，让正在思考创新项目和新产品的朋友可以对照着逐项排查。

　　当然，要想做出真正的好产品，有力地回应人世的诉求，并让它完全代表你自己，这个清单还远远不够。

　　一朵浪花是否存在？

　　一朵浪花意识到自己的本质是水时，其实就无所谓自己的边界了。

　　所以，最后要感谢你的阅读，因为你读，这本书才存在。

图书在版编目（CIP）数据

真需求 / 梁宁著. -- 北京：新星出版社，2024.
10（2025.7 重印）. -- ISBN 978-7-5133-5768-5

Ⅰ.F272

中国国家版本馆 CIP 数据核字第 202475HA28 号

真需求

梁宁 著

责任编辑	汪　欣
策划编辑	白丽丽　张慧哲　翁慕涵
营销编辑	陈宵晗　chenxiaohan@luojilab.com
	张羽彤　丛　靓　许　晶
封面设计	卢鑫月　周　跃
版式设计	李　岩
责任印制	李珊珊

出 版 人	马汝军
出版发行	新星出版社
	（北京市西城区车公庄大街丙 3 号楼 8001　100044）
网　　址	www.newstarpress.com
法律顾问	北京市岳成律师事务所
印　　刷	北京盛通印刷股份有限公司
开　　本	710mm×1000mm　1/16
印　　张	29.5
字　　数	270 千字
版　　次	2024 年 10 月第 1 版　2025 年 7 月第 7 次印刷
书　　号	ISBN 978-7-5133-5768-5
定　　价	99.00 元

版权专有，侵权必究；如有质量问题，请与发行公司联系。
发行公司：400-0526000　总机：010-88310888　传真：010-65270449